法治政府·法治市场·法治社会
——对话苏州发展

田晓明 主编

苏州大学出版社

图书在版编目(CIP)数据

法治政府·法治市场·法治社会:对话苏州发展/田晓明主编. —苏州:苏州大学出版社,2015.12
ISBN 978-7-5672-1510-8

Ⅰ.①法… Ⅱ.①田… Ⅲ.①社会主义法制-研究-苏州市 Ⅳ.①D927.533

中国版本图书馆CIP数据核字(2015)第261270号

书　　名:	法治政府·法治市场·法治社会——对话苏州发展
主　　编:	田晓明
责任编辑:	周建国
装帧设计:	吴　钰

出版发行:苏州大学出版社(Soochow University Press)
社　　址:苏州市十梓街1号　邮编:215006
印　　装:苏州工业园区美柯乐制版印务有限责任公司
网　　址:www.sudapress.com
邮购热线:0512-67480030
销售热线:0512-65225020

开　　本:	700mm×1000mm　1/16　印张:13.75　字数:246千
版　　次:	2015年12月第1版
印　　次:	2015年12月第1次印刷
书　　号:	ISBN 978-7-5672-1510-8
定　　价:	40.00元

凡购本社图书发现印装错误,请与本社联系调换。服务热线:0512-65225020

《法治政府·法治市场·法治社会》
——对话苏州发展

编委会

主　任　田晓明

委　员　郑永年　孙笑侠

　　　　张守文　朱新力

目 录

第一编 "法治苏州"的背景 / 1
 一、"对话苏州发展"高阶论坛的宗旨 / 1
 二、"法治苏州"的意义 / 3
 三、"法治苏州":来自媒体的报道 / 13

第二编 "法治苏州":专家的视点 / 16
 一、郑永年:借鉴新加坡法治经验 / 16
 二、孙笑侠:让法治成为一种思维 / 21
 三、张守文:保障市场主体自由权 / 26
 四、朱新力:浙江三点经验值得学 / 30

第三编 "法治苏州"的深度解读 / 35
 一、政府权力清单和法治苏州建设(王卓君) / 35
 二、青少年法治意识的培育
    ——以姑苏区小学生教育为样本(胡玉鸿) / 43
 三、苏州市创新社会治理的挑战与对策(金太军) / 55
 四、增强基层党组织法治意识是推进基层治理法治化的关键
  (方世南) / 62
 五、自贸区建设的法律思考(陈立虎) / 69
 六、深入推进依法行政　加快法治苏州建设(黄学贤) / 75
 七、和谐劳动关系建设与市场经济发展(沈同仙) / 80

第四编 "法治中国"与"法治转型" / 86
 一、习近平法治思维新突破与新特征(朱新力) / 86
 二、"法治中国"的三个问题(孙笑侠) / 93

三、法治转型及其中国式任务(孙笑侠) / 95

四、目标、过程、效能:法治中国建设的三维解读(胡玉鸿) / 114

五、法治政府的内在特征及其实现
　　——《中共中央关于全面推进依法治国若干重大问题的决定》
　　解读(黄学贤) / 118

六、全民守法何以可能？(胡玉鸿) / 133

第五编　"新常态"与创新社会治理 / 144

一、和谐社会与构建服务型政府(王卓君) / 144

二、创新社会治理与社会稳定长效机制的重点场域(金太军) / 151

三、"结构性减税"中的减税权问题(张守文) / 157

四、论完善我国不当解雇的法律救济措施(沈同仙) / 179

第六编　全球化与中国的城市化 / 203

一、全球化与中国的城市化(郑永年) / 203

二、中国城市化要避免怎样的陷阱(郑永年) / 205

三、自由贸易试验区的特点和立法问题(陈立虎) / 207

第一编　"法治苏州"的背景

一、"对话苏州发展"高阶论坛的宗旨

2014年教师节,江苏省委副书记、苏州市委书记石泰峰视察苏州大学时指出:"苏州是一座历史文化名城,要建设成为现代化名城,离不开百年名校苏州大学的支撑。"为顺应苏州和苏州大学的发展,他提出了"名城名校"发展战略。

"少好于文,长习于武"的智者伍子胥建议吴王"先立城郭,设守备,实仓廪,治兵革",并亲自"相土尝水""象天法地",合理规划,大兴水利、疏浚河道,开凿了世界第一运河——胥江,建造了阖闾大城。苏州最终成为堪为"人间天堂"的名城。现代化城市的标志是其各子系统按现代方式均衡、协调运行,以人为主体,以经济、社会与生态效益为目的,以科学技术发展为条件,城市整体的发展和竞争力达到所处时代的先进水平。城市的主体是人,人的现代化、人的意志和素质对城市现代化发展有着重大的影响。而今,苏州要实现从历史文化名城向现代化名城的华丽转身,必须按照"中国梦"的宏伟蓝图,基于对苏州社会、城市的现阶段发展状况的充分认知,依靠深谙苏州古韵今风的学者、专家,群策群力,完成经济、政治、文化、社会、生态文明的现代化转型。现代苏州不仅需要现代科学技术的生产力推动,还需要人文社会科学的智慧支持。现代苏州必须依靠其实务工作者与"最接地气"的专家、学者的对话交流及思想碰撞,在科学论证的基础上做出具有前瞻性、战略性的科学决策,将这种推动和支持变成这座城市最直接的、最可行的现代化行动。创建于1900年的苏州大学(前身为东吴大学)是中国最早以现代大学制度创办的大学之一。她融中西文化之菁华,沐江南之灵气,坚守学术至上、学以致

用,倡导自由开放、包容并蓄、追求卓越。苏州大学自然成为苏州现代化转型发展过程中得天独厚的重要智力支持!

　　苏州要成为一流的城市,应当拥有一流的大学。中世纪意大利的博洛尼亚大学是人类最早的大学之一,她与当时地处交通要冲的一流城市博洛尼亚共生共荣,成为当时世界名校。其关键所在是,一方面,这所大学是因社会需要应运而生,直接解决社会迫切需要的法律问题;另一方面,这所大学获得了广泛的社会支持,教皇中断了浩大的大教堂工程,下令用建教堂的部分经费,为这所欧洲最古老的大学建设了新的教学楼。拥有2500多年历史的文化名城——苏州在打造"现代名城"的伟大工程中,必须建设一所名校。苏州大学承东吴之文脉,融中国传统文化之精髓,鉴西方近代文明之理性,在中国高等教育史上留下了浓墨重彩的一笔。苏州大学近些年的战略转型与跨越发展,反复证明了她争创一流大学的可能性;苏州近些年跟苏州大学在人文、社会、科学、技术等方面的合作与交流成为常态,为苏州大学争创与苏州国际声誉和地位相匹配的一流大学奠定了坚实的社会基础。

　　在"名城名校"战略的背景下,苏州市委、市政府及其行业企业必然增强和苏州大学在人文、社会、科学、技术方面的合作与交流,必然加强大学理论界和实际工作部门的沟通,实现学者、党政领导和企业家的直接对话与交流。正是在这一伟大的时代背景下,"对话苏州发展"诞生了!

　　"对话苏州发展"是以苏州经济建设、政治建设、文化建设、社会建设、生态文明建设为主题的系列高阶论坛。其宗旨可表达为"两个服务":一是为苏州市委、市政府的科学决策提供前瞻性、战略性咨询服务;二是为苏州经济社会发展、行业企业发展提供咨询服务。

　　"对话苏州发展"力图突出理论与实践相结合,加强理论界和实际工作部门的沟通,实现学者、党政领导和企业家的直接对话与交流,成为苏州市委、市政府确立发展战略、制定发展规划、实现科学决策的重要学术咨询平台。区别于学术研讨会,"务实高效"是"对话苏州发展"致力打造的特色。

　　"对话苏州发展"围绕苏州市委、市政府的重大发展战略,每年选择一个主题进行研讨。"对话苏州发展"将通过其对话、交流及后续的建言献策,力争成为促进苏州发展的思想库,苏州大学的学者力争成为建设现代化名城的智囊团。

二、"法治苏州"的意义

改革开放30多年来,苏州经济社会发展取得了显著成效。江苏省委副书记、苏州市委书记石泰峰在"对话苏州发展"("法治苏州")高阶论坛上指出:"2013年,苏州经济总量达1.3万亿元,人均GDP达2万美元,城镇化率超过70%。"但是,苏州在经济高速发展的同时也面临了一系列经济、文化、社会、生态等各方面挑战。为贯彻《中共中央关于全面推进依法治国若干重大问题的决定》的精神,结合苏州政治、经济、文化、社会、生态等各方面实际情况,以解决问题为根本出发点,苏州市委、市政府把"法治政府"、"法治市场"、"法治社会"确定为2014年"对话苏州发展"的主题,着力体现中国特色社会主义法治理念和法治精神,探讨"法治苏州"的内涵和实质,通过"法治政府、法治市场、法治社会""三位一体"的建设,积极推进社会主义法治国家建设,努力开创法治建设与苏州经济社会协调发展的新局面。

1997年,中共中央在十五大报告中正式提出"依法治国",并作为基本方略确定下来。1999年,"依法治国"被写入宪法。党的十八大后,中共中央提出推进法治中国建设,党的十八届四中全会专门召开全面推进依法治国为主题的中央会议,这表明"依法治国"已经进入一个新的历史阶段。

党的十八届四中全会审议通过了《中共中央关于全面推进依法治国若干重大问题的决定》(以下简称《决定》),为法治中国的建设绘就了新的蓝图。《决定》阐明了全面推进依法治国的必要性和基本内涵,成为中国法治发展历程中的里程碑,对于实现我们党确立的伟大奋斗目标——全面建成小康社会、实现中华民族伟大复兴的中国梦具有划时代的意义。《决定》明确提出,全面推进依法治国的总目标是建设中国特色社会主义法治体系,建设社会主义法治国家。《决定》强调要坚持依法治国、依法执政、依法行政共同推进,坚持法治国家、法治政府、法治社会一体建设,实现科学立法、严格执法、公正司法、全民守法,促进国家治理体系和治理能力现代化。《决定》还明确了全面推进依法治国的重大任务:坚持走中国特色社会主义法治道路,建设中国特色社会主义法治体系;完善以宪法为核心的中国特色社会主义法律体系,加强宪法实施;深入推进依法行政,加快建设法治政府;保证公正司法,提高司法公信力;增强全民法治观念,推进法治社会建设;加强法治工作队伍建设;加强和改进党对全面推进依法治国的领导。

1. 建设"法治政府"

随着社会主义市场经济体制从建立到逐步完善,经济活动规模日益扩大,管理难度也大幅增加。面对市场经济发展起来以后对政府提出的新要求,必须有与之相适应的治理体系和治理能力。我国正处于改革开放的深水期、社会转型的关键期,各种利益冲突频繁。《决定》指出:"必须清醒看到,同党和国家事业发展要求相比,同人民群众期待相比,同推进国家治理体系和治理能力现代化目标相比,法治建设还存在许多不适应、不符合的问题,主要表现为:有的法律法规未能全面反映客观规律和人民意愿,针对性、可操作性不强,立法工作中部门化倾向、争权诿责现象较为突出;有法不依、执法不严、违法不究现象比较严重,执法体制权责脱节、多头执法、选择性执法现象仍然存在,执法司法不规范、不严格、不透明、不文明现象较为突出,群众对执法司法不公和腐败问题反映强烈;部分社会成员尊法信法守法用法、依法维权意识不强,一些国家工作人员特别是领导干部依法办事观念不强、能力不足,知法犯法、以言代法、以权压法、徇私枉法现象依然存在。"从当下我国的时代特征和面临挑战来看,必须通过法治的方式来实现现代化转型。当前,人民群众在物质生活条件不断得到改善的同时,民主法治意识、政治参与意识、权利义务意识也普遍增强,对于社会公平正义的追求越来越强烈,对于更加发挥法治在国家治理和社会管理中的作用也越来越期待。尽管我国社会主义法治建设取得了巨大成就,但各级党政机关依法处理政务的能力与民众日益增长的依法治国的需求之间还存在相当大的距离,建设法治政府迫在眉睫。建设法治政府的基本要求是坚持依宪施政、依法行政。要让政府工作人员尊法、学法、守法、用法,按照"法无授权不可为、法定职责必须为"的行政许可原则,做到所有行政行为都于法有据,任何政府部门都不得法外设权。对政府违法违规行为也要坚决追究,对执法不公正不文明现象要及时纠正,以严格、规范、公正、文明的执法维护政府公信力。这将是我国全面深化改革、提高政府管理水平的长期的主要任务。

　　法治政府必须是一个"职能科学、权责法定、执法严明、公开公正、廉洁高效、守法诚信"的政府。这一职责内涵揭示了法治政府的内在品质。《决定》结合当前中国实际,从彰显法律权威、重在推进实施的角度进一步要求"各级政府必须坚持在党的领导下、在法治轨道上开展工作"。建设法治政府是建设社会主义法治国家和中国特色社会主义法治体系的基本要求。《决定》提出,面对新形势新任务新目标,必须更好发挥法治的引领和规范作用。要求各级政府必须创新执法体制,完善执法程序,推进综合执法,严格执法责任,建立权责统一、权威高效的依法行政体制,加快建设职能科学、权责法定、执法严明、公开公正、廉洁高效、守法诚信的法治政府。具体来说,健全法治政府主要从以下几方面着手:

　　第一,建设法治政府的基本要求是坚持依宪施政、依法行政。政府是行政权力的行使者,理应做依法施治的榜样和模范。依法全面履行政府职能,就是要完善行政组织和行政程序法律制度,推进机构、职能、权限、程序、责任法定化。建设法治政府,就是要让政府工作人员尊法、学法、守法、用法,"严格实行行政执法人员持证上岗和资格管理制度,未经执法资格考试合格,不得授予执法资格,不得从事执法活动",按照"法无授权不可为、法定职责必须为"的行政许可原则,把政府工作全面纳入法治轨道,做到所有行政行为都于法有据,任何政府部门都不得法外设权,从而为全面深化改革提供有力法治支撑。对政府违法违规行为要坚决追究,对执法不公正不文明现象要及时纠正。《决定》指出,要"建立重大决策终身责任追究制度及责任倒查机制,对决策严重失误或者依法应该及时做出决策但久拖不决造成重大损失、恶劣影响的,严格追究行政首长、负有责任的其他领导人员和相关责任人员的法律责任",以严格、规范、公正、文明的执法维护政府公信力。

第二,建设法治政府就是要转变政府职能,健全依法决策机制。依法推进政府职能转变是深化行政体制改革的核心,是全面正确履行政府职能的基础,也是建设法治政府的现实要求。在推进政府职能转变的过程中关键是要找准政府的定位,处理好政府与市场的关系,依法推动政府职能由"全能政府"向创造良好的经济发展环境、提供优质的公共服务、维护社会公平正义的服务型政府和法治型政府转变。建设法治政府要求,各级政府应当高度重视运用法治思维和以法治方式推进政府职能向法治政府转变,凡属重大改革都要有法有据,不能与宪法冲突。建设法治政府要求,政府决策要民主、方法要科学、办事要高效,这是法治的本质要求,是实现政府优势的有效途径。法治政府要面对经济和社会发展的新形势,善于运用法治方式和法治思维进行治理,健全依法决策机制;要把公众参与、专家论证、风险评估、合法性审查、集体讨论决定确定为重大行政决策法定程序,确保决策制度科学、程序正当、过程公开、责任明确。建设法治政府,要求各级政府及其工作部门依据权力清单,向社会全面公开政府职能、法律依据、实施主体、职责权限、管理流程、监督方式等事项,实现政府信息公开。

第三,建设法治政府必须提高政府的治理能力,防止"乱作为",警惕"不作为",避免工作状态庸懒散。政府的治理能力与司法公信力密切相关。《决定》指出:"公正是法治的生命线。司法公正对社会公正具有重要引领作用,司法不公对社会公正具有致命破坏作用。必须完善司法管理体制和司法权力运行机制,规范司法行为,加强对司法活动的监督,努力让人民群众在每一个司法案件中感受到公平正义。"司法是维护社会公平正义的最后一道防线。英国哲学家培根说:"一次不公正的审判,其恶果甚至超过十次犯罪。因为犯罪虽是无视法律——好比污染了水流,而不公正的审判则毁坏法律——好比污染了水源。"如果司法这道防线缺乏公信力,社会公正就会受到普遍质疑,社会和谐稳定就难以保障。司法公正对社会公正具有重要引领作用,司法不公对社会公正具有致命破坏作用。中央把"坚持依法用权,倡俭治奢,深入推进党风廉政建设和反腐败斗争"作为一项重要任务,凸显了认真落实中央"八项规定"、坚持不懈纠正"四风"的坚决态度。腐败现象的共同特征是权力寻租,要害在于监督乏力。以简政放权为着力点,用权力瘦身为廉政强身,坚决打掉寻租空间,努力铲除腐败土壤,自觉接受群众监督,让权力在阳光下运行,政府才能主动作为,才能在法治的轨道上更好地履行职责。建设法治政府就是要强化对行政权力的制约和监督。

2. 建立"法治市场"

中国经济发展到现阶段,人口、资源和环境等方面的约束越来越突出,由现有要素供给格局所决定的潜在增长率已经难以支撑持续30多年的高速增长。人们无论是投资兴业还是日常社会交往,对于改善法治环境的诉求日益强烈。现阶段,中国社会亟待解决的是制度规则的优化、完善问题,使已有的制度设施能够有效地运转。在市场经济条件下,主体的地位需要法律来保障,主体的财产需要法律来保障,主体与主体之间的关系如财产关系、人身关系等必须平等。市场经济要求法律保驾护航,从这个意义上看,市场经济每往前走一步,都呼唤着"法治经济"或"法治市场"。《决定》明确指出:"社会主义市场经济本质上是法治经济。使市场在资源配置中起决定性作用和更好发挥政府作用,必须以保护产权、维护契约、统一市场、平等交换、公平竞争、有效监管为基本导向,完善社会主义市场经济法律制度。"必须"创新适应公有制多种实现形式的产权保护制度,加强对国有、集体资产所有权、经营权和各类企业法人财产权的保护"。要"加强企业社会责任立法。完善激励创新的产权制度、知识产权保护制度和促进科技成果转化的体制机制"。要"依法加强和改善宏观调控、市场监管,反对垄断,促进合理竞争,维护公平竞争的市场秩序"。

《决定》揭示了市场经济与法治经济的内在一致性,为我国经济体制改革和市场经济完善提供了明确思路。建设"法治经济"或"法治市场"主要应从以下几方面理解:

第一,法治是市场经济良好运行的保障。党的十八大以来的新预算法推行,证券业改革,小微企业保护,无不洒满法治的光辉。市场经济的本质,是一种契约经济,一种平等主体之间的交易关系。要让交易更平顺,让信用更扎实,让"无形之手"更稳健,就离不开法治的庇护。有公平,才有竞争。党的十八届三中全会以来,中央一直在强调公平竞争的市场环境。要让市场起决定性作用,先得让法治起保障性作用。法治将为市场经济持续稳定发展提供有力保障。

第二,法治是处理好政府与市场关系的保障。从法律上明确界定政府作用边界,是正确处理政府与市场关系、有效发挥政府作用的前提。《决定》明确指出"法无授权不可为",为处理好政府与市场的关系确立了基本原则。《决定》在厘定政府与市场关系的过程中进一步规范了政府的行政行为,有利于政府强化市场思维、尊重市场行为,有利于一系列实体和程序法律制度更好地发挥作用。随着改革的深入,对政府与市场边界进行了调节,要求政府职能从聚焦于事前审批,转换到依法建立健全积极有效的事中事后监管机制。通过法治,真正把握好政府与市场关系的"度"。

第三,法治是市场主体公平竞争的保障。市场主体有效参与竞争和创新需要一个公平的竞争环境,竞争才能带来繁荣。有了法治保障,竞争才能带来持续的繁荣。《决定》有力地推动了公平竞争环境的塑造,提高市场经济效率,促进经济创新,保障市场机制的正常运行。《决定》强调"保证公正司法,提高司法公信力",更是从法治的角度,通过为市场主体提供公正救济的方式力促公平竞争保障的实现。"社会主义市场经济本质上是法治经济"这一论述,体现了限制公权力与保障私权利并行的现代法治思想,为我国健全社会主义市场经济、完善社会主义法治事业注入了新动力。

3. 营造"法治社会"

全面推进依法治国,要让法治成为一种全民信仰,在全社会弘扬社会主义法治精神,营造学法懂法守法的社会氛围,引导全体人民遵守法律、有问题依靠法律来解决,形成守法光荣的良好氛围,形成法治思维。《决定》明确提出,增强全民法治观念,推进"法治社会"建设。人民权益要靠法律保障,法律权威要靠人民维护。必须弘扬社会主义法治精神,建设社会主义法治文化,增强全社会厉行法治的积极性和主动性,使全体人民都成为社会主义法治的忠实崇尚者、自觉遵守者、坚定捍卫者。"法治社会"建设主要应从以下几方面着手:

第一,推动全社会树立法治意识。从意识、精神乃至文化层面为实现法治创造条件是"法治社会"建设的基础性环节。坚持把全民普法和守法作为依法治国的长期基础性工作,深入开展法治宣传教育,引导全民自觉守法、遇事找法、解决问题靠法。要深入开展法治宣传教育,把法治教育纳入国民教育体系和精神文明创建内容。进行普法宣传是全民守法的必由之路。自1986年至今,全民普法教育规划已走过近30年。党的十八大以来,各级司法行政机关通过大力加强普法宣传教育,努力营造学法、尊法、守法、用法的法治环境。普法宣传要做到深入群众,有的放矢;普法宣传要密切联系实际,要引导群众从正面典型中感悟守法的重要性。《决定》明确了普法路线图——"健全普法宣传教育机制,各级党委和政府要加强对普法工作的领导,宣传、文化、教育部门和人民团体要在普法教育中发挥职能作用"。《决定》提出,坚持把领导干部带头学法、模范守法作为树立法治意识的关键,完善国家工作人员学法用法制度,把宪法法律列入党委(党组)中心组学习内容,列为党校、行政学院、干部学院、社会主义学院必修课。

第二,处理好依法规范社会治理与国家治理、政府治理的关系。"法治社会"必须坚持系统治理、依法治理、综合治理、源头治理,提高社会治理法治化水平。社会治理与国家治理、政府治理具有质性的共相:治理的领导力量是中国共产党;治理的根本出发点是人民的根本利益;依法治国,是中国共产党治理国家的基本方略,是实现党的领导、人民民主与依法治国战略的实际途径,因此也是国家治理、政府治理和社会治理应遵循的基本原则。在制度层面,国家治理、政府治理和社会治理的目标都指向于,在坚持中国特色社会主义根本和基本制度的前提下,破除一切不适应生产力发展要求的体制机制,创新释放生产力和社会活力的体制机制,以完善和发展中国特色社会主义制度。在国家发展层面,社会主义现代化是国家治理、政府治理和社会治理的共同发展目标。《决定》不仅强调从社会管理转向社会治理,而且把国家治理、政府治理、社会治理放到了"三位一体"的序列,也是首次把国家、政府、社会从融为一体治理状态中相对分离开来。

第三,加强社会治理领域的法律制度建设。《决定》指出,"法律是治国之重器,良法是善治之前提"。同时提出"加快保障和改善民生、推进社会治理体制、创新法律制度建设。依法加强和规范公共服务,完善教育、就业、收入分配、社会保障、医疗卫生、食品安全、扶贫、慈善、社会救助和妇女儿童、老年人、残疾人合法权益保护等方面的法律法规。加强社会组织立法,规范和引导各类社会组织健康发展。制定社区矫正法"。这些规定点出了社会治理的要害。《决定》明确提出"构建对维护群众利益具有重大作用的制度体系",重点建立健全社会矛盾预警机制、利益表达机制、协商沟通机制、救济救助机制,畅通群众利益协调、权益保障法律渠道。改革开放以来,社会组织逐步走向依法、有序、规范发展的路子,但在整体上仍处于"初级阶段",虽然其功能日益彰显,但需要大力培育、发展、壮大、规范,真正发挥组织社会、管理社会、服务社会的功能。"法治社会"应该深入开展多层次多形式法治创建活动。《决定》提出,"发挥人民团体和社会组织在法治社会建设中的积极作用","发挥社会组织对其成员的行为引导、规则约束、权益维护作用"。社会组织是现代社会构成的重要因素,是联系、协调政府部门、企事业单位、家庭以及公民个人等各类社会要素的桥梁和纽带。

第四,形成法治思维,使守法成为民族之精神。所谓法治思维,就是从法律的视角,按照法律规范、精神、原则和价值目标进行思考、分析问题;法治方式作为方法论和行为准则,要求做到办事依法、遇事找法、解决问题用法、化解矛盾靠法。法治思维和法治方式从思想与行动两个方面为全面推进依法治国指明了具体路径,体现了加强领导干部能力建设的新要求。"守法即正义",这个古老的法治命题,在当代中国有着非常重要的现实意义。建立法治社会,守法应成为个人的一种生活方式,应成为一种民族精神和文化自觉。依法治国不是无水之源、无本之木,依法治国需要法治文化的滋养和法治精神的支撑,需要法治思维的形成,以全民信法、守法为代表的法治文化是依法治国的内生动力。党的十八届四中全会把全民守法作为依法治国的一个重要组成部分,党的治国方略正在融入社会文化,国家治理方式正在升华为民族精神。

4. 推进和谐苏州建设

苏州市委、市政府把"法治政府、法治市场、法治社会"确定为2014年"对话苏州发展"高阶论坛的主题,目的是加快苏州地方法治政府建设,推动苏州法治社会建设的不断完善,以保护产权、维护契约、统一市场、平等交换、公平竞争、有效监管为基本导向,以社会主义市场经济法律制度来合理推动社会主义市场经济在苏州的发展。按照法治苏州建设的总体部署,苏州将积极推进中国特色社会主义法治体系建设和社会主义法治国家建设在苏州的实践探索,经过3~5年,努力实现"五个进一步"目标:党组织法治意识进一步增强,法治理念和法治精神深入人心,法治文化大力弘扬;党组织依法执政、依法办事能力进一步提高,法治成为党组织推进工作的基本方式;党内制度体系进一步完善,管党治党有章可循、有规可依,各项制度严格落实;基层治理法治化水平进一步提升,党员和群众合法权益得到依法保障,基层党组织在全面推进法治苏州建设中的战斗堡垒作用有效发挥;党组织引领保障作用进一步增强,法治政府、法治市场、法治社会建设协调推进。

  2014年的"对话苏州发展"高阶论坛的举办,有利于加快苏州法治型党组织建设,促进苏州的法治政府建设。此次论坛强调了建设法治型党组织的重要性和必要性,积极推进中国特色社会主义法治体系建设和社会主义法治国家建设在苏州的实践探索,推动职能科学、权责法定、执法严明、公开公正、廉洁高效、守法诚信的苏州法治型政府建设。此次高阶论坛有力地推动了苏州法治建设进程,促进苏州的社会和谐发展。高阶论坛提出:建设法治苏州,要以法治型党组织为引领和保障,把"法治政府、法治社会、法治市场""三位一体"协同建设。增强法治观念,推进法治社会建设,培养社会成员的法治思维意识,养成自觉遵守法律法规,并且通过法律或司法程序解决政治、经济、社会、文化、生态等各方面难题的习惯和意识。这些既是实现依法治国的重要目标,也是建成法治中国的基本条件。这次高阶论坛响应了全面推进依法治国的战略部署,推动了苏州的法治进程,促进了和谐苏州建设和文化名城建设。

三、"法治苏州":来自媒体的报道

以法治支点撬动改革发展

国内外知名学者苏城纵论法治"经"

《苏州日报》记者 袁 艺

2014年12月12日《苏州日报》A02版

　　在改革开放的伟大历程中,苏州一直"走在前面",为海内外所瞩目。在新一轮改革发展进程中,苏州如何保持既有优势,继续提供创新发展经验,不仅为世人所关注,也是自身发展之诉求。昨天,在苏州大学举办的"对话苏州发展"论坛上,围绕"法治政府""法治市场""法治社会"等现实问题,国内外知名学者、苏州大学相关学科教授等展开热烈讨论。

郑永年(新加坡国立大学东亚研究所所长)
借鉴新加坡法治经验

　　昨天,郑永年首先做了《新加坡的法治与治理及其对苏州的启示》的主题演讲。他提出:新加坡最成功的是其政治模式,政治模式的核心是法治,苏州可以学习新加坡的经验。

　　郑永年说,新加坡在快速发展过程中,依靠法治规范明确了政治的位置及边界,政府和市场的完美结合,使得新加坡成功避开"中等收入陷阱",实现每十年一次的产业升级。此外,新加坡的法治非常重细节,而中国的法治没有细节,如法律条文、学生手册等都是用抽象的言语表达的。

　　郑永年认为,也许中国完全照搬新加坡模式不可取,但如果中国的城市能学好新加坡经验,国力定能提升一大步。

孙笑侠(复旦大学法学院院长、长江学者)
让法治成为一种思维

　　孙笑侠这次关注的课题是《法治思维要义》。17年前,我国就提出过依法治国的治国方略,"法治"其实是一个古老的概念,而从党的十八大到十八届四中全会,依法治国再次被屡屡强调。孙笑侠认为,前后17年,虽然都在说依法治国,但其中法治的含义有所不同。

　　17年前的依法治国,只是把法律当工具,属于外在层面的理解;而如今的法治实际上是一种精神,是执行者的思维模式,是一种办事的路径。因此,现今要求各级党政领导干部用法治思维和法治方式来推进改革、促进发展、解决纠纷。其实,老百姓也是一样,要把法治内化成一种精神,而非遇到困难再去求助的一本专业书。

张守文(北京大学法学院院长)
保障市场主体自由权

　　对苏州下一步的经济发展,张守文认为,最重要的是如何更好地保障市场主体的自由权。

　　在二元配置的关系中,从市场的角度讲,更多的是关注如何促进私人利益的最大化;从政府的角度讲是如何促进公共利益的最大化。结合苏州的实际情况,张守文说,保障市场主体的自由权,政府的作用应是规范市场秩序,地方党政要把眼光放在市场监管上,努力营造公平竞争的外部环境,加强社会治理和公共服务。当然,法治也要对经济自由权做一个界定,国家和政府依法在保障公众利益的情况下才可以限制经济自由权。张守文还提出,除了法治外,还可以加强教化,通过道德手段规范市场秩序。

朱新力(浙江大学光华法学院院长)
浙江三点经验值得学

朱新力从法治浙江的经验出发,谈了他的看法。

朱新力说,英美等发达国家都有三大法宝:经济市场化,政治民主化,社会法治化。前几十年,我国学习了西方市场经济的经验,人民生活富裕起来,如今再谈改革,不妨继续学习发达国家的法治经验。

朱新力认为,浙江的法治建设有三点经验值得苏州学习。第一,民主政治,如推行民主恳谈会,让人人都可以行使民主的权利。第二,浙江的立法注重本地个性,相对更科学。第三,政府法治建设,如现今浙江省政府正在推行"四张清单一张网","四张清单"是指权力清单、责任清单、企业投资负面清单和政府资金流动机制配置清单;"一张网"是指政府服务网。

胡玉鸿(苏州大学王健法学院院长)
强化青少年法治教育

与其他与会专家不同,胡玉鸿将法治话题延伸到了青少年身上。他根据自己的研究,谈了将法治理念纳入苏州国民教育体系的思考。

根据胡玉鸿团队的调研,目前我国中小学生的法治教育主要包括三个部分的内容,一是宪法意识,二是权利意识,三是安全意识。相对来说,学生的安全意识最高,但随着年龄的增长、诱惑的增多,中小学生的守法意识存在下降趋势。

对于国民教育的法治理念,胡玉鸿也提出了自己的建议:首先,深化教育体制改革;其次,形成学校、家庭、社会三位一体的法治教育格局;再次,充分发挥学校在法治教育中的阵地作用。

第二编 "法治苏州"：专家的视点

一、郑永年：借鉴新加坡法治经验

我讲的主题是新加坡的法治与治理及其对苏州的启示。今年中国共产党十八届四中全会提出了法治精神，这是中国共产党历史上的第一次，我就想到新加坡，我一直认为新加坡成功的核心就是法治。大家都说新加坡的经济模式、社会管理，我一直认为，新加坡成功的地方就是其政治模式，而不是经济模式,也不是其他模式。政治模式的核心就是法治,不是民主。当然,最近这几年,不少人说,新加坡那么小,我们能不能学?我相信苏州肯定能学。也有很多小国家,比如卡塔尔,也问能不能学习新加坡,我觉得可以学。首先,国家大小不是问题。我经常跟中国的朋友说,你说小国不能学习和研究,那错了,难道世界上那么多的失败国家都是小国家?大国不会失败?中国有几千年的文明,犯多么大的错误也还是中国。新加坡那么小的国家,犯一两个小错误可能国家就没有了,所以新加坡人有深刻的危机感,他们总说50年以后可能就没有新加坡了。其次,新加坡的这个模式不是闭门造车做出来的,而是向世界上多个国家学习先进的东西。新加坡人一直说,他们要学世界上最优最佳的实践,就是把世界上最优的实践和自己的国情结合起来。所以邓小平南方谈话以后,号召向新加坡学习。他说要学习两点:一是经济发展,二是社会秩序,中国要学并且要超过新加坡。我觉得这个非常好。邓小平以后很多中国领导人也一直在学习新加坡。当然这几年,因为有很多中国人比较骄傲了,所以新加坡政府现在也非常谦虚地说,我们是非常好,你们现在好多地方比我们做得更好。我1996年起一直在新加坡工作和学习,所以有机会在新加坡为李光耀工作过,我认为中国是可以学习新加坡的。

　　新加坡成功的主要因素,我认为就是政治模式。政治把握不好,经济模式、社会模式都谈不上。政治模式最重要,任何国家的成功在于政治,失败也在于政治。新加坡的模式跟早期的东亚模式,日本、亚洲四小龙有一个共同的特点,我自己概括为先经济后社会再政治,先生产后分配再民主,这非常重要。大家从理想的角度来说,或者我们学者从研究的角度来说,经济改革、社会改革、政治改革,最好一起推进,一起进步,但实际上是不可能的。只能有先后次序,先要讲经济改革,然后是社会改革,最后是政治改革。所以,日本和亚洲四小龙最成功的地方就是经济起飞的二三十年,用李光耀的话说,从第三世界到了第一世界,这个非常重要。也就是说,从一个非常穷的国家或地区,发展成为一个高收入的国家或地区。根据世界银行的计算,二战后,150多个国家和地区当中,只有20多个国家和地区避开了中等收入陷阱,这些国家里面大部分都是石油国家,除了石油国家外就是日本和亚洲"四小龙"。这些国家和地区为什么会成功?世界银行把东亚模式称为一种经济模式、经济的奇迹,但是我觉得其更是一个法治的奇迹。法治非常重要，它不仅仅创造经济奇迹，也不仅仅使GDP增量。所以无论是经济也好，社会也好，政治也好，核心就是法治。那么法治是什么意思呢？搞经济要有法治，首先，政府做什么，市场做什么，这就是一个法治的概念。政府部门应当管政府部门应该做的事情，市场部门应该管市场部门应该做的事情，这非常重要。政治要有边界，政治没有边界就非常麻烦。我一直说，任何一个国家无论是专制也好，民主也好，若政治没有边界，那它都是搞不好的。

新加坡每五年举行一次选举，每次选举真正动员老百姓的大概是十天，现在还有一天要拿出来冷静，到最后一天不能动员了，冷静一下再投票，所以只有九天。投票那一天只有一两个小时，投票以后就结束了。你看台湾地区，365天都是讲政治，每天24小时都是讲政治，政治搞得太多了。上次蔡英文到新加坡，她说台湾地区的民主转型成功非常和平。我提了一个观点，民主确实使台湾地区非常成功，实现了从低收入到高收入的转变，但是民主化以后就不好了，你要思考一个问题：民主是非常典型的民主，但是，除了民主以外还有其他什么？人才跑掉了，经济落后了。台湾地区的教授工资20年不涨，就是民主搞出来的。民主确实很好，但是泛民主化也是很大的问题。在这方面，新加坡就是非常有效的。最近胡玉鸿教授写了一篇文章，是关于国家能力和法治的，从新加坡的角度来说，国家有能力在法治的基础上推动经济的发展，这是和西方不一样的。现在苏州也面临这个问题，而我上次到浙江，发现浙江也面临这个问题。新加坡政府在推动该国经济发展的过程中发挥了至关重要的作用。亚洲四小龙，之所以能逃避中等收入陷阱，主要是政府的作用和市场的作用完美结合的结果。我一直在观察，发现新加坡每十年一次产业升级，这是非常成功的。韩国也一样。现在亚洲"四小龙"里面，韩国和新加坡比较成功，台湾地区陷入了民主的陷阱，香港特区陷入了民主化的陷阱。新加坡和韩国产业升级非常快，其人均GDP提高得非常快，他们每十年升级一次，政府管理都是在法治基础上进行的。新加坡为什么可以吸引那么多的外商来投资，并且外商把好的科研机构或总部设在新加坡？就是因为新加坡有良好的法治基础！若没有法治，人家就不来。同时，我认为法治能解决一个政府不作为的问题。我们现在认为，国家要解决政府官员违法、腐败、乱作为的问题，而新加坡是解决了政府不作为的问题，事实证明这一点取得了很好的成效。

在新加坡,公务员、政治人物做什么,都是有详细的法制规定的,若不按规定去做,那么其就得走人。同时新加坡有高薪养廉,这对形成法治的政府来说非常重要,其涉及怎样解决政府不作为的问题。还有,发展中国家要赶上发达国家,首先政治要集权,政治集权而不腐败,这是一个法治的问题。这里面有几点,我们今天讲中国共产党十八届四中全会和法治,有几点要注意,要解决政党和司法之间的关系。首先,政党跟政府之间要有边界,地方和司法之间也要有边界。政党主要是管立法,司法要有专业人才,执政党对法律不满意的话可以修改,可以通过控制国会和议会来进行修改,根据新的需要可以有新法,可以修改法律,甚至废止法律。公开透明非常重要。

新加坡的法治是非常注重细节的,中国的法律没有那样注重细节。文明的进步在于细节,在于专业,而不是专制。李光耀为什么能把新加坡搞得那么好?主要是学习西方的细节,将其较好的细节学过来。邓小平以前访问新加坡的时候,李光耀说,新加坡能做好,中国肯定能做好,为什么?因为新加坡是以前中国福建、广东等地要饭的人和最穷的人过来的,中国条件最好的人在中原。所以新加坡搞得好就是缘于学习西方的细节。新加坡没有主义,因为细节就是人类社会行为技术上的一种手段。李光耀非常关注细节,至于具体如何关注细节,中国可以学。比如,新加坡早期就规定,随地吐痰要罚款1000新币,这在十年以前是很大的一笔钱,如果没有钱,那得做义工一周。以前过马路闯红灯也是一样,你被抓住了就被罚重刑,甚至是鞭刑。这就用中国古代法家的法治使一个社会在短时间内进入法治社会。西方的法治也是经过了将近200年发展而来的,不是一开始就有的。所以无论是发展中国家还是发达国家,在经济发展方面,政府应该发挥很大的作用;而在建立法治的过程中,政府也要发挥很大的作用,只是政府本身也是要服从法律——这非常重要。我是学政治学的,以前有一个学者说,比较了所有的权威主义,李光耀非常有法治的观念,他没有真正用政治的手段杀一个人,这是我非常敬佩的。他现在对付外国人也是用法治,处罚你是因为你没有服从我的法律,这一点非常重要。所以我觉得,中国从现在开始,更要学习,中国的经济发展、产业升级等方面已经取得了成功,像苏州这样的城市,比新加坡人口多,资源要远远好于新加坡——新加坡没有什么资源。苏州这样的城市如果很好地学习新加坡,中国的未来将不可估量。汪道涵说过,尽管中国一个国家不能变成新加坡,但如果有一两百个城市变成新加坡,那么中国的国力会大大提升。

专家介绍

郑永年,浙江余姚人,政治学博士。著名中国问题专家,现任新加坡国立大学东亚研究所所长,《国际中国研究杂志》共同主编,罗特里奇出版社"中国政策丛书"主编和世界科技书局"当代中国研究丛书"共同主编。

主要研究领域有民族主义与国际关系,东亚国际和地区安全,中国的外交政策,全球化、国家转型和社会正义,技术变革与政治转型,社会运动与民主化,比较中央地方关系,中国政治等。

主要研究成果:《未竟的变革》《影子里的中国》《中国改革三步走》《技术赋权——中国的互联网、国家与社会》《中国的"行为联邦制":中央—地方关系的变革与动力》《全球化与中国国家转型》《在中国发现中国民族主义:现代化、身份认同与国际关系》等。

二、孙笑侠：让法治成为一种思维

我讲的主题是法治思维。从中国共产党十八大到十八届四中全会两次报告和依法治国的决定当中，可以看到国家非常明确的一个提法，是对各级领导干部的要求，用法治的方式来推进改革、促进发展、解决纠纷。这种提法实际上是中国在17年之前提出过的依法治国，为什么17年后又提出了依法治国？这个问题，我的理解是，17年前我们只是一个治国方略的选择，在那么多的治国方略当中，选择了一个作为主要的。但是17年后发现，当年提出来的依法治国的概念只使用了其中的一种含义，而法治还有其他的含义。我们从今天党的十八届四中全会报告中可以发现，另外的六层含义都被使用了，同时增加了法治思维这一层含义，就是把法治当作我们党政干部的一种思维方式，也是一种办事的路径。因此，如今谈法治已经比17年前增加了一层含义。刚才郑永年教授谈了新加坡经验，我们看到他所提倡的新加坡模式,是把法律看作一种精神和办事模式,也看作一种执行者的思维模式,所以从这个意义上讲,我们法治的主体队伍扩大了。原来说的只是法官、检察官,现在扩大到各级领导干部。各级党政干部都是法治的主体,具有了这样的思维方式,就是推动法治的力量。新加坡总统李光耀就是法科毕业的,毕业于英国,拿到了法科博士学位。所以说,法治思维的推广,对于是不是真正搞法治是起决定性作用的。17年前我们提依法治国,就没有提法治思维,只是把法治作为工具,是外在于人的;现在则要求法治进入人的大脑,所以强调法治思维。我们之所以区别17年前的提法和现在新的提法,这是一个很重要的变化,如今这才是真正地进行法治了,而17年前只是在外在形式上做了一个工具的选择。

法治思维既然是法官、检察官的思维,那么他们肯定是很专业的,但是对于普通的领导干部来说,我们不能要求他们中的所有人都成为法官和检察官,那怎么办?我们必须要从法官、检察官的思维里选出一些能普遍适用于广大领导干部的,所以这个选择出来的东西,应该具有普遍性。因此,我现在通过对党的十八届四中全会报告的学习体会到,至少有六个方面的思维规律是属于法治思维的特点的,法治思维有一些自身的特点。我们先从一个个案来看——很不好意思的是,我们法律的案例往往是比较负面的,而在这里分析,我只能用这样一个非常负面的案例。

陕西延安的万花乡派出所民警接到报警,某某人家里正在放黄色录像,因此,四个民警就到了这个人的家门口,敲门,不让进,民警就绕到后门,从后院窥视房内,结果发现房内确实在放黄色录像,而且有床(地点是在卧室)。见此情景,民警就一脚踢开房门,进去以后就想没收影碟机和电视机,最后男的事主不肯,因此就扭打起来。最后派出所民警把当事人带回派出所,同时把他的影碟机和电视机都带走。

从这个案例中我们可以了解一些法治思维。第一个问题是这个案件的关键点,公民是不是有私下看黄碟的权利?当一切问题发生的时候,我们一定是从权利入手,这是法治思维的第一个特点。法治一定要讲权利,这里的权利指的是私权利。第二个问题,警察有管辖私看权利的权力吗?这是公权。该案中警察有没有权力来管?这个权力指的是公权。第三个问题,警察办案的方式,就是从程序上看,警察在没有任何文件,也就是在没有出示自己身份证明以及出示搜查证明的前提下,可否进入公民的住宅?

现在的问题是,如果前面这几个问题都解决了,也就是说,公民没有合法地看黄碟的自由权利,警察有管辖私看权利的权力,警察的检查权力是有的。在这样的情况下,警察可不可以到公民的家里去?这个家在宪法上是有定义的。

这样一来,我们就要进行规则思维,所以从刚才这几个问题来看,至少表明了这样几个思维:第一,权利本位思维,即正当程序思维;第二,是权力控制行为,对公权力要进行控制,如不能任意闯入民宅等。这些思维都是法治思维的要点。

我们结合上述案例来分析,权利本位思维,首先强调的是我们的行政者,或者我们的执政者,或者我们的执法者,都有正当的理由触碰公民的权利,很有可能触碰到,这是避免不了的。但是在触碰公民权利的时候,应该想想公民有没有这个权利。我现在就说上述案例中四个民警有没有权力触碰人家私下看黄碟的权利?现在我们的分析告诉我们,公民,从法律上讲,没有看黄碟的权利。但是,法律也没有禁止公民看黄碟的规定,除非是在公共场所。法律上规定得很清楚,只有规定禁止制作、传播黄碟,而没有说禁止公民私下看黄碟。因此,民警触碰公民私下看黄碟不是一种法定权力,也不是一个禁止的义务。那么,本案例的空间就有了。公民看黄碟是有一个自由度的,"法无禁止即自由",我们教科书都是这样写的,我们现在的总理是学法律出身的,他讲出来以后,所有人都明白了,法无禁止即自由。法律上没有禁止公民私下看黄碟,我们要注意公民在什么地方看,问题就切换到了地点上来。本案中公民是在自己家里,尤其是在自己的卧室里看黄碟。卧室在宪法上的地位如何?这就是权利思维转到了《宪法》基本权利的问题上。我们来对照《宪法》上的规则,《宪法》哪一条是关于卧室规定的?《宪法》关于卧室的规定就是其第39条,规定公民的住宅享有不受侵犯的权利。这个权利为什么不在《物权法》里规定?为什么在《宪法》里规定?《物权法》只保护住宅的财产那部分的利益,《宪法》提高到了这样一个最高的高度的时候,这已经不是《物权法》所涉及的保护财产的内容,而是涉及保护公民的人身权利那部分内容。公民在自己的家里所享受的那些权利,包括隐私权,还包括许多其他权利,都可以在其自家的卧室里展开。所以我们在强调权利意识和权利本位的时候,就是要考虑所触碰到的公民的某一具体行为是不是有什么不受侵犯的权利在里面。因此,我们接下来就要考虑,既然是有权利的界限,那我们就要控制执法者的公权。

　　法治思维的第二个思维模式，就是要如何控制公权力。法律就是两个功能：一是保障私人权利，二是确保公权力不去侵犯私权利，就是为公权力设定了一个界限。在这样的一个法治模式之下，公权力是如何设定的？基本上有这样两个方面。一个是权力清单。大家知道，自由贸易的问题里首先一个清单就是权力清单，就是公权力的清单，就是将哪些是我们必须管的列出来。所以现在中央要求各级人民政府要把权力清单削减到最少。第一次减了还不满意，第二次减了才满意。这是一个改革的过程。削清单，把权力清单削到最低限度，这就是把主要问题让市场做决定。所以权力控制的第一个方面是法律规定公民权利，我们政府自己削减权力；另一方面，在法律上规定了公民权利的时候，也就是倒过来对公权力做了限制。所以通过这两个主要方面控制公权力。在上述案例中，我们可以看到，老百姓的权利其实就是要求执法者，你可以怀疑我看黄碟，你也可以通过符合法定程序的手段来侦查，但是在你拿到合法的证据和得到批准的程序之后，你才能进入我的家。我们刚才这个案例中的四个民警，八只脚踩到了这个公民家里的地面上的时候，他们已经触碰到权力红线了，也就是说他们突破了他们权力的界限了。

　　所以党的十八届四中全会报告里的，七个部分，没有一个部分不是讲权力控制的。因此我觉得，现在讲法治主要就是考虑如何将司法与行政权进行分离，这一点在党的十八届四中全会报告里讲得很清楚。有一个案例我想跟大家分享一下，当我们公民的权利没有被法律规定的时候，我们的政府应该怎样行使职权？这个案例中李茂润是一个个体户，他的隔壁邻居是一个精神病患者，经常骚扰他。因此这一天，他再次拨打民警的电话，说快来救救我，我有人身安全问题，但是民警还是像前几次一样，不出警。这一次他只有从二楼跳下来，结果摔断了腿，治疗费产生了。只给民事赔偿，他不同意。他说除了民事赔偿之外，公安机关也要赔偿他。他就到法院告，法院不敢受理，经过多次反复，最后最高人民法院给予答复说，这个案件当中反映的问题是我们国家法律的一个漏洞，公安机关、政府在不作为的情况下，造成的损失要不要赔偿（就是行政赔偿）？这是一个法律漏洞，法律没有规定。最高法院通过司法解释解决了这样一个漏洞。因此，四川省阆中市中级人民法院依照最高人民法院的司法解释做出判决：李茂润胜诉。这个案例反映了公权力负有一定的不作为的行政赔偿义务。所以这个案例也反映了权利的保障和限制公权力。

　　我们再结合延安黄碟案例来看，实际上还反映出法治的优先思维——程序优先问题。就是在这个案件当中,我们非常明显地发现,公安机关派出四个民警的同时,并没有履行一项义务,就是搜查证的批准,要进入公民的家里,必须要有搜查证。作为一项行政行为,要有一个程序意识,我们所有的问题都归结到行为方式的重要性上,法治思维决定了法治的方式;在解决纠纷的时候,有程序意识,行使公权力就占据了合法的位置。所以这一点是法治思维的第三个规律。我们后面还有涉及关于宪法上概念分析的思维,还有结论论证即讲道理。任何一个行政行为都应该有充分的理由论证,这些都是法治思维的具体表现。

对话苏州发展 Dialogue on Suzhou's Development

专家介绍

孙笑侠,浙江温州人,法学博士,教授、博士生导师,教育部"长江学者"特聘教授,现任复旦大学法学院院长,兼任中国法理学会副会长,教育部法学教育指导委员会委员,全国法律硕士专业学位教育指导委员会委员,上海市人民政府行政复议委员会委员,上海市高级人民法院专家咨询委员会委员,第三届全国十大杰出中青年法学家,入选国家"百千万工程",教育部新世纪优秀人才支持计划,享受国务院政府特殊津贴。

主要从事法理学、法哲学、公法学研究。出版《程序的法理》《法的现象与观念》《法律对行政的控制》等学术著作多部;在《中国社会科学》《法学研究》等期刊上发表学术论文近百篇;多次获得教育部、浙江省人民政府、司法部等优秀科研成果奖。

三、张守文：保障市场主体自由权

今天我们在这里举办"法治苏州论坛"是非常有意义的。从一定意义来讲，法治苏州建设是法治中国建设的非常重要的组成部分。我们大家都知道，从1984年开始以城市为重点的经济体制改革，到今天，我们走过了整整30年历程，这30年里，中国的经济高速增长，令世人瞩目。在这个过程中，苏州市的经济发展也非常好，为国家贡献良多。在经济高速增长的过程中，我们大家都经常会说，一方面，我们的GDP增长非常快，但是另一方面，我们是以牺牲环境、大量的能耗为代价的；一方面我们说是以牺牲环境为代价的，另一方面，我们进一步扩展理解的话，其实不仅仅是以牺牲自然环境为代价，也是以牺牲法治的环境为代价的。我们有很多的改革措施，很多的经济发展，其实是违法展开的。所以，在今天，我们全面深化改革，开始了一个新的起点。如何在这个过程中把法治贯穿于全面改革的各个环节，非常重要。在这个背景下，确实要把党的十八届三中全会和四中全会的精神紧密结合起来。

我演讲的主题是谈"法治市场"的问题。我想下一步要真正推进苏州市的发展,关键是如何更好地保障市场主体的经济自由权,这一点非常重要。结合这个问题,我准备讲三点。

第一,二元配置和双向的问题,以及为什么要保障这样的经济自由权。

党的十八届三中全会明晰了资源配置方面要重视两个重要的因素,一是市场配置,二是政府配置。这两种配置的目标和定位是不同的,市场配置更多的是关注如何促进私人利益的最大化,而政府配置更多的是关注如何促进公共利益的最大化,如何更好地提升公共服务。这方面各国存在很大的区别,这两个方面的配置各个国家都有,而且二者是互补关系。很多人研究,包括著名的思想家布兰迪提出过著名的双向运动理论。这两年布兰迪的理论得到重视,很重要的原因是我们经济领域中一切商品化、市场化,另外一个是与之相对应的逆向市场化,它是和保护社会相关联的,跟政府和国家的干预相关联。国家之所以要干预,就是要解决市场失灵的问题。所以党的十八届三中全会谈政府职能的时候,最后一句是"弥补市场失序"。政府的几大职能里有关经济的有两个方面,一是宏观调控,二是市场监管。作为地方的党政来讲更重要的是关注市场监管,关注如何营造公平竞争的外部环境,关注如何更好地加强社会治理和公共服务。这几点是和各位领导密切相关的,也是和苏州下一步如何发展密切相关的。这样一来,我们就要特别关注如何让市场在资源配置中起到决定性作用,要起到这个作用就必须考虑怎样更好地保障市场主体的经济自由权。

第二,在这样二元配置双向运动之下,我们如何实现辩证地施治?如何体现自由优位?辩证施治有一个前提,就是斯米的理论,市场经济条件下,如果不断扩大市场规模,如果进一步加强市场分工,那么整体经济会更有效率,在资源配置方面会更好。刚才我和朱新力在聊,他们老家生产某种饼占全国70%的比例,我说浙江很多地方是这样,生产袜子也是第一,这就是规模分工。同时也必须有国家的干预,保障有效内需,所以凯恩斯强调加大国家干预。党的十八届三中全会特别强调,我们所有改革最重要的是经济体制改革,核心问题是处理好政府和市场的关系。处理这两者之间关系的时候,非常重要的是辩证施治。我们要找清楚问题所在,有针对性地进行治疗,这样我们处理问题才会辩证。如何辩证?司马迁提出过一个理论,一个国家要进行经济治理,最好的方法是因应市场主体的自由选择,首先是不干预,任其自由发展。如果自由发展不行的话,政府要因势利导。这说明国家既要宏观调控,也要加强教化。除此以外,政府还要实施市场监管。怎样在这个方面整合和规范市场治理,这对政府来讲是非常重要的使命。最坏的局面是政府与民争利,我们国家发展比较好的地区都是民营经济发展比较好的,我们千万要注意国有企业和民营企业的竞争,政府和市场主体的竞争。一个国家如果可以给市场经济最好的自由化,那将是最好的。所以我们现在强调简政放权,包括其他改革,都是以这样的思想为前提的。

  第三,既然我们是这样的二元配置结构,既然存在双向运动,既然要辩证地施治,那么我们在法律上应怎么办?这涉及权利的限定问题。我们一个非常重要的界定,就是经济自由权是市场主体从事自由经济活动的所有权利,这种权利通常情况下是不受限制的,只有在国家或者政府依法为了保障公共利益的情况下才可以做出限定。所以,凡是法律没有明确限定的领域,在这个市场都是自由的,"法无禁止即可为",这是极基本的理念。如果在这样的背景之下,我们就可以看到,实际上这种经济自由权是多种权利的统称,可能存在于很多领域。所以宪法层面上,我们要结合国家权力做出界定,界定什么是国家权力,什么是私人权利空间。除此之外,还有很多法律条文进行保障。另外,政府如何更好地简政放权?这段时间政府做的大量工作,都是保障经济自由权契合。

  要使市场主体充分地自由进行交易和竞争,首先在市场经济条件下,定价权很重要,市场经济的核心之一是优胜劣汰,价格的体现,价格权是否自由,这一点要特别注意。因此在我们整个经济体系中,商品的定价,要素的定价,能够放开的尽量放开。除此以外,政府定价和指导价要尽量减少。接着谈谈征税的问题。我们国家各地的经济增长很大程度上是和地方政府的财税权的运作有关联,所以在这个过程中,如何实行统一的征税的保障?如何整理和统一税收优惠?财税对于企业的贸易、交易、投资各个方面都产生了越来越大的影响。这几年我们接触到一些地方的案件,包括江苏的,有些地方政府也涉及这个问题,用低的地价作为优惠,也产生了一些纠纷。所以怎样在这个过程中解决政府征税权的有效限定,这对保障市场主体的经济自由权是很重要的。

  因此,从苏州未来发展的角度来讲,就应该在法治思维和法治方式之下,在依法治国的大理念之下,更好地保障市场主体的经济自由权。我前一阶段曾经到深圳做过调研,深圳市的领导也谈了一些他们的情况,苏州和深圳不管是经济总量还是发展方式等方面都非常接近。深圳市的领导谈到很重要的一点,就是说,在深圳培育了一批世界型企业,这一点非常重要。比如,华为、中兴都是世界级的,还有腾讯。他们一个很好的经验是不干预,而且政府领导有一个很好的思想,就是服务,依法服务。企业更好地创新,政府更好地为市场主体发展服务。我们苏州市在这方面一直做得很好,今后,在法治背景下应做更好的推进。苏州的企业有很多,总量都很好,要更好地培育一些本土的世界型企业,这是我个人的期望。在这个互联网时代,阿里巴巴没有选择上海,而是选择了杭州,这对我们都是一个很好的启示。而且我们今天是名城名校联动,苏州大学校党委书记和校长今天也在这里,苏州大学有很好的法学院,以后在这个方面,我们应该和苏州大学加强合作,双方在很多方面可以共同开展工作。

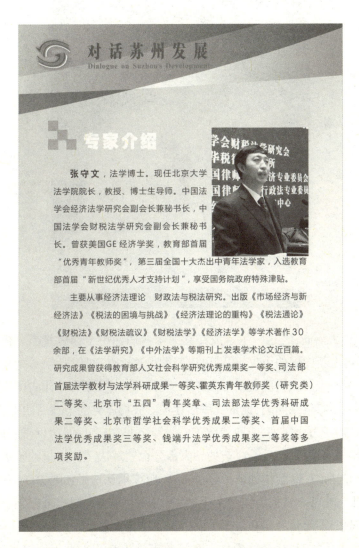

对话苏州发展
Dialogue on Suzhou's Development

专家介绍

张守文,法学博士。现任北京大学法学院院长,教授、博士生导师。中国法学会经济法学研究会副会长兼秘书长,中国法学会财税法学研究会副会长兼秘书长。曾获美国GE经济学奖,教育部首届"优秀青年教师奖",第三届全国十大杰出中青年法学家,入选教育部首届"新世纪优秀人才支持计划",享受国务院政府特殊津贴。

主要从事经济法理论 财政法与税法研究。出版《市场经济与新经济法》《税法的困境与挑战》《经济法理论的重构》《税法通论》《财税法》《财税法疏议》《财税法学》《经济法学》等学术著作30余部,在《法学研究》《中外法学》等期刊上发表学术论文近百篇。研究成果曾获得教育部人文社会科学研究优秀成果奖一等奖、司法部首届法学教材与法学科研成果一等奖、霍英东青年教师奖(研究类)二等奖、北京市"五四"青年奖章、司法部法学优秀科研成果二等奖、北京市哲学社会科学优秀成果二等奖、首届中国法学优秀成果奖三等奖、钱端升法学优秀成果奖二等奖等多项奖励。

四、朱新力：浙江三点经验值得学

我把"法治浙江"这一主题放在党的十八届四中全会背景下分析。如果过20年再看新中国的历史，我们可以归纳出这么几个阶段：第一个是毛泽东同志，他领导中国人民成立新中国；第二个是邓小平同志，他让中国人民富起来；第三个是习近平同志，他重视法治建设。我们看党的十八届四中全会《决定》的文本，一万多字，其对政治改革的阐释是非常充分的，所以，如果这个法治国家建成的话，大概政治改革的一大部分也就解决了。这里的困难是什么呢？我们之所以30多年创造了经济奇迹，应该承认这是向西方学习的结果。我们虽然有非常丰富的历史和文化，但是之所以邓小平同志可以领导中国人民富裕起来，那是他考察和借鉴了发达国家的三大法宝，一是经济市场化，二是政治民主化，三是社会法治化。经济要市场化是邓小平当年提出的，我们早年的社会主义和资本主义最大的区别是两条,资本主义是私有制,是市场经济;社会主义是公有制,是计划经济。我们现在回过头来看,《宪法》明确规定我们是市场经济;我们再看,如果讲我们的私有化程度,浙江有的领域的私有化程度已经超过美国了,所以我们前面30多年里经济成功的真正原因就是向资本主义学习了市场经济及其适度的私有化。而政治建设和法治建设方面恐怕向西方全面学习的可能性很小,为什么？因为我们的政治建设当中,党的领导这是全球法治国家没有的。没有一个国家说在党的领导之下建设全面的法治国家,这样的政治是没有的。所以这个事业是前无古人。后有没有来者,就看我们中国能不能成功了。

虽然在党的十八届四中全会的《决定》中13处提到了党的领导,但是这次非常重要的是把党的领导和法治建设的关系讲得十分清楚。以前也讲,但是讲两句就结束了,现在是透彻地讲明白了,我想先说这个大背景。

我是搞行政法研究的。怎样看待政府法治,这是非常值得我们重视的。什么是法治？公元前300多年亚里士多德已经回答了。他说,法律的统治才是最好的统治,所有人都必须服从法律,而人人服从的法律必须是良法。简单地讲,法治就是这个意思。那么什么是政府法治呢？我们讲的政府法治是小政府,上到国务院,下到各级人民政府,我们这个政府法治要解决几个要素:

第一个要素是职权法定。就是前面各位教授提到的,政府的权力是法律授予的,法律未授予的就是没有的;而老百姓的权利则是法无禁止即可为。香港特区张五常教授说过,我们早年时候运输的成本很高,所以船运是一个比较重要的方式,但是船运到下游再次回来,成本很高,所以就要拉到上游,这样,就要有一帮船工一起拉。这时候有一个人是不拉的,他拿着鞭子抽这些拉的人,因为他们用力拉的时候,没有办法监督,所以就花钱找一个人抽鞭子。这个现象就有点类似于政府存在的必要性。当我们革命成功建立新中国以后,我们的政府以为自己无所不能、无所不包,这导致社会的自治能力大幅度下降,现在回到还权给社会的阶段。在这个过程中,我们可以推出一个原理,就是政府的权力必须是法律授予的。因为政府要做的事情是人民让做多少,就做多少,超出的部分不要政府负责。而为什么职权要法定？因为我们政治行使的权力是自由裁量权,这个有选择余地,就有开后门的余地。如果把权力给得太大,就会出现以公权谋取个人私利、小集团利益的现象,这个可能性是非常大的。而且官员也是人,人是有人性弱点的,意味着把权利交给政府官员的时候,我们是不大放心的。所以《西游记》中的孙悟空本事很大,他如果真正好好地保护师父去西天一定可以成功,如果不听话就会黄了,所以观音就给他一个紧箍咒。人民就是通过人大代表制定法律套在官员头上,让这些官员依法行政。这就是行政法控权理念的原理。

第二个要素是行政机关必须依法行政。我们实际上是把最好的制度固化在法律里面,经过执行以后发现不够好,然后加以修整再执行。这个过程中,我们可以看到,法律制度当中处处见到特别好的制度设计。我讲一个最简单的,《中华人民共和国行政处罚法》中有一个制度叫作听政程序,就是给你处罚之前,先把你叫来,告诉你根据什么程序对你进行什么样的制裁,请问你有没有意见,正当的我听取,不正当的我不接受。这个是从美国抄来的,美国是从英国抄来的,英国是从上帝抄来的,就是亚当和夏娃被上帝处罚的例子。

第三个要素就是权利救济。公民对行政机关的决定不服气的时候,可以到独立的第三方法院寻求救济,其救济途径有两个,一个是复议,一个是诉讼,我们说如果去掉了最佳性,那么合法性就是一个皮囊,所以最佳必须成为政府法治的重要组成部分。

法治政府有了以后,"法治浙江"情况如何?我给大家简单汇报一下。"法治中国"的源头在"法治浙江",因为这是习近平同志在浙江当书记的时候首先提出来的,所以浙江很自豪。同时,中华人民共和国成立后的第一部宪法——"五四宪法"的起草地也在美丽的杭州,杭州市政府准备建博物馆了。第二个,浙江省委全会上要通过一个决定,这个决定已经通过了。在通过之前,找了一些人来讨论,我也有幸参加了。

我提了三个问题。第一个问题是,我们"法治浙江"的目标究竟是什么?当时的说法是到2020年率先基本建成,到2050年全面建成。我们是不是用"率先"?还是用其他什么说法好?大家讨论到最后,叫作继续走在前面。我想苏州和杭州是一样的,上有天堂,下有苏杭,我们也应该继续走在全国前列。

第二个问题是,要建设"法治浙江",现在这个关头你有三个问题必须回答,你要走在前列的话,现在我们到底什么水准?到2020年前后,到底要达到一个什么水准?在达到这个水准的过程中,政府有什么措施能够保证达到？浙江省省长李强是直接参与起草的,他说,朱新力你这三个问题及其回复可以放在说明里。我倒没有那么大的本事,我想这三个问题回答清楚了,贯彻党的十八届四中全会的决定就非常清晰了。我相信他最后的说明文本应该这样说明。

第三个问题是,浙江这些年到底有什么领先之处？浙江的经济在全国是领先的,这种经济领先的地位,如果没有相应的法治跟进是绝对没有可持续性的。

那么怎么跟进？首先,在民主政治方面,地方没有太大的事可做,因为这是关系到国家全局的问题,但是浙江仍然有一些发明创造,非常有名。比如,我们的"枫桥经验",我们温岭的"民主恳谈会",你可以看到浙江人是喜爱民主的,并且人人都愿意行使这个民主权利。江苏电视台有一个非常著名的节目叫作《非诚勿扰》,为什么人们愿意投票？很简单,因为民主。包括《中国好声音》也是这样。

其次,浙江的立法有很重要的一条,科学性、民主性很关注,更关注的是浙江本地的特色。

再次,浙江重视政府法治。现在李强省长推进"四张清单一张网","四张清单"是权力清单、责任清单、企业投资负面清单和政府资金流动机制配置清单;"一张网"就是政府服务网,所有人进入这个网,跟政府关联的都可以点到。把这些都连接起来以后,我们可以看到前面几个要素是完全可以在政府服务中得以实现的。司法方面,我们也可以感受到,什么阳光指数,什么淘宝网的拍卖等,浙江的经验是作为全国经验推广的。有一个案件是浙江的冤案,现在很多地方发现冤案不肯纠正,浙江是发现冤案尽快纠正,并且纠正得让大家心服口服,这就是走在前列。

全民守法方面也是这样。浙江这个地方,如果官员干预太多就死定了,如果放手就有活力。阿里巴巴为什么产生在杭州？自有其道理,官员愿意为企业服务,并考虑企业怎样才能做得更大更好。浙江的改革当中,政府是跟着市场走的。中国的政府首先应从市场里面退出,然后从社会领域逐步退出,最后是有的服务由政府向社会购买,这就是社会法治建设的三步走。这个方面浙江也是领先的。

最后,要提到的是在浙江党政领导的匹配度很高。因为我可以从各领导层当中体会,他们要建设法治浙江是发自内心的,不仅仅作为政治任务,而且这次全国会议开完以后,浙江省有具体的时间表、路线图、责任人。这个表我看过了,写得非常细,意味着浙江省是把法治作为信仰来建设的。

专家介绍

朱新力,浙江桐庐人,法学博士。现任浙江大学光华法学院院长,教授、博士生导师。中国法学会行政法学研究会常务理事、中国法学会体育法学研究会理事、中国法学会比较法研究会理事、国家行政学院行政法研究中心兼职研究员、中国人民政治协商会议第九届浙江省委员会委员、浙江省行政法学研究会副会长等。入选"教育部新世纪优秀人才"。

主要从事行政法学、政府管制、行政诉讼法学、国家赔偿法学研究。承担国家社科基金等项目十余项,出版《行政法学》《行政法律责任研究-多元视角下的诠释》《外国行政强制法律制度》等学术专著十余部,在《法学研究》《中国法学》等期刊上发表学术论文近百篇。研究成果曾多次获得浙江省政府哲社优秀成果奖和司法部教材与科研成果奖。

第三编　"法治苏州"的深度解读

一、政府权力清单和"法治苏州"建设

苏州大学　王卓君

（一）法治化建设成为国家治理现代化的时代意蕴

党的十八届三中全会通过的《中共中央关于全面深化改革若干重大问题的决定》中明确提出，要创新社会治理，激发社会活力，并将"推进国家治理体系和治理能力现代化"列入"全面深化改革总目标"之中，因此国家治理的现代化也被有关学者称为我国的"第五个现代化"。那么，应如何理解"推进国家治理体系和治理能力现代化"这个总体目标呢？

当前，关于这一目标的理解，学界大体上有广义和狭义两类：从广义上来说，实现国家治理现代化，就要切实推进政治体制、经济体制、社会体制、文化体制、军事体制等各个方面的全面现代化，通过国家治理体系的结构性转变激发国家治理能力的潜力，并积极孕育新的治理能力；而狭义的理解则认为，国家治理现代化的总目标即为建设以法治化为核心的"法治中国"，以厘清政府职能、划定权力边界为重点，深入推进法治制度化建设。这一理解主要来自于法学界。由此可见，如果说广义的理解是方向性、指向性的，那么狭义的理解就是实践性、操作性的。推进国家治理现代化，最直接、最可行、最根本的就是推进法治建设，实现国家治理和权力运行的法治化、制度化。

（二）合理界定政府与社会的关系是法治化建设的必要准备

改革开放以来，同质型社会利益结构濒临解体，在主流意识形态统合功能日渐弱化的情况下，基于不同利益结构及差异价值观下的社会个体无法实现切合情境的真诚对话，政社之间、阶层之间及社会个体之间弥散着对立情绪，主体间的话语对立与社会冲突事件也层出不穷，这对政府社会管理提出了严峻的挑战。如果政府缺乏对社会公众利益表达的高效回应体制，而陷入体制性迟钝之中，必然会片面放大与聚焦群体性事件的"对抗性"或者说"破坏性"特征，从而囿于"运动促平安""花钱买平安""强控保平安"等短期行为模式之中，配套及后续的应对行为也将按照给定的行动图式以一种不可逆的内在秩序实施，这意味着实现社会稳定的政策决策与行为模式的可选范围会变得更狭窄，任何企图更改初始选择或现行行动图式的想法会逐步丧失孕发空间，即使落实到行动层面，也将遭遇诸多阻碍，难以前行。

无论是运动促平安式治理方式，还是花钱买平安的权宜性治理方式，再或是强调强控的硬性手段，都使政府在投入巨大维稳成本后，无法实现长效社会稳定的预期目标。如果政府有效回应公民的正当利益诉求并切实给予制度上的安排，可以有效引导公民个体及群体的利益表达行为远离对抗，走向理性与合理。现实中相当多的地方政府不仅在回应公民利益诉求上陷入"体制性迟钝"之中，而且往往维稳神经异常绷紧，试图以高度社会控制替代社会自治，通过多种手段甚至是专政手段预防并控制公民的利益表达行动，这将累积本可在适当地点与时点化解的社会冲突。可以说，在我国社会结构和社会矛盾深刻变化的前提背景下，理应及时对传统的社会管理理念和模式进行反思与重塑,相当长时间内的社会矛盾因素的累积都与社会管理理念的滞后和模式的低效关系密切。因此,国家"十二五"规划中明确提出,要坚持多方参与、共同治理,统筹兼顾、动态协调的原则,完善社会管理格局,创新社会管理机制,形成社会管理和服务合力。其中有关"加强动态管理,更加注重平等沟通和协商,解决群众合法合理诉求"及"最大限度地增加和谐因素,化解消极因素,激发社会活力"等话语,标志着我国进入了全面加强和创新社会管理的新时期,也给新形势下推进社会管理创新提供了重要思路。实际上,从政治统治、政治管理向国家治理的转变,无疑是观念上的革命,即从权力的单向度强制性行使转变为国家与社会的良性互动。因此,构建政府与社会的良性关系,是"国家治理"本身的含义,也是法治化建设的必要准备。

构建政府与社会的良性关系,一方面要实现政社分开,通过政府改革的推进和落实,厘清政府的职能边界,逐步向社会放权以激发社会活力,在改革中建构政府与社会合作共治的协同局面;另一方面则要通过政府行政权力的自我约束,实现基层自治组织的权力归位,通过基层自治组织自治能力的提升,实现与政府行政管理的承接互动,通过管理体制的改革,最大限度地激发社会创造活力,最大限度地增加和谐因素,最大限度地减少不和谐因素。因此,政社分离的目标就在于实现政社互动,政社互动是建立在政社分离基础上的互动;同时,无论是政社互动还是政社分离,其根本前提都在于厘清政府的权力边界,明确政府的职能范围,切实推进权力运行的规范性和制度化。

(三) 权力清单制度是法治化建设的核心内容

党的十八届三中全会决定推行地方各级政府及其工作部门权力清单制度,这是对建构良好的政社关系所进行的高屋建瓴的政策设计。所谓权力清单,是指对政府及政府部门行使的职能、权限,以清单方式进行列举;行政机关履行职能、行使权力,应当按照依法律、法规确立的清单进行,不属于清单列举范围内的职能和权限,行政机关不得为之,即法无授权不可为。推行地方各级政府及其工作部门权力清单制度,是推进法治建设的核心内容之一。

公开权力清单,对于建设法治政府有极大的促进作用。法治政府首先需要职权法定,政府在法律授权范围内行使权力,权力清单从本质上说就是将各单行法律授予政府的权力汇总,明确了政府权力的范围和边界,给权力划定边界,通过清单的方式管住政府部门闲不住的手,把权力关进制度的笼子,同时也为政府依法行政奠定了基础。另外,公布权力清单在公开权力范围的同时,也画出了权力运行的流程图,这在法律上说明确了实施行政行为的步骤和方式,可以使执法人员依照法定程序行使权力。

权力清单的公开公布,是一种政府责任意识的主动担当。政务信息公开,既是时代的产物,也是社会的呼唤。在此背景之下,主动承担社会责任和时代感知,无疑是进步的和符合民意民心的。譬如,河北邯郸市设立政民互动大厅,实行"通透式办公",市民可以直接敲门进入政府主要领导的办公室;陕西咸阳市拆除机关大院围墙,允许市民自由出入市政府大楼办事。上述地方政府的做法其实与成都市政府主动公开权力清单有异曲同工之妙,都是时下公民社会满足公众知情权、参与权、表达权和监督权的着力之举,对于广大尚未推进或尚有顾虑的城市而言,是一种激励和鞭策。通过"晒"权力清单可以让百姓清楚地知道政府部门需要给公众提供什么样的服务,这对于实现百姓办事零障碍来说会有更大的好处。不仅有效地压缩了政府工作人员的腐败空间,而且最大限度地方便了群众,同时也提高了行政效率、降低了行政成本。公布权力清单,既有利于人大监督、司法监督、舆论监督、群众监督等外在形式依照权力清单监督官员的权力,也有利于官员依照权力清单内在地约束自己的权力,使官员首先弄清楚,自己究竟有多大的权力,自己到底能做什么、不能做什么,能做的应当通过什么程序去做,从而避免权力缺位、权力越位和胡乱作为的现象。

(四)以权力清单制度推动国家治理体系和治理能力的现代化

在中国特色社会主义不断完善发展的同时,推进权力清单制度建设,是政府提高治理现代化的重要举措。法治化程度是衡量一个国家治理体系和治理能力现代化的重要标尺。权力清单制度本身就是法治化程度提升的一个表征,将政府的权力以制度化的形式固定下来,巩固和强化了行政职权,可以有效提高行政效率。权力清单的最大特点在于阳光政务,将政务放在"阳光"下,置于公众的视野里,方便群众监督,有效地压缩了权力异化空间。通过对政府权力边界的明确、权力流程的透明,这项制度有效地挤掉了权力寻租空间。另外,权力清单在展示政府权力的同时也将政府的责任展现了出来。法定职责必须为,权力清单上列有的权,政府要遵照执行好,如果有缺失,那将是政府的失职和失责。所以,权力清单也体现了权责对等的原则,政府享有权的同时也承担起了同等的责。因此,推进权力清单制度建设也要配套以与之相适应的"责任清单",健全基于权力清单下的责任追究机制,以保证在出现不作为、乱作为等现象时,必须有明确的责任主体为之付出代价。同时,为避免动员式执行陷入停滞,要立足长远,以制度建设保障权力清单的推行,形成良好的官民沟通与互动的良性循环。

国内实践:部分地区的权力清单都是从"行政审批权"开第一刀的,并逐步扩大梳理精简的范围。

广东省实践:2014年5月正式公布《广东省政府各部门行政审批事项目录》,即行政审批权的权力清单。广东省机构编制委员会办公室的工作人员介绍,这份行政审批权力清单包括46个省直部门保留的694项行政审批事项。2012年,广东省开始推行行政审批制度改革,对行政审批事项进行梳理精简,省级共调整行政审批555项,其中,取消276项、转移103项、下放170项、委托实施6项。"取消、下放行政审批事项,重点是减少企业投资、生产经营活动、社会事业准入、产品物品及信息消费等领域行政审批事项,减少资质资格许可和认定,减少和规范年检(年审)、技术审查等事项。2014年实现各级行政审批事项比2011年减少40%以上。"

四川省实践:四川省政务服务管理办行政审批处的工作人员介绍,2011年四川省就公布了"行政审批权力清单",将省级部门478项行政审批项目予以公开,而且几年以来,这份清单一直在动态变化着。四川省政府政务服务管理办行政审批处处长蔡民向记者介绍,2014年内,四川省将不再保留"非行政许可审批"这一类别。"经过四轮的清理,2014年,四川省省本级共保留280项行政审批项目。相对于2011年的400多项又减少了40%多。"蔡民说,2014年年底,四川省将实现省、市、县三级统一的行政许可目录管理,也就是公布三级政府的行政审批权力清单。而且,四川省还在2013年公布了各部门权力清单,其内容包括除了"行政审批"之外,还包括"行政处罚""行政强制""行政征收""行政裁决""行政确认""行政给付"和"其他事项"。

浙江省实践:浙江省宁波市机构编制委员会办公室相关处室负责同志在谈到权力清单出炉的过程时介绍:"这是一块硬骨头。政府自身割肉,自身改革,改革难度很大。"据介绍,宁波市在公布权力清单之前,第一步是对其"瘦身",消除没有法律依据的各项权力。2014年,宁波市开始着手清理各部门权力。先由各部门自己上报清理后的"权力",再由承担审核任务的有关部门进行审核，并征求省级对应部门的意见，甚至组织专家座谈，进行反馈。如此反复，经历"三报三回"。"一开始各部门上报的权力共有 10333 项，初审保留还是达到 8000 多项。"该负责同志介绍："城管、公安、卫生是权力相对集中的地方，也是减权压力最大的地方，领导带着我们一起与三家单位的主要领导进行座谈。最后，三家单位把权力项目都进行了进一步压缩。经统计，宁波市最终公布的权力清单数量比部门最初上报的数量大幅度减少，精减幅度达 59.45%。"

到底清理了哪些"权力"？浙江省宁波市机构编制委员会办公室的工作人员举了一个例子："比如设立旧机动车鉴定评估机构审批，本来按照省政府要求，应由设区市商务部门行使。考虑到该项审批由基层政府实施更加有利，现在拟下放给县市区商务部门行使。还有菜市场建办审批，按照原有规定需要向有关部门提出申请，经审批后出具审核意见，在本次清理中这个事项被取消，群众可凭相关材料到有关部门直接办理。"

有关媒体报道，湖北省武汉市在制作权力清单时，某局为了避免监督，自称是"清水衙门"，一项权力也没有。省纪委分管领导得知后，直接找到该局局长，当面质问：如属实，是否可依法撤销这一部门？局长这才认真对待。后来，这个"清水衙门"清理掉十几项权力。

苏州太仓的实践：从苏州地区的实践看，太仓市以权力清单为核心的政社互动模式值得借鉴和学习。太仓市政社互动的基本定位是市、镇两级政府和村居自治组织之间的互动衔接，目的在于建立政府行政管理与基层群众自治的有效衔接和良性互动的机制。早在 2010 年 3 月，太仓市通过部门清理、专家审核、村居讨论、社会公示，出台了《基层群众自治组织协助政府工作事项》和《基层群众自治组织依法履行职责事项》两份清单。整理出"自治组织依法履职事项清单" 10 项，清理出"行政权力限制事项清单" 27 项。政府向社会表达了"尊重自治权力，建设有限政府"的法治思想和"共同参与、和谐善治"的管理理念，对规范政府行政管理、强化城乡自治功能、确保社会和谐稳定，发挥了基础性、源头性和根本性的保障与促进作用。

（五）苏州权力清单制度建设的相关建议

苏州市于 2008 年开始启动行政权力网上运行工作，2010 年年底已基本实现行政权力网上运行"全覆盖"。其中，"行政权力库"管理系统作为行政权力网上运行系统基础性平台,通过对行政权力统一和规范管理,已实现全市40个具有行政权力的市级部门的权力清单在"中国苏州"门户网站上公开。苏州正不断完善行政权力清单管理的工作机制:一是大力推进行政权力裁量基准工作;二是建立行政权力库动态维护机制;三是完善行政权力管理的部门对接机制;四是积极拓展行政权力公开方式途径;五是深入推动行政权力网上运行。但结合对全国权力清单实践的梳理和对存在问题的观察,苏州的权力清单制度建设要努力做到:三个"既要"和三个"更要"。

第一,苏州的权力清单制度建设既要"权力清单"更要"责任清单"。

有权必有责,权力和责任义务是对等的。一个人只有承担权力所赋予的责任时,才能确保其正确行使权力。摸清"权力家底",更意味着明晰职责所在,"权力清单"要成为"责任清单",应强调权力与责任对等,完善权力运行问责机制,通过加强广大人民群众对权力行使的监督和问责,推动服务型政府的建设。还需建立与权力相统一的"责任清单",针对不同岗位明确其各自责任,分级细化责任归属,确定具体责任承担者,做到责罚措施具体化,责罚时严格化。只有这样形成全方位、经常化、立体式的监督和责任追究机制,将责任义务跟手中的权力有机结合起来,权力清单才能真正体现公开的价值,取得公开的效果,真正做到还权于众、还权于民。因此,苏州的权力清单制度建设既要权力清单更要责任清单。

第二,苏州的权力清单制度建设既要"权力清单"也要"权利清单"。

权力清单可谓规范用权的标准版本,在各级党政机关都有推广价值。需要强调的是,恪守权力清单的必要前提是敬畏公民权利。公开了权力清单,还应向社会公布公民的权利清单,详细清楚地告诉公民其自身有哪些权利,怎样行使权利,当权利受到侵害时该怎样依法维权。如果仅有权力清单而无权利清单,少数领导干部可能滋生权力的自傲与自恃,把行政权力凌驾于公民权利之上。一张权利清单无异于一针"清醒剂",时刻提醒领导干部,权力是人民赋予的,权力应当敬畏权利,权力应当为权利服务。因此,苏州的权力清单制度建设既要"权力清单"也要"权利清单"。

第三,苏州的权力清单制度建设既要正面清单也要负面清单。

权力清单不仅应包括正面清单,亦应包括所谓的"负面清单",这实际上是定出了一个投资领域的"黑名单"。在这个名单之外,"法无禁止即可为"。投资体制改革正日益深入,谋求建立"负面清单"制度,深具意义。目前,中国经济体制改革任务繁重。改革重点之一,即是深入推进行政体制改革。这其中,又包括深化政府机构改革、简政放权及减少审批事项,并试图创新政府公共服务的提供方式。上述每一个方面,都有改革的迫切性。就简政放权和减少审批而言,更颇受期待。政府简政放权和减少审批事项,本质上是政府职能的回归。国家高层早已定调,要坚持市场优先和社会自治原则。因此,苏州的权力清单制度建设既要正面清单也要负面清单。

对话苏州发展
Dialogue on Suzhou's Development

专家介绍

王卓君,江苏宜兴人,管理学博士。现任苏州大学党委书记,教授、博士生导师,江苏省政府研究室特约研究员、江苏省委研究室决策咨询专家。江苏省高校人文社科重点研究基地"苏州基层党建研究中心"主任,上海市人民政府"地方政府与城市治理"决策咨询研究基地主任。

主要从事文化学、政治学、管理学和教育学研究。主持国家社科基金等科研项目十余项,出版《文化视野中的政治系统》《科技创造心理学》《科学认识论史》《中国大学外部经济关系研究》《政府公共服务职能与服务型政府研究》等学术著作十余部,译作有《文化与社会人类学引论》《科学技术对文化的挑战》,在《中国社会科学》《中国法学》等期刊上发表论文百余篇。

二、青少年法治意识的培育

——以姑苏区小学生教育为样本

苏州大学王健法学院 胡玉鸿

（一）导言

进入 21 世纪以来，青少年法治教育在我国教育事业中的重要性日益凸显，成为我国基础教育的重要板块。多年前，我国就出台了一系列关于青少年法治教育的重要文件。例如，2007 年 7 月 24 日中央宣传部、教育部、司法部、全国普及法律常识办公室印发的《中小学法制教育指导纲要》，2010 年 7 月 8 日中共中央、国务院印发的《国家中长期教育改革和发展规划纲要（2010—2020 年）》，2011 年 3 月 23 日中共中央、国务院转发的《中央宣传部、司法部关于在公民中开展法制宣传教育的第六个五年规划（2011—2015 年）》，2011 年 7 月 30 日国务院印发的《中国儿童发展纲要》等。

2014年,党的十八届四中全会再次强调了青少年法治教育的重要性和紧迫性。《中共中央关于全面推进依法治国若干重大问题的决定》明确指出:"把法治教育纳入国民教育体系,从青少年抓起,在中小学设立法治知识课程。"这是推动全社会树立法治意识的重要举措,是增强全民法治观念、推进法治社会建设的重要途径。加强青少年法治教育,凸显了法治教育对全面推进依法治国的重大推动作用,明确了法治教育在中小学教育中的重要地位。

(二)样本与问卷

1. 样本说明

在姑苏区内,广泛选取八所小学作为调查样本学校,这些学校既有老城区的传统名校,也有新城区的新建学校。在每个学校1—6年级的学生中,随机选择50名左右的学生进行问卷调查。在每个学校随机选择100名左右的学生家长和50名左右的教职员工作为问卷调查的对象。

在姑苏区内选择3个街道所辖的12个社区作为调研样本社区,既有老城区的社区,也有相对偏远的城郊接合部的社区,在每个社区随机选择社区工作人员和居民作为调查对象。

2. 问卷说明

问卷方式主要采用选择题形式,包括单项选择题与多项选择题两类。教师类问卷、家长类问卷和社区问卷各有一道主观题。总共分为六种问卷:1—2年级问卷,总共发放800份左右;3—4年级问卷,总共发放800份左右;5—6年级问卷,总共发放800份左右;教师问卷,总共发放400份左右;家长问卷,总共发放800份左右;社区问卷,总共发放240份左右。

考虑到小学生在填写问卷过程中可能会出现一些技术上的错误,为了保证问卷的回收量,我们发放的问卷可能达到820份左右,并且在计算有效问卷时,我们根据每道题目分别计算各题的有效问卷数,因此,同一份问卷中不同题目的有效情况可能是不同的。

(三)调研发现

1. 宪法意识教育缺失

在宪法意识方面,小学生的宪法意识相对比较薄弱。在一道类似的题目中,我们询问被调查对象(3—4年级和5—6年级学生)听说过哪些法律法规的名称时,只有25.8%的3—4年级学生的答案中包括《宪法》,而5—6年级学生则有49%的答案包括《宪法》,说明随着年龄的增长和学习过程的推进,高年级学生的宪法意识不断提高。但是,与安全意识、权利意识相比,宪法意识仍然是非常薄弱的。同时,学生的宪法知识则更是缺乏。在一道询问"中华人民共和国的一切权力属于( )"的选择题中,只有46%的问卷选择了"人民"。

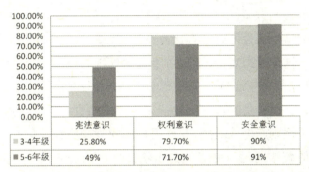

3—4年级与5—6年级学生法治意识对比图

2. 守法意识有波动

令人欣喜的是,调查结果显示各阶段的小学生都具有非常高的守法意识(规则意识)。以1—2年级学生问卷中"闯红灯"题为例,我们分别设置了因"赶时间""路上没人"等原因而闯红灯的选项,结果只有2.82%的学生选择了这些选项,其他97.18%的学生都选择了不闯红灯。在5—6年级学生问卷中,我们设置了两道与交通规则相关的题目。在一道相对简单的"闯红灯"问题,结果显示只有7.85%的学生回答"闯红灯是无所谓的行为,身边人人这样做",其余学生的回答都是基于法律或者道德因素而反对闯红灯。在另一道与交通规则相关的问题中,我们对5—6年级学生"是否想骑电动车上街"进行调查,结果显示,17.25%的学生出于骑电动车上街比较"酷"的原因而表示想骑电动车上街。尽管题目都与交通规则相关,且结果都表明不同年级的小学生遵守交通规则的意识非常高,但是也体现出细微的差别:

其一,随着年龄的增长,小学生的守法意识出现略微下降的趋势。例如,1—2年级学生的守法意识达97.18%,而5—6年级学生在两道题目中体现出的守法意识分别是92.15%和82.75%。这从一个侧面反映出,随着学生年龄的增长,自主性不断增强,心智逐渐成熟,而进入成长期的叛逆心理阶段,由此带来的一个负面影响便是对规则、对老师和家长的教诲产生逆反心理,表现在行为上则是有违反规则的冲动。

其二,在没有"诱惑"的"红灯"题中,不遵守规则的比例只有7.85%,非常低;而在存在"诱惑"(小学生认为这很"酷")的"骑电动车上街"题中,不遵守规则的比例比"闯红灯"上升了近10%,为17.25%。这种差异反映,守法意识会受到具体行为、具体情境、人们的价值评价等具体境况的影响。

除了遵守交通规则的试题外,在1—2年级学生的调查问卷中,有一道关于竞赛活动的规则意识(守法意识)的多选题,为了赢得全年级的智力问答竞赛,32.13%的学生认为可以偷看比赛试题,38.87%的学生认为可以不遵守规则而抢答。这个数据表明,学生对于交通规则的认同与接受度非常高,但是,这种规则意识具有局限性:它限于学生经常接受的教育,如从交通安全和遵守规则等各方面接受的遵守交通规则方面的教育。这种深度教育使得学生能够对相关规则产生认同感,并形成相应的规则意识。但是,由于其他领域缺乏相应的教育,小学生的规则意识就会明显下降。

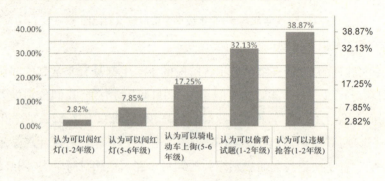

小学生规则意识调查图

3. 对敏感问题的回避

青少年的性安全是日益突显的问题。对青少年的性侵犯案件不断被曝光,引起强烈的社会反响,青少年的性安全意识教育也被提上议事日程。在加强青少年法治教育的过程中,性安全教育相对薄弱。调查结果显示,只有20%左右的教师对学生的性意识有所教育,如教育学生不要让异性的陌生人掀起衣服等。因此,放诸整个社会,对青少年性安全及相关法律知识的教育缺失,与对青少年实施的性犯罪案件增长的严峻形势,形成鲜明反差。

(四) 原因分析

1. 直接原因

青少年法治教育不充分,与学校教学中缺乏固定的法治教育有关,与家长对法治教育的重视程度密切有关。

(1) 学生方面:对法治知识的认识能力。

根据调查结果,近95%的小学生表示,对法治教育"非常感兴趣"或"比较感兴趣"或"有一点兴趣"。这表明,小学生对于法治教育是有期待的。但是,由于小学生自身的理性认识能力有限,加之法治知识的复杂性,使得小学生在接受法治教育的过程中,难免碰到困难,导致学习效果不佳。

(2) 学校方面:中小学校法制教育课时、教材、师资、经费无法落实。

《中央宣传部、司法部关于在公民中开展法制宣传教育的第六个五年规划(2011—2015年)》和《全国人民代表大会常务委员会关于进一步加强法制宣传教育的决议》(2011年4月22日)规定,要发挥学校在法治宣传教育中的阵地作用,保证中小学法制教育课时、教材、师资、经费"四落实"。

然而,调查结果表明,小学在法治教育方面的"四落实"政策并没有得到彻底贯彻,致使小学法治教育没有专门的课时和教材,法治教育力量严重不足,不能较好地发挥阵地作用,进而限制了法治教育的进一步发展。

以法治教育的师资力量为例,小学法治教育的主体力量为各科教师,教师的法治知识和法治培训经历是小学法治教育师资力量的重要体现。我们调查发现,在383份有效问卷中,6.53%的教师没有经历过相关的法治培训和考核;15.67%的教师仅收到过法治学习材料,但未参加过培训,也无考核;62.92%的教师参加过法治教育培训,但无须考核;14.88%的教师参加过培训,并且需要考核。该数据表明,77.8%的教师参加过法治教育培训。

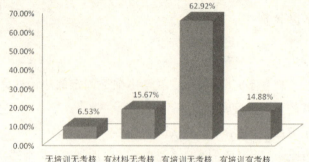

教师法治教育培训经历图

然而,与其他获取法律知识的途径相比,教师法治教育培训的作用明显更低。在询问教师通过哪些渠道获得法律知识时(多选题),93.39%的教师选择中包括"电视、报纸等媒体",94.71%的教师选择中包括"网络",60.32%的教师选择中包括"与教育相关的杂志",60.32%的教师选择中包括"学校会议",而只有35.98%的教师选择中包括"教师培训课程"。这反映出,法治教育培训在切实提高教师法治知识方面所起的作用确实有限。

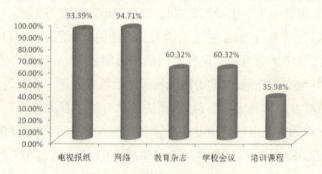

教师获取法治知识渠道图

(3)家长方面:自身法治知识缺少,法治教育缺乏,教育方式不当。

在780份有效问卷中,40%的家长表示通过各种途径学习过关于青少年的法律知识,其余60%的家长表示未学习过。与是否有过学习关于青少年法律知识的经历相比较,家长对青少年法治教育的重视程度有所提高,为66%。但是实际生活中,只有34%的家长表示从未采取打骂的方式教育子女。这些数据表明,家长对青少年法治教育的重视度较高,但自身学习法律知识的经历较少,法治知识较为缺乏,导致在现实生活中,可能采取不当方式教育子女。之所以出现愿望与现实之间的巨大落差,原因至少有二:其一,虽然家长较重视青少年法治教育,但是将法治教育的责任推给学校,以致对自身的教育责任认识不清晰、定位不准确,进而降低了对自身学习法治知识的要求,没有在现实生活中承担起应有的教育责任;其二,尽管某些家长认识到自身应负的法治教育责任,但是因缺乏时间、精力等而没有及时学习相关法律知识,其中,也因为缺乏有效的、正规的学习渠道,造成家长不能有的放矢,无法了解应该学习哪些法律知识、如何运用这些知识教育子女。

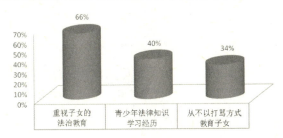

家长对子女的法治教育图

(4) 社会方面。

以社区为例,调查结果显示,首先,社区法治宣传活动较少,针对青少年的法治宣传则更为缺乏,各个社区基本上是"偶尔有"或者"没有";其次,参加社区法治宣传活动的人员多为老年人,学生及学生家长几乎不参加,这导致社区活动的效果非常有限。

通过对社区的调查,我们发现,社会在青少年法治教育方面起到的实际效果极其有限,并未发挥应有的作用,进而限制了青少年法治教育的推进。

2. 深层原因

青少年法治教育不足的深层次原因,与我国的教育体制、教育理念密切相关,与社会导向息息相关。

教育体制:当前的教育体制限制了青少年法治教育的整体推进。青少年所接受的基础教育,受到高等教育体制的重要影响,成为一种应试教育、升学教育。而当前的素质教育体制改革仍然任重道远,这致使青少年法治教育在整个教育体制中定位不清晰,妨碍了教育行政部门、教育工作者、学生家长对青少年法治教育的认识,也限制了青少年法治教育的整体设计。

教育理念:传统教育理念只注重对学生的科学知识进行教育,而缺乏对法治知识应有的重视。在对青少年进行法治教育的过程中,又囿于传统文化观念等因素,回避了某些法律知识的教育,造成法治教育中的"短板"。

社会导向:社会是教育的风向标。尽管我国早已经将依法治国纳入宪法之中,党中央的决定也多次提及依法治国,但是,现实的社会治理尚未实现法治化,仍然存在诸多不符合法治精神的行为。同时,社会公众并没有形成良好的法治氛围,全民法治意识不强,法治信仰缺乏。

(五)提出建议

1. 深化教育体制改革

要贯彻落实党的十八大四中全会的决定,根据相关文件的具体要求,切实把法治教育纳入国民教育体系。坚持法治教育从娃娃抓起,推动把法治教育纳入国民教育序列,列入中小学教学大纲,在中小学设立法治知识课程,保证在校学生都能得到基本的法治教育。

为保证贯彻这一要求,就必须在教育体制改革中科学设计青少年法治教育体系,明确法治教育的战略目标,设定客观可行的发展任务,理顺法治教育与现行教学体制的关系,改革人才培养体制、招生考试制度、教育管理制度,保证学校制度、师资力量、经费投入等有利于法治教育的展开。

2. 形成三位一体的法治教育格局

建立学校、家庭、社会一体化的青少年法治教育网络,各有侧重,发挥各种优势。以对学生的性安全教育为例,学校囿于传统观念,无法有效进行性安全教育。而家长基于自身与子女的血缘关系,可在日常生活中弥补这项缺陷,提高青少年的性安全意识和保护能力。有关调查数据也显示:只有20%左右的教师对小学生进行过性安全方面的教育,而近90%的家长对小学生进行过该方面的教育。所以,在三位一体的法治教育格局中,应该合理分配法治教育任务,不同的主体侧重实施不同的教育内容,以实现最佳效果。

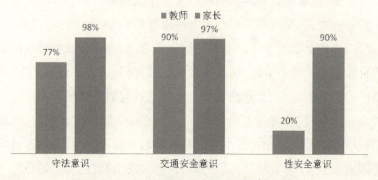

教师、家长对学生进行法治教育的内容对比图

3. 发挥学校在法治教育中的阵地作用

(1) 课时。

要在教学纲要中设立法治知识课程,并安排相应的课时。学校要保证法治教育时间,不得挤占、减少法治教育课时和法治教育活动时间。

(2) 教材。

要为青少年法治教育编写科学的教材,积极开发图文资料、教学课件、音像制品等教学资源。教材的编写不仅要保证内容正确,符合我国法治的基本精神和原理,符合我国现行法律的内容;还要保证与青少年法治教育的特征相适应,适合青少年学习。

(3) 师资。

① 加强教师法治教育培训,提升培训效果。

我国《教师法》第八条中第三项规定了教师对学生进行法治教育的义务:"对学生进行《宪法》所确定的基本原则的教育和爱国主义、民族团结的教育,法制教育以及思想品德、文化、科学技术的教育,组织、带领学生开展有益的社会活动。"因此,让广大教师掌握基本的法治知识和理念,是切实履行法律义务的基本条件,也是提升青少年法治教育质量的重要保障。我们在调查中发现,小学教师普遍愿意参加青少年法治教育培训。

在 364 份有效问卷中,有 27.47% 的教师选择"非常愿意"参加法治教育培训,63.74% 的教师选择"愿意"参加法治教育培训,只有 8.79% 的教师选择"不愿意"参加法治教育培训。这反映出,大部分小学教师能够认识到法治教育在小学教育中的重要性,并有参加法治教育培训的愿望。

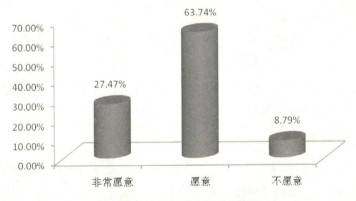

教师参加法治教育培训的愿望图

② 校外力量。

学校应当聘任从事法制教育的专职或者兼职教师,落实中小学校兼职法治副校长、法治辅导员制度。例如,可以从高等院校、司法系统的法学专业人才中聘请兼职教师,也可以吸纳法律志愿者到学校进行法治教育和宣传活动。

(4) 经费。

针对法治教育投入专项经费,专门用于和提升青少年法治意识有关的建设,包括法治教育资源建设费用,如订阅教材、课外读本等;法治教育人才建设费用,如组织教师进行法治教育培训的费用;法治教育交流费用,如与校外法治教育基地开展法治教育、交流活动所需的经费;等等。

(5) 组织。

加强学校对中小学生法治教育的领导,保障学校法治教育有序进行。

4. 教育内容体系化

要加快中小学法治教育内容的体系化和系统化。要特别注重加强青少年的宪法教育。宪法教育是法治教育的基础,宪法意识是其他法治意识的源头,应在中小学加强宪法教育,传授基本的宪法知识,培养学生的尊严意识、正义理念、平等观念、公民意识等基本法治意识,强化对依法治国的理解。

要对现有法治教育中的短板进行补强。应通过丰富的教育内容对青少年法治意识中的薄弱点和盲点进行填补。对于传统教育理念所回避的问题,应以新时代的眼光看待,直面问题,努力满足青少年法治教育的客观要求。

要根据不同阶段的青少年学生的实际情况,确定层次化的教育内容体系。青少年正处于成长期,学习法律知识的能力不断提高,因此,应根据青少年的学习能力确定相应的教育内容。

要与时俱进,不断完善青少年法治教育的内容。社会是不断发展的,法律也存在立、改、废的情况,随着社会和法律的发展,青少年法治教育会产生新的要求,因此必须以开放的姿态对法治教育内容进行体系化、系统化的改进,而应该避免教育内容封闭僵化。

5. 教育方式灵活化

在学校、家庭、社会三位一体的教育格局下,要充分利用法治教育资源,发挥各自优势,根据教育内容的客观要求,采取灵活的教育方式。大致而言,法治教育方式包括以下诸项:

（1）学校方面。

学校要将法治教育有机渗透在学校教育的各门学科、各个环节、各个方面，同时，利用课内与课外相结合等方式开展形式多样的专题教育和丰富多彩的课外活动。

第一，学科教育。首先，强化骨干学科如小学的《品德与生活》或《品德与社会》等学科教育中的法治教育。其次，在相关学科中渗透法治教育，如在语文、生物、体育等学科渗透与法制教育相联系的内容。教师要在学科教学中结合教学内容，挖掘法治教育因素，对学生进行法治文明、公平正义、恪守规则等方面的教育。例如，语文课通过文学作品中的典型人物和事件，渗透崇尚公平正义、违法要承担责任、履行义务光荣等教育；生物课对学生进行保护环境、热爱生命、尊重人权的教育；体育课对学生进行遵守规则、崇尚公正的教育；等等。各相关学科要充分运用与学生密切相关的事例或学科史上的有趣材料作为教学资源，利用多种手段和方法开展法治教育活动。

第二，专题教育。采用必要的专题教育形式，增强学生的法律意识和法治观念，提高法治教育的针对性和实效性。要从学生的认知水平、学习兴趣、思想认识、行为表现和社会实际出发，开展灵活多样、富有成效的专题教育活动，倡导自主探究、合作交流、实践体验的学习方式。法治专题教育要与道德教育、心理教育、青春期教育、生命教育紧密结合，与加强日常安全、禁毒、预防艾滋病、环境保护、增强国防意识、保护知识产权等专项教育有机整合。

第三，课外活动。可以开展与法治教育相关的班团队活动，学生社团活动，学校活动（如模拟法庭、法制征文、法制绘画等），节日、纪念日宣传教育活动（如12·4宪法日），仪式教育活动（如入学、开学、毕业、入队等）。

第四，个别辅导。有条件的地方，还可以针对个别学习困难的学生进行个别辅导。

（2）家庭方面。

家长对青少年子女的法治教育应该从日常生活着手，在娱乐时间内渗透法治教育。在日常生活中，应该注意教给青少年子女民法常识、刑法常识等；在娱乐时间，应该陪同青少年子女收看相关的法治节目，利用电视、网络等资源进行法治教育；家长应该做遵纪守法的榜样，以身作则、言传身教。

（3）社会方面。

① 校外实践基地。法治教育要发挥社会法治教育资源，建立校外法治

教育实践基地,为青少年学生提供参观或观摩的机会。司法、公安部门应选择适合青少年参观的相关普法教育机构和设施,将其开辟为中小学法治教育基地,向未成年人开放,为青少年法治教育服务。

② 青少年法治教育网络。运用网络手段,加快优质法治教育资源的普及与推广。

③ 社区法治宣传。社区是青少年接触社会的重要场所,是进行法治宣传的重要阵地。可在社区开展青少年法治教育宣传活动,增强青少年及其家长、祖父母辈的法治意识。

对话苏州发展
Dialogue on Suzhou's Development

专家介绍

胡玉鸿,江西南昌人,法学博士。现任苏州大学王健法学院院长,苏州大学中国特色城镇化研究中心研究员,教授、博士生导师。兼任国家司法考试命题委员会委员,江苏省人大常委会立法咨询专家、江苏省法学会副会长等。教育部人文社科重点研究基地"中国特色城镇化研究中心"主任,江苏省高校人文社科重点研究基地"公法研究中心"主任。曾被评为全国司法行政系统优秀教师,苏州大学教学名师,入选江苏省"333工程"第二层次人选。

主要从事法理学、法学方法论研究。2008年度国家社会科学基金重大招标项目《学习实践科学发展观重大问题研究——以人为本与中国法制发展》首席专家。出版《法学方法论导论》《司法公正的理论根基》《个人的法哲学叙述》等学术著作20余部,其中《法学流派的人学之维》专著入选2012年度国家哲学社会科学成果文库,在《法学研究》《中国法学》等期刊上发表学术论文百余篇,研究成果获得省部级优秀成果奖十余项。

三、苏州市创新社会治理的挑战与对策

苏州大学政治与公共管理学院　金太军

作为江苏省的经济重心,苏州市在保持经济既快又好发展的同时,积极创新社会治理体制机制,在党委和政府的主导下,各部门齐抓共管,全社会积极参与,探索了许多卓有成效的社会治理路径与机制。当然,由于尚处在探索阶段,苏州在社会治理创新的过程中也遇到了一些问题,因此,应及时有效地评估其实践成效与不足,揭示创新规律,并将苏州市社会治理创新的成功经验凝练升华、系统总结,形成规范化、制度化的成果,争取在全省甚至全国示范推广。

（一）苏州市社会治理创新中的经验

1. 以理念创新为先导

社会治理理念对于社会治理创新的体制、机制、目标、制度、政策以及一切社会治理活动起着无形而深刻的影响和制约作用,在一定意义上,决定了基层政府社会治理创新的功能与成效。"强化人本、共享理念,增强服务意识"已逐渐成为苏州市基层政府社会治理的价值导向。例如,在流动人口管理创新中,张家港市建立了"党委政府领导,常设机构协调,以信息与技术平台为载体,以社会多元参与为依托,服务保障和文化融合相互促进"的流动人口管理新模式,以房东协会、新市民共进协会、住房出租管理协会、流动人口党支部等多元化的治理模式,有效地推动了流动人口管理工作由管理向服务的转变。

2. 以服务社会为宗旨

从本质上讲,社会治理是政府与社会的合作,目的是为了满足社会成员生存和发展的基本需求。市场经济的不断发展推动了社会结构的变迁,利益主体日益多元,利益内容和利益关系日益分化,利益诉求意愿日益增强,这必然要求社会治理创新要反映社会需求,对日益增强的利益诉求意愿做出积极的回应,疏通利益表达渠道,提高对利益差异和利益冲突的包容能力。这既是社会治理创新的原动力,也决定了社会治理创新的目标和路径。社会治理创新成效取决于以政府社会治理职能重构为核心的社会治理创新与社会发展需求的契合度,二者在一定程度上呈现出正相关关系。在苏州市社会治理实践中,无论是太仓社区管理创新的"政社互动"模式,还是在农民拆迁安置小区以公共活动与公共仪式(广场文化和群众文体活动形成常态)提升居民认同度的苏州工业园区"胜浦模式"都体现了这一规律。

3. 以能力提升为保障

着力提升政府创新能力建设是实施社会治理创新的关键。苏州市一些基层政府社会治理创新中就特别注意通过提升政府创新能力来推动社会治理创新,并获得了许多成功经验。一是借助于先进的科学技术,提高社会治理创新的效能。例如,张家港市充分依托信息化平台,实现了区域网络全覆盖,逐步建立信息主导的流动人口服务管理模式。二是充分利用科研院校的知识优势,积极吸引专家学者参与社会治理创新。一些基层政府在社会治理创新中充分借助苏州的高等教育优势,积极引入"外脑",充分发挥专家学者的作用。例如,太仓"政社互动"社区管理模式就是基层政府与科研院校协作,共同推动社会治理创新的成功范例。三是发挥社会的力量,提高社会治理和公共服务的质量。一方面,通过民主参与社会决策,提高政策创新能力。例如,在农村社区建设中,一是问计于民,创新意见征求制度;二是决定于民,建立重大事务公决制度;三是评判在民,推行村情发布民主恳谈制度。另一方面,大力培育民间组织,充分调动民间组织在社会治理创新中的积极性。

一些基层政府在培育民间组织方面进行了积极的探索。例如，张家港市公益组织培育中心、昆山爱德社会组织培育中心、苏州市姑苏区双塔街道的公益组织孵化园等。

（二）苏州市社会治理中面临的挑战

1. 关于社区与社会组织

社区是社会治理的落脚点，社区自治组织与社会组织则是社会治理的重要主体。目前，这方面的问题主要表现在基层政府和社区两个层面。

（1）在基层政府层面，主要表现为社会治理制度不到位。大部分社会组织、企业和公民等参与社会治理的积极性与能动性受制于基层政府制度体系建设的步伐，无法可依必然导致基层社会治理创新无所适从。有些社会治理方面的相关制度虽然"面面俱到"，但是流于形式化、表面化，在社会治理中的实效大打折扣，一些基层政府的社会治理相关制度存在相互冲突、相互掣肘的现象。

（2）在社区层面存在着基层社区"职能行政化"与"财力自给化"之间的矛盾。基层政府仍然把社区作为各个部门的"万能机器"，向社区下达各种行政性任务，而且没有给予相应的财力支持，大多数社区都面临着"事多钱少"的尴尬。此外，在快速城镇化过程中大量出现的"安置小区"（2013年苏州市农民集中居住率已达52.2%），社会治理的问题更为突出。与社会组织层面，存在的问题同样不容忽视：一是募集资金难度大，缺少专业社工人才。二是政府阶段性的扶持政策无法保证社会组织的自我独立发展。很多社会组织因资金缺失而消失，社会组织需要购买社会服务以此来承接社会服务，但目前购买服务的相关法律法规的滞后将使社会组织运作困难。

2. 关于流动人口

苏州市经济发达，是人口的重要流入地，加强流动人口管理是苏州市的主要工作之一。进入21世纪以来，苏州市流动人口的年均增长率都在20%以上。据最新统计，苏州市的流动人口已达600多万，位居江苏全省之冠。流动人口已经成为实现苏州市社会和谐稳定、经济可持续发展的重要影响因素，如何探索和完善流动人口服务与管理的措施，也必然成为苏州市社会治理创新的重中之重。

（1）传统"身份符号"式管理理念的延续。长期以来,受刚性的行政壁垒与城乡分割二元体制的深刻影响,在制度性安排、资源性配置和情感性认知及自我与社会认同上形成了"省民""市民""县民""乡民""村民"的隔阂,导致许多城市过度强调外来流动人口的负效应,管制多于服务,防范多于保护。若流动人口很难融入城市社会,则有可能演变为社会不稳定因素。

（2）现行流动人口管理体制低效。首先,管理机构运行不够正常。尽管很多省市区都成立了外来人口管理工作领导小组,建立了一定数量的专兼职协管员队伍,初步构建了社会治理网络。但由于流动人口管理是一项复杂的系统工程,必须依靠劳动、民政、计生等部门和基层政府共同参与,而一些领导小组办公室不是常设机构,即使设立了常设机构,但是和其他部门都是平级单位,难以承担指导、协调职能。此外,由于各地大多把流动人口管理归口到公安机关,难以形成齐抓共管、综合治理的局面,流动人口管理重"条"轻"块"和多头管理现象尚未得到根本改观。其次,协管人员配备不足且待遇较低。流动人口协管员队伍的工资福利标准较低且无"三金"保障。再次,个别地区经费投入甚少。很多地市对流动人口管理均无专项拨款,甚至有些地区还拖欠协管员的工资,协管员的工作经费全靠各乡镇派出所从有限的治安联防费中支付。最后,基层管理职责不够明确。由于流动人口管理服务工作没有纳入乡镇、街道等基层政权组织的管理体系及其任期目标、管理职责,这导致一些基层党政领导对流动人口服务管理工作不够重视,流动人口服务和管理工作缺乏深度、力度和持续性。

（3）流动人口管理制度缺位。主要表现在两个方面:一是对流动人口服务和管理的政策不够完善。对改革开放以来新出现的流动人口群体管理缺乏明确的法律条款。现行涉及劳动权益保障的具体规定,大多是部门规章,立法层次较低,不够系统。流动人口缺乏制度性参与、维护自身权利的渠道和机制。二是法律法规选择性执行。一些地方领导为发展地方经济,只强调亲商、爱商、富商,把廉价劳动力作为吸引投资的条件,对企业侵害流动人口合法利益的现象不够重视,执法不严、违法不究的现象比较普遍。

3. 关于网路舆情

近年来,随着网络用户的极速增长及网络对现实社会生活影响的加大,网络媒介已经改变了传统媒体时代的信息发布、传播的生态,成为政府管理与民众关切互动博弈的平台,对政府的社会治理提出了新的挑战。由此,构建网络舆情的有效引导机制,提高对虚拟社会的管理水平,成为社会治理创新的紧迫任务。苏州各级政府非常重视网络虚拟社会的管理,并结合本地实际探索了诸多工作方式、方法,但是,总体来看在网络舆情工作中还存在以下三个方面的问题:第一,认识不到位、观念较为落后。对网络舆情的重要性认识不足,对网络舆情不关注,特别是对涉及本机关和当地党委、政府形象的舆情不能引起应有的重视。第二,人员和设备保障不力。由于认识上的原因,没有配备相关设备,技术手段落后,没有专门的网络舆情监督人员,导致具体工作无人管,难以开展工作。第三,缺乏处置预案以及相应的制度规范,一旦发生网络群体性事件,便束手无策。对网络舆情工作缺乏前瞻性和预见性,对可能引发群体性事件的重点领域,如公众环境维权的诉求,缺乏政治敏锐性。

(三) 在法治轨道上有序推进社会治理创新

上述几个方面的问题有一个共同的特点,那就是社会治理的法治化程度不高。因此,社会治理创新必须以法制体系为规范基础与重要依托,法治保证了创新内容的规范性和创新步伐的稳定性。其关键的着力点在于依法厘清党委、政府、社会等的权责边界,实现多元主体的有效衔接与良性互动,具体表现在以下几个方面。

1. 大力推进基层党建工作,以基层党建创新带动基层社会治理创新

党组织是党在社会治理中的领导核心,苏州市各级党组织要充分发挥党组织的协调作用,整合现有的治理资源,通过组织创新和机制创新,搭建党组织与社会多元主体的协作平台。组织创新需要有效整合党的组织资源,特别是逐步建立覆盖广泛、科学发展的基层党组织体系,重点加强民营企业、社会组织、新居民和流动人口中的组织覆盖与工作覆盖。机制创新的关键是要完善基层党建工作的运行机制,把党建工作要求与社会治理创新有机地结合起来,通过完善选拔考核机制、培养激励机制和支持保障机制,来增强地方与基层党组织的凝聚力和生命力。

2. 建设法治政府,加强重点领域社会治理的法治建设

通过法治政府建设,推进机构、职能、权限、程序、责任的法定化,推行政府权力清单制度,明晰各级政府的权责边界,认真做好行政审批事项的取消、下放、转移等工作,拓展延伸行政权力网上公开透明运行工作,政务服务向基层延伸,逐步实现省、市、县、镇、村五级全覆盖。加快流动人口、网络舆情、环境保护、征地拆迁与集中安置等社会治理的重点领域的立法工作,将近些年苏州市所取得的一些成功经验上升为法律法规,在处理各种棘手甚至突发公共事件时,都能做到于法有据、有法可循、依法治理,充分发挥法治对这些重点治理事项的引领和规范作用。

3. 加快社区自治组织与社会组织建设,实现政社的互动衔接

完善社区自治组织体系,深化基层政府与社区自治组织之间的权利和义务关系,进一步探索与完善在有效的载体平台、规范的程序制度建设上实现政府、基层群众自治组织、社会组织等主体之间的有机衔接和协商互动,全面梳理基层自治组织依法履行职责事项和依法协助政府工作事项"两份清单",出台并完善政府转移职能与社会承接的相关法律法规,如由镇(街道)与基层群众自治组织协商签订"一揽子协议书",明确工作要求、目标任务和经费支付方式;加大财政投入,积极推进"苏州公益园"等各级各类社会组织的培育基地建设,推动各市(区)设立社会组织促进会(总会)和镇(街道)设立社会组织服务中心,发挥其联系政府和管理、服务社会组织的桥梁作用。通过降低门槛、放宽条件、简化程序等措施,引导社区社会组织注册登记。将社区公益服务项目作为"三社联动"的核心纽带和根本动力,通过项目推动社区、社会组织和专业社工之间资源共享、优势互补,深化"三社联动"机制。

4. 凝聚社会力量,积极引导企业、公民参与社会治理

积极引导和监督企业履行社会责任,完善基层政府与企业的合作机制。一是引入市场合作机制,如苏州工业园区探索"碳排放交易"试点,政府通过与企业签订减排协议,建立自愿减排与交易相结合的机制,既给企业减排提供了激励,又实现了政府环境保护的职能。二是培养企业的社会责任感,借助行业协会、商会等行业平台,引导企业积极、自主地履行社会责任。三是以社区为法人主体和管理主体,因地制宜创立社会企业,以企业的模式经营公益性组织,盈利部分实行"三三制分账",分别用于企业发展、社区治理与社会公益。这样不仅可以创造就业机会,而且可以增强社区的财力水平,提升社区的服务水平,如苏州一些地区依托社区成立的"爱心超市"已经具备了社会企业的雏形,政府应该准确定位、有效引导,使这类组织或机构成为社会治理

格局中的积极力量。

　　充分发挥专家在社会治理创新方面的重要作用,组建政治学、法学、公共管理学、社会学等多学科的专家咨询团队,建立健全学者、实际工作者和群众相结合的决策咨询制度,为社会治理创新实践提供理论指导、决策参考和业务培训。同时,积极培育全民的法治意识和权利意识,引导公民有序参与社会治理,以理性合法的方式表达利益诉求,努力把社会矛盾化解在基层,建立健全社会和谐稳定的长效机制。

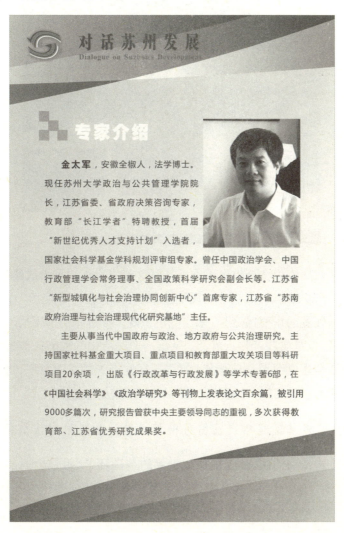

对话苏州发展
Dialogue on Suzhou's Development

专家介绍

金太军,安徽全椒人,法学博士。现任苏州大学政治与公共管理学院院长,江苏省委、省政府决策咨询专家,教育部"长江学者"特聘教授,首届"新世纪优秀人才支持计划"入选者,国家社会科学基金学科规划评审组专家。曾任中国政治学会、中国行政管理学会常务理事、全国政策科学研究会副会长等。江苏省"新型城镇化与社会治理协同创新中心"首席专家,江苏省"苏南政府治理与社会治理现代化研究基地"主任。

主要从事当代中国政府与政治、地方政府与公共治理研究。主持国家社科基金重大项目、重点项目和教育部重大攻关项目等科研项目20余项,出版《行政改革与行政发展》等学术专著6部,在《中国社会科学》《政治学研究》等刊物上发表论文百余篇,被引用9000多篇次,研究报告曾获中央主要领导同志的重视,多次获得教育部、江苏省优秀研究成果奖。

四、增强基层党组织法治意识是推进基层治理法治化的关键

苏州大学政治与公共管理学院 方世南

党的十八届四中全会提出了推进基层治理法治化的重大战略任务,并将"增强基层干部法治观念、法治为民的意识,提高依法办事能力"作为完成这一重大战略任务的重要保障①。基层党组织既是推进基层治理法治化的领导者和组织者,也是实践者和示范者。基层治理法治化的战略任务考量着基层党组织的法治建设水平。只有大力增强基层党组织的法治意识,将基层党组织打造成法治型党组织,才能切实提高基层治理法治化水平。

(一)增强基层党组织法治意识对于推进基层治理法治化的价值

全面推进依法治国,基层是最为重要的基础环节,也是全面推进法治国家、法治政府、法治社会一体化建设的坚实根基和宽广场域。"基础不牢,地

---

①《中共中央关于全面推进依法治国若干重大问题的决定》辅导读本[M].北京:人民出版社,2014:37.

动山摇",基层治理法治化是增强基层党组织的执政能力,实现国家治理体系和治理能力现代化的题中应有之义,是走向法治国家、法治政府和法治社会的逻辑起点,也是坚持走中国特色社会主义法治道路的牢固基础和可靠保障。

加强基层党组织的法治建设,发挥基层党组织在全面推进依法治国中的战斗堡垒作用,是推进基层治理法治化的前提条件,是推进党的建设新的伟大工程的组成部分,也是党的执政能力建设的落脚点。只有每一个基层党组织都能成为法治型党组织,才能将依法治国的方略不折不扣地贯彻落实到基层,促进基层治理法治化进程,从而为建设好法治国家、法治政府和法治社会奠定扎实的根基。

要发挥基层党组织在全面推进依法治国中的战斗堡垒作用,增强基层干部法治观念和法治为民的意识是关键。意识是行动的指导,意识支配行为。共产党依法执政,各级政府依法行政,不仅需要制定出法律制度,建立起法律实施机制,如管理机制、决策机制、执法机制、反馈机制以及监督机制等,更需要基层党组织在法治观念和法治为民意识指导下将其认真地贯彻好落实好。目前,基层党组织法治建设的状况总体是好的,基层依法执政的能力在不断提高,但与完善社会主义市场经济体制,建设社会主义政治文明以及依法治国的客观要求相比,与人民群众对法治中国建设的心理期望和实际需求相比,还存在着不少差距。在基层党组织的活动过程中,目前最缺少的不是法律和制度,而是自觉地遵守这种法律和制度的法治意识,以及由此而形成的自觉尊重法律、崇尚法律、遵守法律,自觉地运用法律手段管理经济、文化和社会事务,妥善地处理各种社会矛盾的法治文化环境。有法不依、执法不严、违法不究的现象和以言代法、以情枉法、以权压法的问题以及地方保护主义、部门保护主义和执行难的问题时有发生。有一些基层领导干部仍然习惯于用情理代替法理,用人治代替法治,习惯于凭经验和个人想法做出决策、下达指令、布置任务。"摆平就是水平,搞定就是稳定,无事就是本事,妥协就是和谐"以及"人民内部矛盾就是用人民币解决的矛盾"等无视法治的一些错误说法,在基层党员干部中经常脱口而出,并运用于解决土地征收、住房拆迁等涉及人民群众利益的矛盾纠纷,这是影响法治型党组织建设和推进基层治理法治化的重大观念阻力,也影响了党群关系和干群关系,影响了基层党组织的良好执政形象。基层党组织法治意识的淡薄和缺失危害很大,一方面从思想深处阻碍着基层自觉地在宪法和法律范围内活动,使制定得再完善的法律制度都难以得到真正的贯彻落实;另一方面,严重影响全社会认真学法和自觉守法,严重妨碍社会主义法治精神的弘扬和社会主义法治文化建设。基层党组织只有具备了良好的法治意识,才能对法律产生信仰和忠诚,才能带头维护法律特别是宪法的权威性,对全社会形成良好的社会主义法治文化氛围起着示范引领作用,使人民群众都能成为社会主义法治的忠实崇尚者、自觉遵守者和坚定捍卫者。

(二)基层治理法治化视域下基层党组织法治意识的主要内容

基层治理法治化视域下基层党组织法治意识具有丰富的内容,是一个包含了基层党组织的法治认知、法治意志、法治情感以及在此基础上形成的法治文化的复合系统,需要基层党组织牢固确立依法执政意识、人民主体意识和社会责任意识。

首先,要牢固树立依法执政意识。要求基层党组织在执政过程中自觉地置身于法律范围内活动,一切以宪法和其他各项法律为活动的依据,牢固地确立法律至上意识。法律至上,就是确立法律的崇高权威,指的是所有的自然人、法人和组织都应当在宪法与法律规定的范围内活动,没有超越于法律之上的任何特权。法律至上是法治区别于人治的根本标志,是法治的本质之所在,是基层党组织法治意识的精髓和核心内容,也是现代法治社会形成的根本标志。基层党组织的法律至上意识,主要体现在依法执政,重视履行宪法和其他法律赋予的职责,依照法律、法规、规章进行执政活动,无法律则无执政活动,法律大于权力,法律高于党组织,没有法律以外的党组织。凡是法律不许可的,基层党组织都不得为之,否则就是超越职权或者滥用权力,就是违法。基层党组织行使权力必须坚持以人为本,坚持权为民所用、情为民所系、利为民所谋,做到公平和公正。任何以权代法、以党派代法、以言代法、超越法定职权、违反法律程序、置法律于度外、法律面前不平等的现象,都不符合法律至上原则,都不可能建设具有法治精神的基层党组织,都必须破除。法律至上,最根本的是宪法至上。宪法是国家的根本大法,是共产党依法执政、各级政府依法行政的根本法律依据。依法治国需要宪法的保障和呵护,而宪法的权威也需要通过依法治国的推进而得以体现。因而,从这个意义上说,增强基层党组织的宪法意识,维护宪法权威,树立宪法至上的理念是依法执政和依法治国的基础,是建设法治社会的根本。任何人、任何党派、任何政府都必须在宪法和法律的范围内活动,都不允许出现不受追究的违法的言行。邓小平早在革命战争年代就倡导依法治国,反对"以党治国"。他说:"'以党治国'的国民党遗毒,是麻痹党、腐化党、破坏党、使党脱离群众的最有效的办法。我们反对国民党以党治国的一党专政,我们尤要反对国民党的遗毒传播到我们党内来。"①各级基层党组织只有忠实地履行宪法和法律赋予的职责,依法执政,才能使全社会都能形成自觉地尊法和守法,服从法律的权威,主动与各种违法现象进行斗争的良好局面,才能推动社会从法治不断地走向善治。

其次,要牢固树立人民主体意识。在社会主义国家,法律是人民意志的集中体现,法律至上,就是人民意志至上,依法执政,本质上是依人民的意志执政,人民主体意识与法律至上意识是紧密联系,不可分割的。真正的法治,体现在党和政府与人民的关系上,体现在民主政治发展的水平和程度上。执政为民,以人为本,维护好人民群众的利益是建设具有现代法治精神的基层党组织的出发点和根本目的。社会主义法治是人民的法治。立法是人民利益的体现,执法是人民利益的实现,司法是人民利益的保障。在社会主义国家,人民是国家政治生活的主人,主权在民,人民依法通过各种途径和形式,管理国家事务,管理经济和文化事业,管理社会事务。基层党组织和各级政府,是接受人民委托的服务机构和公共权力机构,其授权者是人民。政党和政府要对人民负责,为人民服务,同时接受人民的监督。基层党组织的领导干部不是社会的主人,而是社会的仆人,其行为本质上都是服务行为。权为民所用,就是用人民赋予的权力,为发展社会主义市场经济服务,为推进社会主义民主政治服务,为广大人民群众的根本利益服务。必须牢固确立领导就是服务、管理就是服务、行政就是服务、执法就是服务的思想意识。那种执政者高高在上,颐指气使,不可一世,将"人民公仆"作为挂在嘴巴上的口号,而以为自己是社会上高人一等的统治者的观念,人民沿袭传统观念认为自己就是矮人一截的被统治者的观念,是一种根本的颠倒,是封建官本位文化在现代社会阴魂不散的表现,与建设具有现代法治精神的基层党组织和法治社会是完全相违背的。

---

① 邓小平文选(第1卷)[M].北京:人民出版社,1994:12.

再次,要牢固树立社会责任意识。具有现代法治精神的基层党组织就是责任组织。基层党组织依法执政也就意味着其应该承担应有的社会责任。基层党组织的权力和责任是紧密联系,不可分割的。既不存在无责任的权力,也不存在无权力的责任。基层党组织在权力的行使过程中,应时时被社会责任所制约,在强烈的社会责任意识的驱使下做好每一项工作。责任是权力行使的前提,责任通过对基层党组织权力的制约,会使基层党组织的权力更加合理、正当并真正赢得民心。没有责任的权力必然导致权力的放任和腐败;没有责任或者不负责任的基层党组织,绝不可能成为全心全意为人民服务的组织,结果必然会被人民所抛弃。肩负着构建和谐社会重任的各级基层党组织,社会责任十分重大,不能有丝毫的懈怠和丝毫的失责。要建设责任组织,必须培养基层党组织的领导干部和广大党员的价值理性,形成高尚的具有强烈社会责任意识的现代人格。领导干部手中的权力绝不是可以用来"寻租"的工具,而是用于为人民服务的工具,应该具有为人民服务的个人献身精神,努力谋求公共利益的最大化。1974年诺贝尔经济学奖获得者,奥地利思想家哈耶克认为,市场经济最重要的道德基础就是责任感,这种责任感来源于每个人对自己行为的一切后果负责的道德感。没有基于道德感基础上的责任感,任何职业都将失去它的社会价值,社会生活也会失去高尚的生存意蕴。因此,基层领导干部只有明确自己的权力价值和权力地位,才能确定承担公共责任、维护社会公正等执政道德和价值取向,形成健康、完善的道德人格,成为人民负责而忠实的代理人。只有建立起负责任的基层党组织,才能赢得民心对权力的信任,改善党与人民的关系,使社会越来越和谐。

(三) 以增强基层党组织法治意识引领基层治理法治化的路径

基层党组织的法治意识作为建设法治组织的内在而强大的精神动力,作为引领广大党员和广大公民迈向法治社会的精神指南,不是自然而然地形成的,而是基层党组织在执政过程中自觉地尊法和守法、严格地执法,并通过自身的学习与教育以及社会各种力量的监督与制约,从而在执政实践中逐渐形成的。

基层党组织的法治观念和法治为民意识是建设法治基层的重要精神支撑,是基层不断提高治理能力和执政能力,努力构建和谐的党群关系与干群关系的根本之所在。为此,要将法治型基层党组织建设与学习型、服务型、创新型基层党组织建设紧密地结合起来,将基层党组织带头学法和自觉守法、带头为基层提供优质的法治服务和加强基层法治型党组织建设方面的改革创新作为建设学习型、服务型、创新型基层党组织的重要任务。

要发挥基层党组织在全面推进依法治国中的战斗堡垒作用,提高其依法办事能力是根本。依法办事是法治社会的重要标志,是推进基层治理法治化的重要内容,也是基层党组织坚持执政为民、立党为公宗旨的起码要求,应成为基层党组织的办事底线。当前,基层党组织存在的能力不足的危险,就包括了依法办事能力不足的危险。在政治民主化和信息网络化时代,人民群众的主体意识、权利意识和法律意识得到了普遍提高,不提高基层党组织依法办事的能力,就不能切实维护好、实现好和发展好人民群众的根本利益,就无法及时化解社会生活中的矛盾,就无法深化改革和促进经济社会持续健康发展。依法办事,一方面在办事中要坚持法治思维和法治底线;另一方面,要依法正确行使权力,依法主动作为把事办好。推进基层治理法治化,目的是用法治来维护人民群众的合法权益。基层党组织必须杜绝推诿、扯皮、不作为等变相腐败现象。要提高依法办事能力,基层党组织必须牢固树立正确的权力观,谨慎用好权力,坚持法定职责必须为,法无授权不可为,不得超越职权范围行使法律授权之外的权力。基层党组织提高依法办事能力,就要严格遵守法律程序办事,切实符合法律规定,就要牢固地树立法律至上意识。法律至上是法治区别于人治的根本标志,是法治的本质之所在,是基层党组织依法办事的指导思想,也是现代法治社会形成的根本标志。法律至上,就是确立法律的崇高权威,在宪法和法律规定的范围内活动,没有超越于法律之上的任何特权。

要发挥基层党组织在全面推进依法治国中的战斗堡垒作用,建设重心下移、力量下沉的法治工作机制是保障。长期以来,法治工作的力量和重心主要集中在城市和上级机关,基层法治的人才资源、组织资源和服务资源都比较匮乏,不能满足基层群众的法治诉求,不利于及时将矛盾化解在基层、消灭在萌芽状态之中。因此,只有按照法治工作机制科学设置的原则,建设上下衔接的职责定位,实现法治资源配置的均等化,构建上下贯通的法治服务传导系统,将法治工作网络和工作机制延伸到基层,才能形成上下联动的法治环境,开辟一条及时反馈民意、反应群众意见、化解纠纷矛盾的法治新路径。基层党组织要结合服务型和法治型党组织建设的任务,将法治服务的力量和重心下移到基层,推进覆盖城乡居民的公共法律服务体系建设,加强民生领域的法律服务,健全依法维权和化解纠纷机制,建立健全社会矛盾预警机制、社会稳定风险评估机制、利益表达机制、协商沟通机制、救济救助机制,使群众利益协调、权益保障的法律渠道畅通无阻,切实保障基层群众的各项合法权益得以充分实现。

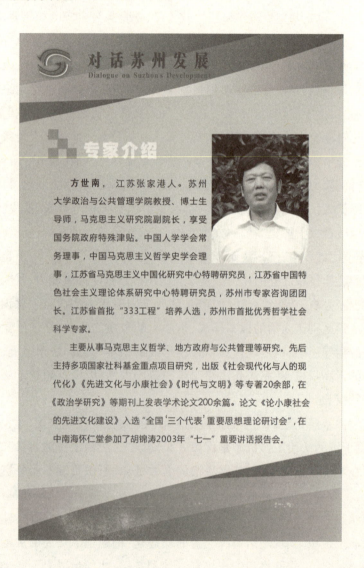

对话苏州发展
Dialogue on Suzhou's Development

专家介绍

方世南,江苏张家港人。苏州大学政治与公共管理学院教授、博士生导师,马克思主义研究院副院长,享受国务院政府特殊津贴。中国人学学会常务理事,中国马克思主义哲学史学会理事,江苏省马克思主义中国化研究中心特聘研究员,江苏省中国特色社会主义理论体系研究中心特聘研究员,苏州市专家咨询团团长。江苏省首批"333工程"培养人选,苏州市首批优秀哲学社会科学专家。

主要从事马克思主义哲学、地方政府与公共管理等研究。先后主持多项国家社科基金重点项目研究,出版《社会现代化与人的现代化》《先进文化与小康社会》《时代与文明》等专著20余部,在《政治学研究》等期刊上发表学术论文200余篇。论文《论小康社会的先进文化建设》入选"全国'三个代表'重要思想理论研讨会",在中南海怀仁堂参加了胡锦涛2003年"七一"重要讲话报告会。

五、自贸区建设的法律思考

苏州大学王健法学院　陈立虎

中国(上海)自由贸易试验区的建设是推进改革和开放的重大举措,是一个系统工程,理论界和实务界对自由贸易试验区的建设所涉及的许多问题已经在并将继续进行热烈讨论,提出了不少富有启发的有理有据的见解。这里本人仅就关于自贸区建设和管理的法律问题,尤其是江苏和苏州建设自贸区的思路做一分析。

(一) 中国(国内)自贸区的建立和发展

目前,世界上许多国家都建立了自由贸易区(FTZS)。从其他国家的发展来看,FTZS是指一个产业区域(不是一级行政区划,基本上没有成为一级行政区划的可能),多数基于为增加外汇收入、增加就业和吸引外商投资而设。FTZS的社会经济特征是:① 商业设施的层次和质量高于全国平均水平;② 较之一国其他区域,商业管制(主要指行政审批)较少;③ 地理位置便利商贸,多设于海港城市;④ 以出口为导向;⑤ 都推出有吸引力的投资贸易激励举措(包括税收减免等)。

早期的自由贸易区的主要作用是吸引外国船只、商品的进入,增加收入。20世纪60年代以来,自由贸易区的功能则以吸引外资和国外先进技术、发展国内产业和扩大商品出口为主要目的。具体考查会发现各国自贸区的机制和功能是不同的。美国自由贸易区的主要功能是发展贸易、加工、转口贸易、保税仓储和展示业务。新加坡建设自贸区的模式和主要目的是形成多元化的产业领域集聚,主要举措是简政放权、电子政府和信息化。中国自贸区与其他国家国内自贸区不同。中国国内自由贸易试验区的任务是加快政府职能转变、扩大投资领域的开放、推进贸易发展方式的转变、深化金融领域的开放创新、社会服务和完善法制环境建设。可以说,2013年9月29日正式挂牌运行的中国(上海)自由贸易试验区的建设内容既具有新时代的特点,也有中国特色。2014年12月12日,国务院常务会议又决定,依托现有新区、园区,在广东、天津、福建特定区域,再设三个自由贸易园区,以上海自贸试验区试点内容为主体,结合地方特点,充实新的试点内容。新设的广东的自贸园区主要对准港珠澳,未来在高端金融服务业方面,可以有大的发展;天津自由贸易园区主要对准东北亚,大力发展航运,未来金融租赁业有优势;而福建的自贸园区主要是发展台海贸易,促进对台合作的发展。可见,中国国内自贸区的数量和类别都将不断增加,特点更明显,分工更明确。

就区域所在而言,自贸区有三种:国际自贸区、外国国内的自贸区、中国国内自贸区。后两种属于国内自贸区。一个主权国家之内的两个关税区之间的自由贸易区的建立,被视为广义的国际自贸区。

近年来,党中央十分重视自贸区问题。党的十七大把自由贸易区建设上升为国家战略,党的十八大提出要加快实施自由贸易区战略,党的十八届三中全会提出要以周边为基础加快实施自由贸易区战略,形成面向全球的高标准自由贸易区网络。中共中央政治局于2014年12月5日下午就加快自由贸易区建设进行第十九次集体学习,此次学习主要探讨国际自贸区,中共中央总书记习近平在主持学习时强调三大要点:多边贸易体制与区域贸易安排一直是推动经济全球化向前发展的两个轮子;中国在全球化及其规则制定过程中,"不能当跟随者,而要做引领者";"要加强顶层设计、谋划大棋局",面向全球的自由贸易区网络,积极同"一带一路"沿线国家和地区商建自由贸易区,使我国与沿线国家合作更加紧密、往来更加便利、利益更加融合。

那么,国内自贸区与国际自贸区的区别在哪里呢?现以上海自贸区为例说明之。

上海自贸区是中国单方面的自主行为,是中国国内制度的创新;国际自贸区是多个国家设立的,关涉国家之间的权利和义务。上海自贸区设立的法律依据是全国人大的《授权决定》;国际自贸区依据相关的国际条约(如NAFTA)设立。二者的运行和监督所适用的法律明显不同。上海自贸区设立后的暂停实行企业入世审批制是三年的实验期限(该期限似乎并非直接针对自贸区本身的期限而言);国际自贸区没有明确的终止期限,根据GATT1947第24条规定,国际自贸区的临时协定不宜过长(不超过十年)。上海自贸区设立的目的是制度创新,探索可复制、可推广的经验;国际自贸区的建立则直接宣称是促进贸易自由化和投资自由化。

(二) 中国自贸区建设和管理的现有立法及其特点

中国自贸区建设和管理无疑是需要法律来推动与保障的。总的说来,中国自贸区建设和管理的现有立法主要有以下几项:

第一,全国人民代表大会常务委员会于2013年8月30日做出了《关于授权国务院在中国(上海)自由贸易试验区暂时调整有关法律规定的行政审批的决定》(自当年10月1日开始实行)。

第二,国务院于2013年9月18日发布了《中国(上海)自由贸易试验区总体方案》,后又于2013年12月21日颁布了《关于在中国(上海)自由贸易试验区暂时调整有关行政法规和国务院文件规定的行政审批或者准入特别管理措施的决定》。

第三,此后国务院十多个部委先后发布了相关的服务于中国(上海)自由贸易试验区建设的部委规章。

第四,上海市人大常务委员会于2013年9月26日发布了《关于在中国(上海)自由贸易试验区暂时调整实施本市有关地方性法规规定的决定》。

第五,上海市人民政府制定并于2013年9月29日公布的《中国(上海)自由贸易试验区管理办法》。

第六,上海市十四届人民代表大会常务委员会于2014年7月25日正式通过了《中国(上海)自由贸易试验区条例》(自2014年8月1日开始实施)。

《中国(上海)自由贸易试验区条例》包括总则、管理体制、投资开放、贸易便利、金融服务、税收管理、综合监管、法治环境和附则等九章五十七项条款。这部地方立法对于自贸区的建设考虑得很全面,体现了中央、国务院和全国人大的要求,反映了国内与国际政治和经济改革的趋向。该条例规定,建设自贸区的指导思想是制度创新;建设原则是先行先试、风险可控、分步推进、逐步完善;建设的方式为法治方式。从立法本身来说,该条例的引领性、原则性条款和政策性表述较多。在调整范围上,不仅设置了不少条款(27个条文)调整贸易便利、金融服务、税收管理和综合监管问题,还涉及诉讼和仲裁等纠纷解决机制。关于投资开放,只有六项条文。

2014年12月12日的国务院常务会议决定,除涉及法律修订等事项外,在全国推广包括投资、贸易、金融、服务业开放和事中事后监管等方面的28项已由上海自由贸易试验区实验成功的改革试点经验,在全国其他海关特殊监管区域推广6项海关监管和检验检疫制度创新措施。此次会议还决定,新设的自贸区要结合地方特点,充实新的试点内容。这些新自贸区的建立和运行,都应获得全国人大常委会授权以调整实施相关法律规定。新自贸区也会推出负面清单和投融资便利化举措,内容可能不尽完全一致。

由此可见,中国国内自贸区建设和管理的立法将呈现三个趋势或三个特点:第一,目前一般都要由全国人民代表大会常务委员会做出《授权决定》;第二,这些关于自贸区的地方立法都是先行性地方立法,都是为国家立法和推出新政而试水;第三,这些地方性的关于自贸区建设的立法所设立的创新制度不完全一致,即便是同一个制度(如负面清单),在各地也可能有不同的内涵。现行的自贸区立法还需要不断改进和完善。与其他国家和地区的自贸区立法相比,我国人大和国务院对设立自贸区一般条件未予规定,可能造成各地申报自贸区的持续竞争;而关于自贸区的地方立法的质量的高低,也会影响自贸区的运行和试验做法的复制与推广。自贸区的地方立法的重点是制度创新。这方面内容很复杂,需要立法者认真考虑、梳理和归纳,制定必要的合法的科学的条文,为创新制度能在全国复制提供基础和方便。

(三)自贸区建设与苏州举措

党的十八届三中全会的《中共中央关于全面深化改革若干重大问题决定》指出:"要在推进现有试点基础上,选择若干具备条件地方(尚未通过国家立法以明确设立自贸区的一般条件)发展自由贸易园(港)区。"第一批和第二批国内自贸区建设已在路上,第三批自贸区名单的出炉也在人们的期盼之中。

苏州外贸总额排名全国第四,利用外资总额排名全国第五,苏州的海外投资已达 80 多个国家。苏州有国家级综合保税区 4 个、国家级出口加工区 3 个。苏州是国家跨境贸易电子商务服务的试点城市,苏州太仓是全国运行管理先进口岸。这些表明,从国家发展自贸区的目标和战略要求来看,苏州建设自贸区也是有基础的,应当积极申报,积极作为。另外,苏州市人大具有地方立法权,苏州是全国科技创新基地之一,苏州有开放经济的基础。但是,苏州有其特殊性,苏州不是上海所宣称的四大国际中心,苏州没有深水海港和航空港,苏州不处于领土边境地带。

那么,苏州建设自贸区,应当考虑哪些举措呢?

2014 年以来,苏州(特别是园区)积极借鉴上海自贸区的成功经验,加快推进自贸区功能建设,主动采取了不少创新举措。第一,开展工商注册登记制度改革,实行认缴登记制和"先证后照",减少前置审批限制;第二,积极争取国家有关部门支持园区探索研究促进综合保税区区域贸易多元化的途径;第三,推动金融开放创新,积极争取试点开展跨境人民币创新业务,顺利推进外汇便利化试点;第四,加强电子征信系统建设,率先试行中小企业信用体系建设;第五,探索建立事中事后管理机制。应当肯定,这些举措是很有价值的。现在的问题是,在申建自贸区这个问题上,苏州要有错位竞争意识,要找出申报自贸区建设试点所需要的地方特色或特长。我们认为,投资便利化、提升贸易便利化水平、打造中新合作升级版、构筑两岸交流合作新高地、积极融入"一带一路"战略,可作为苏州建设自贸区的重点方向。

中国(上海)自由贸易试验区的"负面清单"是依照国家规定的关于外商投资的准入特别管理措施而由地方发布的,其他地方未履行必要的法律程序不能复制和效仿。据悉,苏州市商务局已基本完成《苏州市外商投资准入特定管理措施(负面清单)(2014)(草案)》。在当下的情况下,苏州市政府自行制定负面清单,明确列出哪些经济领域不开放,并规定除了清单上的禁区,其他行业、领域和经济活动都许可。这种做法是否很妥当,有待进一步论证。改革的积极性和制度设立的科学性应当兼顾。自贸区建设要有法治思维,包括国际经济法治的思维。

从国家对自贸区的布点战略考量和苏州的经济地理条件来说,选择苏州的可能性相对较小,苏州申报成功的难度很大。因此,苏州自贸区战略要建立阶梯性目标——首先求得自贸区申报成功;但如果短期内或者最终批不下来,第二目标是不求"自贸区"之名,而求具备自贸区功能之实。现在国务院已决定在全国推广包括投资、贸易、金融、服务业开放和事中事后监管等方面的28项已由上海自由贸易试验区实验成功的改革试点经验,在其他海关特殊监管区域推广6项海关监管和检验检疫制度创新措施。苏州应及时让这些新制度在苏州接地,这同样体现苏州经济行政改革和对外开放的新水平。

苏州自贸区建设在获批后也需要立法。由于苏州市属于"较大的市",不具有完全独立的地方立法权。苏州制定的地方性法规,须报江苏省人大常委会批准后才能施行。因此,在立法中,除了遵行中央、全国人大和国务院的规定以及参考其他地区的自贸区立法外,有必要与江苏省人大保持沟通,以提高经济立法的质量和可操作性。

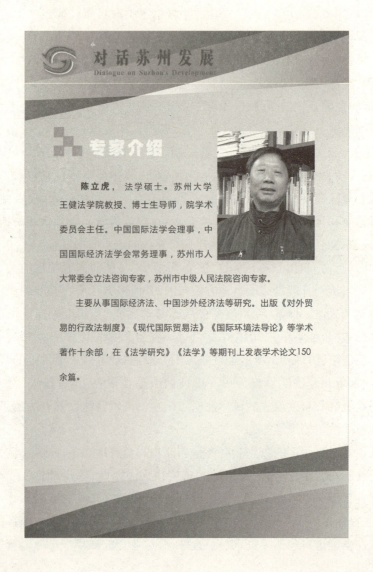

陈立虎,法学硕士。苏州大学王健法学院教授、博士生导师,院学术委员会主任。中国国际法学会理事,中国国际经济法学会常务理事,苏州市人大常委会立法咨询专家,苏州市中级人民法院咨询专家。

主要从事国际经济法、中国涉外经济法等研究。出版《对外贸易的行政法制度》《现代国际贸易法》《国际环境法导论》等学术著作十余部,在《法学研究》《法学》等期刊上发表学术论文150余篇。

六、深入推进依法行政　加快法治苏州建设

苏州大学王健法学院　黄学贤

党的十八届四中全会做出的《关于全面推进依法治国若干重大问题的决定》,对依法治国、依法执政、依法行政共同推进,法治国家、法治政府、法治社会一体建设,实现科学立法、严格执法、公正司法、全民守法,促进国家治理体系和治理能力现代化做出了重要部署,把法治中国建设提升到前所未有的高度。党的十八届四中全会的召开,表明中国共产党在依法执政、政府在依法行政,实现国家治理体系和治理能力现代化方面,在实现经济发展、政治清明、文化昌盛、社会公正、生态良好、社会和谐等方面,法治的引领和规范作用将更加明显。在依法治国的伟大实践中,依法行政处于关键性的地位。

(一) 依法行政是依法治国的关键

依法行政之所以成为依法治国的关键,有以下几个主要的原因:一是由行政权的特点所决定的。与立法权、司法权等国家权力相比,行政权具有广泛性、主动性、直接性和强制性的特点。二是行政机关是法律法规最主要的实施主体。国家法律法规的80%是由行政机关来实施的。三是行政主导的治理模式更加凸显依法行政的重要性。如果说前两个原因具有普遍性的话,

那么,第三个原因则带有明显的特殊性。我国历史上有着伦理治国、行政至上的传统治理模式,行政在国家的治理中处于十分重要的地位。社会对政府也有着过分依赖的传统。因此,在我国法治建设的进程中,依法行政、法治政府建设处于非常重要的地位。长期以来的治理模式,使得政府结构碎片化以及由此而形成的权力行使碎片化的情形非常严重。相近的职能由多个不同的部门行使,导致系统决策、科学决策很难。再加上编制、人、财、物、技术、规划、立法等要素部门基本上各自为政,导致综合改革难以推进。现代法治政府要体现的是整个政府对社会的一种快速回应能力。这就要求政府治理具有高度的理性、民主性和科学性,而法治则是其灵魂。

(二) 当前法治政府建设中存在的主要问题

推进依法行政,加快法治政府建设,首先要找到问题所在。

就宏观方面来看,当前法治政府建设中,以下几个方面的问题比较突出:①行政执法体制不顺;②行政执法思维方式陈旧、手段单一;③行政决策的合法性、民主性、科学性不足;④行政立法及规范性文件的制定不符合现代行政程序;⑤法制统一性不够、政令不畅通;⑥政府纠纷解决机制不顺畅;⑦行政权力制约、监督机制不完善;⑧公务员素质参差不齐。

就微观方面来看,当前法治政府建设中,以下几个方面的问题值得注意:①主体错位;②滥用职权;③轻视证据;④无视程序;⑤适法错误;⑥行政不作为;⑦损害第三方利益。

(三) 多管齐下,合力推进,加快法治政府建设

现代社会管理是一个庞大的系统工程,而要实现这一系统工程的有序、长效运行,唯有依法管理。徒法不足以自行。在我们国家,80%以上的法律、法规由行政机关负责执行。因此,这就特别需要行政机关严格执法。坚决杜绝行政执法中的"乱""滥""软"现象。只有行政机关切实做到依法行政,才能建立起社会民众对法治的普遍信仰,非正式规则才会没有市场,社会秩序才会稳定而有序。在加强行政执法监督力度的同时,也要使行政权力自身置于严格的法律监督之下。在法治政府建设方面,要多管齐下,合力推进,尤以以下几个方面为最:依法全面履行政府职能;健全依法决策机制;深化行政执法体制改革;坚持严格规范公正文明执法;强化对行政权力的制约和监督;全面推进政务公开;强化领导干部遵纪守法的表率作用;增强公务员对法治的

认同与信仰;建立公务员执法质效档案;实行严格的执法责任制度;建立科学的执法活动评价机制;大力造就全社会守法的舆论氛围。

(四)着力打造法治政府建设新模式,为依法治国提供苏州经验

苏州作为全国经济、社会发展最为发达的地区之一,应当以党的十八届四中全会精神为指引,从完善立法、严格执法、公正司法以及加强法治文化建设等方面努力践行,尤其要以深入推进依法行政,加快法治政府建设为抓手,全力打造法治软实力,不仅使苏州自身的社会全面发展更上一层楼,而且还要为全国的法治建设提供有益经验。

完善立法,为法治政府建设提供有力的依据。苏州作为拥有地方立法权的城市,应当充分利用这一优势,根据自身经济社会的发展,将国家有关上位法细化,以便发挥其最佳效应。要紧扣苏州改革发展大局,按照《立法法》和省人大常委会的要求,科学编制立法计划、规划,及时调整地方立法重点,加强城市建设、市容卫生、环境保护和民生保障等方面的地方性法规立法。围绕转型升级,加快提升自主创新能力和产业结构调整方面的地方立法;围绕可持续发展,加快能源资源节约利用、自然生态保护、公众环境权益保障方面的地方立法;围绕城乡发展一体化综合改革,制定促进城乡一体化协调发展方面的法规和规章;围绕历史文化名城保护,加强文化遗产、历史街区、传统民居保护等方面的地方立法;围绕法治惠民,加强满足人民群众精神文化生活方面的地方立法;围绕社会治理,加快社会建设和管理领域的地方立法,当上位法还欠缺时,更要发挥地方立法的优势,在其职权范围内制定出有地方特色的地方性法规或者地方性规章,做到立法先行,以便为社会管理提供切实的法治保障。根据其立法目的,按照法定程序,结合苏州经济社会发展实际,对苏州的地方性法规、规章适时进行合法性、合理性、协调性、技术性、可操作性以及绩效性评估。20余年来,苏州在厉行不冲突、有特色、少而精、可操作的地方立法实践中,积累了丰富的经验。在新的历史条件下,苏州更应当走在地方立法的前列,为苏州法治政府建设提供有力的依据。

严格执法,全力打造法治政府。苏州在法治政府建设方面尤其要加强以下几个方面:一是树立现代依法行政观念。奉行法定职责必须为,法无授权不可为,自觉主动履行法定职责。二是根据党的十八届四中全会精神修订完善《苏州市法治政府建设指标体系》,完善法治政府建设考核评价机制,明确苏州市法治政府建设的路线图和时间表,努力建设更高水平、更高质量的法

治政府。三是创新政府制度建设的体制机制。在规章和规范性文件的制定过程中严格遵守正当程序原则。四是依法推进政府职能的转变。在综合执法、相对集中行政审批、政社互动以及强镇扩权方面有新的举措。五是严格落实决策法定程序。严格执行《苏州市重大行政决策程序规定》,重大行政决策严格落实公众参与、专家论证、风险评估、合法性审查、廉洁性审查、集体讨论决定等法定程序,将重大决策终身责任追究制度及责任倒查机制真正落实。六是严格执行政府信息公开制度。特别是对政府应当主动公开的事项一定要依法主动公开。七是自觉接受包括行政复议和行政诉讼在内的全方位的监督。八是与时俱进地加强执法队伍建设。建设一支思想素质、法律素养和专业水平胜任现代执法要求的行政执法队伍。在深入推进依法行政、加快法治政府建设方面,应特别注重苏州地方性法规和规章的高效实施。使得苏州生态补偿、古村落保护、非物质文化遗产保护以及立法后评估等领域,不仅立法领先,并且富有特色,而且在高效实施方面也体现出自身的特色。

公正司法,为法治政府建设提供强大的司法保障。公正是法治的生命线。司法公正对社会公正具有重要的引领作用。必须完善司法管理体制和司法权力运行机制,规范司法行为,加强对司法活动的监督,努力让人民群众在每一个司法案件中感受到公平与正义。要结合苏州实践,完善确保依法独立而公正地行使审判权和检察权的制度。在司法为民的宗旨指导下,真正实现公正司法。唯有真正做到公正司法,才会形成"信法不信权""信法不信访""信法不信闹"的良好的法治氛围。

培养全社会的法治意识,为法治建设提供积极的文化支撑。法律的权威源自人民内心拥护和真诚信仰。一个真正现代化的法治社会,有赖于全民的共同守法。因此,培养全社会的法治意识应当成为我们社会建设的一个重要方面。这个问题在经济社会高速发展的苏州显得尤为重要。因为,苏州外来人口占有很大比重。大量的外来人口来自全国的四面八方,参差不齐的文化素养、道德水准、法律意识,是目前苏州这个高度发达城市的人口状况。我们必须正视这一现实,采取切实有效的措施,在提升包括外来人口在内的全体社会民众的文化素养、道德水准的同时,更加注重他们法律意识的培养。要逐步消除人们畏上、畏权、不畏法的错误心态,增强全社会厉行法治的积极性和主动性,形成守法光荣、违法可耻的社会氛围,使全体人民都成为法治忠实的崇尚者、自觉的遵守者、坚定的捍卫者。

历史上的苏州曾经因其丰厚的文化底蕴、精美绝伦的江南园林以及无与伦比的双面绣绝活等,以"人间天堂"的美誉享誉海内外。在改革开放的现代化建设中,又因张家港精神、昆山之路和园区经验而令世界为之侧目。其"崇文睿智,开放包容,争先创优,和谐致远"的苏州精神,就蕴含了巨大的现代法治能量,只要我们充分挖掘、努力践行并不断融入新的法治元素,我们有理由相信,在率先基本实现现代化的征程中,其法治的引领和保障之经验,将会成为苏州贡献给全国的又一宝贵财富。

对话苏州发展 Dialogue on Suzhou's Development

专家介绍

黄学贤,江苏扬中人,法学博士。现任苏州大学王健法学院副院长,教授、博士生导师,江苏省重点学科"宪法学与行政法学"带头人,中国法学会行政法学研究会常务理事、中国法学会宪法学研究会理事、江苏省法学会行政法学研究会副会长、江苏省法学会港澳台法律研究会副会长。苏州市人大常委会委员、苏州市人大常委会法制委员会委员、苏州市人民政府行政复议委员会委员。江苏省青蓝工程中青年学术带头人。

主要从事行政法学基本理论、行政程序法学、行政诉讼法学研究。出版《中国行政程序法典化——从比较法角度研究》《跨入21世纪的中国行政法学》《国家公务员制度研究》《比较行政法-港澳台行政法析论》《行政诉讼:基本原理与制度完善》等学术著作十余部,在《中国法学》等期刊上发表学术论文百余篇,研究成果曾获江苏省哲学社会科学优秀成果奖。

七、和谐劳动关系建设与市场经济发展

苏州大学王健法学院　沈同仙

（一）苏州和谐劳动关系建设面临的挑战

劳动关系是最基本的社会关系。囿于劳动关系力量平衡运作机制的缺失，劳动问题已成为困扰中国社会经济发展、制约中国经济体制改革，并与劳动者利益攸关的一个最为突出的社会经济问题。苏州作为全国经济发展迅速、改革开放最前沿的城市之一，正处在城镇化进程加快、外来劳动力大量积聚以及经济转型升级的历史阶段。在这一过程中，劳资双方在劳动关系中的利益诉求和博弈方式呈现出多元化与群体化的趋势，使苏州和谐劳动关系建设面临新的挑战。具体而言，有如下几个方面。

1. 群体性劳动争议数量出现爆发式增长

这里所称的群体性劳动争议是指劳动者一方在十人以上，并有共同请求的劳动争议。据苏州市中级人民法院统计，苏州群体性劳动争议呈逐年增长态势，近年来出现了爆发式增长。有关统计显示，苏州群体性劳动争议在

2011年为968件;2012年为1095件,比2011年增长了13%;而2013年达3188件,比2012年增长了191%(见下图)。

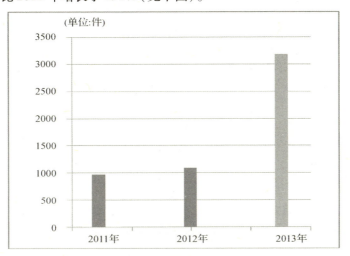

2. 权利诉求争议向利益诉求争议转化

权利诉求争议是指在劳动争议中,劳动者因基于劳动法律、法规的规定或者劳动合同的约定而主张权利存在与否或权利是否受到侵害或有无履行合同约定义务等发生的争议,如劳动者要求用人单位支付拖欠加班工资、要求用人单位因违法解雇而承担赔偿责任等,它是针对法律、法规规定或合同约定的既定权利而提出的诉求。利益诉求争议是指劳动者基于企业生产经营的变化或者社会经济形势的变迁,劳动者提出的在法律规定或者劳动合同约定以外权利诉求争议,如劳动者要求企业增加加班报酬、要求企业涨工资、要求搬迁企业在高于法律规定标准的基础上支付经济补偿金等诉求争议。利益诉求涉及的是劳动利益的未来分配,涉及的劳动者人数比较多,同时,因为劳动者提出的利益诉求没有法律规定或者劳动合同的约定,通过司法途径难以得到支持。因此,劳动者一般采用群体对抗的方式表达利益诉求。毋庸讳言,利益诉求争议近年来在苏州呈现频发态势。

3. 司法外维权增多

司法内维权是指劳动者采用依法申请调解、仲裁和法院诉讼的途径维护自己的合法权益。但随着利益诉求争议的增多,时有劳动者采用停工、怠工、静坐,甚至围攻企业主等非理性方式,即司法外维权方式主张权利的事件发生。

（二）劳动关系法律调整三个层次分析

基于劳动关系中劳资力量对比的不平衡，法律通过对处于弱势地位劳动者的倾斜保护，以期达到平衡劳资利益与维护和谐稳定劳动关系的立法目的。具体可分为劳动基准、集体协商和劳动合同三个层次。其中劳动基准是最低劳动标准，具有普适性和强制性，由政府的行政执法，即劳动监察保证其实施，具有公法性。集体协商是由工会或者职工代表代表劳动者团体与用人单位就工资和劳动条件展开集体协商与谈判，形成集体合同。依照法律规定，集体合同中劳动报酬和劳动条件等标准不得低于当地人民政府规定的最低标准；用人单位与劳动者订立的劳动合同中劳动报酬和劳动条件等标准不得低于集体合同规定的标准。劳动合同是由劳动者个人通过与用人单位协商订立的确立劳动关系和明确双方权利与义务的协议。一般而言，基于劳动者个人在劳动关系中的弱势地位，普通劳动者个人很少具有与用人单位就劳动待遇和条件展开协商的实力，即用人单位在劳动条件和待遇方面具有实际的定价权。这决定了集体协商在提高劳动者待遇和劳动条件中的举足轻重的地位与作用。但毋庸讳言，集体协商这一劳动关系调整的市场博弈机制并没有发挥应有的作用，其产生的负面效果至少有如下几个方面。

1. 劳动合同执行的劳动标准实际上被劳动基准所替代

集体协商机制的不到位，使法律规定的劳动基准与社会实际执行的劳动标准之间缺少了根据企业、行业等自身经济状况可以提升和有必要提升的空间，大量的企业特别是劳动密集型的企业在利益的驱动下，将企业的劳动标准设定在仅满足国家劳动基准的水平上，直接将国家劳动基准确定为劳动合同约定的劳动条件和待遇，使国家劳动基准和合同约定的劳动条件与待遇合二为一，带来整个社会的劳动标准在低标准的轨道上运营的可怜局面。社会经济的发展和消费水平的提高，使得劳动者对企业实行的低劳动标准（尤其是低工资水平）当然产生强烈的不满，近年来苏州频频出现春季招工难和"民工荒"现象就是最明显的例证。

2. 降低了政府公权力对劳动基准实施监督的有效性

当企业实际执行的劳动标准仅停留在满足国家劳动基准法规定的对劳动者给予最低的劳动条件和待遇的水平上，且企业对劳动合同的履行缺少了劳资双方之间的权利对权利的监督和制约,每一份劳动合同都需要依靠且只能依靠国家公权力来监督实施时,公众就会对公权力产生病态的期待和依赖。而国家公权力作为一种稀缺资源,面对面广量大的劳动合同履行的监督,显得捉襟见肘,力不从心。在"管不过来"的情况下,必然会产生"选择性"和"任意性"执法的现象。这不仅稀释了劳动监察应有的功能,产生执法不公,而且会为个别贪婪和任意的行政官僚提供权力寻租的可能。

综上所述,因为缺少市场利益博弈机制的调节,国家不得不通过不断地提高劳动基准来改变这一局面。劳动基准的提高,企业劳动成本的增大,在公权力无力监管的状况下,形成了严格立法、普遍违法和选择执法的怪象。

(三) 社会组织是和谐劳动关系建设不可或缺的力量

毫无疑问,政府在和谐劳动关系建设中起着引领和主导性的作用。但事实也表明,和谐劳动关系建设仅靠公权力保障是远远不够的,还需要发挥集体协商市场博弈机制的作用,需要培育和发展和谐劳动关系建设中的社会力量,开展多维度与多方位的社会对话和协商,改变劳动基准实施对国家公权力高度依赖的现状。具体而言,有如下几个方面。

1. 积极推动工会组织和雇主组织的建设,为行业性和区域性集体协商提供条件

劳动关系归根到底是一种经济关系,要保持其和谐稳定,必须平衡各方利益。换言之,利益失调的关系是不可持续的。而利益相关方通过协商、谈判达成协议是利益平衡最普遍、最高效的机制。集体协商和集体合同制度正是利益博弈机制在劳动法中的体现。我国劳动合同法确立的集体合同包括企业集体合同、行业性集体合同和区域性集体合同三种。与此相对应,集体协商也有企业集体协商、行业性集体协商和区域性集体协商三类。而现实中存在的问题是企业集体协商不活跃或者大多流于形式;行业性或者区域性集体协商因为协商组织的缺位而基本空白。为此,我们在引导企业开展真正意义上的集体协商的同时,可以积极推动行业工会和行业协会、区域协会等雇主组织的建设,为行业性集体协商或者区域性集体协商准备主体条件。

2. 重视运用非政府组织在劳动基准实施监督和保障中的力量,以弥补公权力监督力量的不足

民间非政府组织对劳动基准实施的监督和保障力量,主要来自于两个方面,一是一些中介机构和非政府组织;二是有关行业协会等自治性组织。

针对企业遵守劳动标准的问题,近年来国际市场上新兴起了企业"社会责任标准"认证运动。与ISO9000等技术或质量标准体系不同,"社会责任标准"并不是通常所说的"国际标准",不是由国际标准化组织(ISO)制定的,也不是由国际劳工组织制定的,不具有某种意义上的强制性,它所关注的是企业所应承担的社会责任,尤其是在保护劳工权益方面的作为。前一段时间在我国珠三角地区闹得沸沸扬扬的SA8000标准认证事件就属于此种类型。该标准体系一般由受委托的中介机构根据其认知的国际通行的劳工标准并参照目标企业所在国劳动基准法对劳动标准的规定制定而成,通过受委托的中介机构进行所谓的"验厂"活动对目标企业是否符合社会责任标准做出判断,委托企业根据中介机构的认证,判断决定是否给予目标企业相应的生产订单。从珠三角地区的实践来看,中介机构的验厂相当严格。从中可以看出,社会上开展的企业的社会责任标准认证,通过中介机构的"验厂"和"企业生产订单"的结合,迫使那些希望得到订单的企业遵守相应的劳动基准,与政府劳动监察的功能是殊途同归的,甚至其积极效果更明显、更直接。

3. 发挥雇主自治组织在劳动守法中的作用

遵守国家规定的劳动基准,不仅是一个企业应尽的法定义务,也是一个企业应该具有的社会道德和应尽的社会责任。要使企业自觉地遵守国家劳动基准法的规定,外部力量的监督检查固然必不可少,但通过企业主或雇主协会或行业协会等雇主自治组织从内部提高企业或雇主自觉遵守劳动基准的意识更为重要。社会学理论指出,"尽管很少有完全相同的甚至相似的群体,却有甚至相同的群体行为规则,如决策和遵从。许多社会学试验都表明,在群体内部,存在着强大的遵从的压力"①。企业协会可以通过内部教育,培育集体意识,或者营造一种环境来影响协会成员的共同价值观和文化,以延续和加强群体的凝聚力,从而促使群体成员主动承担法律为其设定的责任。也可以通过表彰或定期发布群体成员遵守劳动基准的情况树立承担社会责任的企业形象。"榜样的力量是无穷的",权威可以成为引导成员承担法律责任的力量。在当代社会中,对国家法律时效性影响的重要因素之一是社会的民主化程度及社会的分权水平。如果社会中没有发育充分的市民自治组织,

---

① 邱泽奇.社会学是什么[M].北京:北京大学出版社,2002:213.

没有能够自主决定自治事项的社会团体,一切社会管理权限都有国家垄断,可以推想,其法律推行的社会成本是相当高昂的。一个责任政府、效能政府也应该是具备善于利用和整合社会各种积极力量、具有化对手为助手之能力的政府。

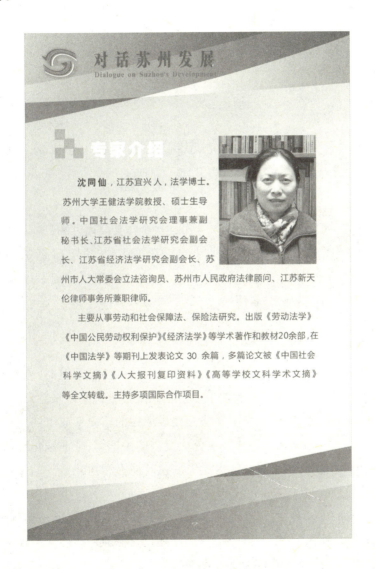

对话苏州发展
Dialogue on Suzhou's Development

专家介绍

沈同仙,江苏宜兴人,法学博士。苏州大学王健法学院教授、硕士生导师。中国社会法学研究会理事兼副秘书长、江苏省社会法学研究会副会长、江苏省经济法学研究会副会长、苏州市人大常委会立法咨询员、苏州市人民政府法律顾问、江苏新天伦律师事务所兼职律师。

主要从事劳动和社会保障法、保险法研究。出版《劳动法学》《中国公民劳动权利保护》《经济法学》等学术著作和教材20余部,在《中国法学》等期刊上发表论文30余篇,多篇论文被《中国社会科学文摘》《人大报刊复印资料》《高等学校文科学术文摘》等全文转载。主持多项国际合作项目。

第四编 "法治中国"与"法治转型"

一、习近平法治思维新突破与新特征

浙江大学光华法学院　朱新力

中国共产党第十八届中央委员会第四次全体会议通过的《中共中央关于全面推进依法治国若干重大问题的决定》（以下简称《决定》）是党和国家治国理政理念、精神和制度建设的阶段性升华，其中凸显出习近平总书记在法治思维上的诸多新突破与新特征。

以实现中国梦为目标

2012年11月29日，习近平同志在参观"复兴之路"展览时，首次向世人提出了"中国梦"。党的十八届四中全会在高度评价长期以来特别是党的十一届三中全会以来，我国社会主义法治建设取得的历史性成就的同时，认为"全面建成小康社会、实现中华民族伟大复兴的中国梦，全面深化改革、完善和发展中国特色社会主义制度，提高党的执政能力和执政水平，必须全面推进依法治国"。

由此我们可以看到，法治既是中国梦的重要组成部分，也是实现中国梦的必由之路。而法治思维则是基于法治的信念、精神和特性认识社会、解决是非，从而实现社会和谐的处理问题的方式。中国在人类历史上曾长期处于领先地位，近代以来逐步衰败。新中国成立后，我们也走过一段曲折的发展历程，其中很重要的一个原因就是缺少法治。

在历史长河中，法律常常成为维护统治的重要工具。法治，尤其是现代法治,除了维护社会秩序外,特别强调法律本身的"善性"和法律得到普遍遵守。改革开放之初,我党提出了"有法可依、有法必依、执法必严、违法必究"十六字法制方针,它起到了历史阶段性的作用,延续至今,需要转型升级。党的十八大以来提出的"科学立法、严格执法、公正司法、全民守法"新十六字方针,在体现现代法治精神内涵和本质上显然进了一步。本次全会更是首次以全面推进依法治国为主题,整体勾画了法治中国建设的宏伟蓝图。这不仅体现出党中央对法治的高度信仰,对时代和人民群众深切呼唤的全神贯注,对法治作为治国理政基本方略的高度信赖,更体现了党中央因势而谋的战略决断。而这一切,正是实现中国梦的必要前提,也是中国梦的当然组成部分,是对世界法治理论与实践的丰富、创新和发展。

以法治为治国理政的基本方式

第一,运用法治思维治国理政,意味着法律是最高权威理念的确立。在我国,是党大还是法大,在部分人群中一直存在误区。部分人认为,宪法规定党领导国家和人民,所以党要大于法律,否则无法实现真正的领导。其实在我国,党的政策和国家法律都是人民意志的体现,党的政策经过法定程序转化为法律后,依法办事就是贯彻执行党的政策,所以树立法律权威就是树立党对国家领导的权威。习近平总书记有关党的政策与国家法律意志一致论的论述,解决了长期以来争议是党大还是法大的困扰,从根本上解决了法律最高权威的理论障碍和制度障碍。因此,要"做到党的领导、人民当家做主、依法治国有机统一","我们必须坚持把依法治国作为党领导人民治国家的基本方略、把法治作为治国理政的基本方式,不断把法治中国建设推向前进"。①

在2014年1月7日中央政法工作会议上,习近平总书记进一步指出,党委、政法委要带头在宪法和法律范围内活动,善于运用法治思维和法治方式领导政法工作,在推进国家治理体系和治理能力现代化进程中发挥重要作用。党的领导绝对不能等同于个别领导人的领导。党的十八届四中全会《决定》更是明确指出:"只有在党的领导下依法治国、厉行法治,人民当家做主才能充分实现,国家和社会生活法治化才能有序推进。依法执政,既要求党依据宪法法律治国理政,也要求党依据党内法规管党治党。"必须估计到的是,

---

① 摘自习近平在庆祝全国人民代表大会成立60周年大会上的讲话(2014年9月5日)。

要让法治真正成为党的执政方式,我们定会承受来自千百年沉淀的心理、习惯与传统的阻力。这也印证了"国无常强,无常弱。奉法者强则国强,奉法者弱则国弱"的中国传统智慧。

第二,运用法治思维治国理政,意味着依宪治国理念的确立。党的十八届四中全会提出,坚持依法治国首先要坚持依宪治国,坚持依法执政首先要坚持依宪执政。健全宪法实施和监督制度,完善全国人大及其常委会宪法监督制度,健全宪法解释程序机制。这三句话在党中央的决议文件中系首次出现,为全面推进依宪治国、依宪执政,厘清了顶层的"路线图"。

传统的理论告诉我们,公民权利是国家权力的来源,国家权力是公民权利的保障。公民的权利不是国家恩赐的,而是国家权力的合法性根据,它以宪法为文本基础。宪法是国家的根本法,其生命和权威在于真正得到实施,实施的关键在于完善宪法监督制度、健全宪法解释程序机制。我国宪法虽有明确的条文规定,全国人大及其常委会负有监督宪法实施的职责,但由于具体的程序性规定和配套制度没有跟进,导致实践中宪法监督工作未能实现设计时的初衷。宪法的全面实施也有赖于健全的宪法解释程序机制,因为宪法规范有天然的抽象性和开放性①,外加现行宪法关于宪法解释的规定缺少具体的权限和程序规定,导致宪法解释运作不畅,宪法实施无法跟上时代的步伐。解释宪法、监督宪法实施,这是依宪治国、依宪执政的两大核心。其中的根本是建立违宪审查机构并切实开展违宪审查活动,从而让社会真诚地信仰宪法,真正地依靠宪法。

第三,运用法治思维治国理政,意味着法治即良法之治理念的确立。党的为确保良法之治,全会提出,法律是治国之重器,良法是善治之前提。立法应反映人民的意志,适应时代发展的需要;要完善党对立法工作的领导,健全有立法权的人大主导立法工作;立法应当发扬社会主义民主,保障人民通过多种途径参与立法活动;加强重点领域的立法,加快完善体现权利公平、机会公平、规则公平的法律制度,保障公民人身权、财产权、基本政治权利等各项权利不受侵犯,保障公民经济、文化、社会等各方面权利得到落实。

第四,运用法治思维治国理政,意味着国家治理体系和治理能力现代化

---

① 美国戴维·斯特劳斯对为什么宪法是活的以及宪法是否需要修正有较好的论述,这从一个侧面说明了宪法规范的开放性。戴维·斯特劳斯.活的宪法[M].毕洪海,译.北京:中国政法大学出版社,2012.

的核心是法治现代化理念的确立。党的十八届四中全会第一次明确提出依法治国是实现国家治理体系和治理能力现代化的必然要求,这不仅是党中央对治理体系和能力认知的提高,更是对治国理政规律性的深刻把握。法治是国家治理体系和治理能力的基础性机制,是治国理政的基本方式。国家治理法治化是国家治理体系和治理能力的必由之路。它具体表现为治理体系和治理能力的法治化、治理方式方法的法治化、治理行动的法治化。而法治现代化要实现的是从法律体系的基本完成到法治精神的深入人心、从形式法治主义到实质法治主义、从局部法治到全面高效的体系法治的过程。

以转型、崛起为特定时空背景

我国是一个后发现代化国家,要在比较短的时间内完成法治理念的深入、法治权威的树立和实质法治主义三大任务并不是一件容易的事。这个过程作为推动社会发展的政治力量,国家机关和社会民众究竟应当怎样处理各自的定位、相互间的关系和持续的变化,实在是极具智慧并需要不断试错的社会"变法"。在社会急速转型期,我们并没有处理公平与效率、权利与秩序、程序与实体、价值与规律、现状与变革等问题的标准文本。面对一个正在崛起的中国,我们有诸多成长的烦恼:经济社会发展不够成熟,但又渴望得到世界的承认与肯定;期待全面摆脱封建束缚,又常常为渡过难关任由封建余毒借尸还魂;充分品尝了市场经济的奇效,又常常沉迷于政府过度干预的短期"繁荣";理论上承认实质法治的持久社会效应,却不时为反法治行为的高效"狂欢";等等。上述社会高速发展期和重大转型期中的各类矛盾就像自然界的碰头潮,处理不当,会造成长期伤害。

党中央十八届四中全会上通过的《决定》,是全面推进依法治国,而非局部推进法治建设;是全方位展开法治建设,而非选择性进行法律治理;它既有理论上的深刻思考,也有实践上的重大部署;既描绘了法治的宏伟蓝图,又布局了系统推进的路线图。此种以转型、崛起为特定时空的法治建设,既有别于西方发达国家传统的法治建设,也有别于我国传统的法制建设,支撑其推进的法治思维主要表现为对下列关系的处理。

第一,如何解决党的领导与法治建设的关系。中国的法治建设并非推行西方式的政治体制而是强化执政党的权威。具体而言,党的领导与依法治国的关系主要表现如下:

一是党因法领导。我国宪法早已确立了中国共产党在整个国家中的领导地位，坚持党的领导是推进依法治国的题中应有之义。把党的领导贯彻到依法治国全过程和各方面，也是我国社会主义法治建设的一条基本经验。

二是党依法领导。党依法领导，一方面要求党的领导始终贯彻在全面推进依法治国的全过程；另一方面也要求党依据宪法法律治国理政，依据宪法法律规定的程序和实体标准领导各阶层、各行业进行国家建设，党也因此依法承担领导责任，党的领导始终在依法治国的范围内行动。

三是党依据党内法规管党治党。党的十八届四中全会《决定》首次提出了将党内法规体系纳入法治体系建设，这是党践行法治精神、坚持依宪执政、实现党执政方式法治化的重大突破，也是党推进国家治理体系和治理能力现代化的升级实践。

第二，如何解决改革中的突破与依法治国的关系。全会公报用"国内改革发展任务极为繁重"表达当前的改革形势，这非常少见。

改革开放经过30多年已进入了"深水区"，多元的转型矛盾错综复杂，改革必须调整和重新配置利益。在这种情况下，如果不在统一的法律框架下进行，不让各方利益者在法律管道中博弈，不让各方利益者运用法律工具和平台参与决策、表达己见，改革就很难获得正当性、合宪性和合法性，各方利益冲突就很难化解，决策也难以科学化、民主化。所以公报提出，重大改革需于法有据。以前，我们比较习惯于改革就是突破法律的条条框框，将改革与依法治国对立起来，实际上，法治建设能为改革提供规范依据和制度支撑，促进、指引改革；改革必须在法治的框架内进行，改革要有所突破，必须先修改法律，不能先破后立，这是解决改革与法治冲突的规律性要求。突破法律搞改革，成本会超越想象，法律的权威自然无法树立。

第三，如何解决依法治国建设速度与稳定的关系。习近平总书记多次说过："治大国若烹小鲜。""我们的立场是胆子要大、步子要稳，既要大胆探索、勇于开拓，也要稳妥审慎、三思而后行。"整体改革应当"稳"字当头、变速前进、顶层设计、目标清晰、措施到位、大胆尝试、有效评估。这些精神已充分体现在法治改革的若干制度、机制、措施和行动中。

第四，如何厘清政府与市场的边界。这需要从实体和程序两方面看待：政府与市场间有一定的规律性边界，那就是，市场和社会能够有效解决的，政府应当避免介入，政府不应该把自己的手伸得过长；社会和市场不能有效解决的,政府应当补位。政府过度干预市场,既会阻碍经济的活力,也容易产生因权力寻租而导致的腐败。这是一个实体上的标准,困难在于究竟什么是政府与社会市场间的界线。这个时候,保障政府与社会市场边界的法治化方式就是通过科学程序,比如公众参与、专家论证等,确保实体界线的效益性和民主性。党的十八届四中全会通过的《决定》多处闪耀着这样的精神。

以中国特色社会主义法治现代化为基本内容

党的十八届四中全会通过的《决定》明确了全面推进依法治国的六大任务,这六大任务就是中国特色社会主义法治现代化的基本内容。无论是在内涵的丰富性,还是在内容的完整性上,均超越了我国过往的法治建设,亦区别于西方发达国家的法治实践,呈现了中国法治现代化的新突破与新特征。以下从四个方面做简要阐述。

民主政治。党的发展经验和教训使党中央深刻认识到,缺了法治,民主不可能真正成就。为此,党的十八届四中全会强调,全面推进依法治国,必须坚持党的领导、人民当家做主、依法治国有机统一,坚持依法治国、依法执政、依法行政共同推进,坚持法治国家、法治政府、法治社会一体建设,实现科学立法、严格执法、公正司法、全民守法,促进国家治理体系和治理能力现代化。习近平总书记同时强调,中国特色社会主义民主是个新事物,也是个好事物。我们要坚定中国特色社会主义道路自信、理论自信、制度自信,但中国政治制度并非完美无缺,我们的民主法制建设与人民的要求还不完全适应,体制、机制、程序、规范以及具体运行上还存在不完善的地方,必须继续加以完善。

法治政府。传统的行政法理论认为,法治政府包含职权法定、合法行政、权利救济三项要求,它以确定行政活动边界、规范公权力行使、保障相对人合法权益为指向,可统称为合法性。但是,当我们深入阅读国务院分别于2004年、2008年、2010年发布的三个关于政府法治建设的文件[①]即可发现,国务院在要求各级政府及其职能部门贯彻规范行政权力、推进依法行政的同时,还要求各级政府及其职能部门转变政府职能、深化体制改革、革新行政管理方式、加强制度建设质量等。它以探索良好行政的制度设计、促动行政改革、提

[①] 三个文件分别是:2004年《国务院关于全面推进依法行政实施纲要》(国发〔2004〕10号),2008年《国务院关于加强市县政府依法行政的决定》(国发〔2008〕17号),2010年《国务院关于加强法治政府建设的意见》(国发〔2010〕33号)。

高行政效能为基本考量,可称为最佳性,在理论上将其命名为最佳行政[①]。

法治政府因此包括了合法性与最佳性两个面向,有四项具体要求,即职权法定、合法行政、权利救济和最佳行政。依国务院《全面推进依法行政实施纲要》(国发〔2004〕10号)的表达就是:一个依法行政的政府,应当做到合法行政、合理行政、程序公正、高效便民、诚实守信、权责统一。上述基本原理在党的十八届四中全会的《决定》中得到了全面的体现。如加快建设职能科学、权责法定、执法严明、公开公正、廉洁高效、守法诚信的法治政府;加快建立权力清单、责任清单和负面清单等。可见,法治政府建设的理论和实践不仅提供着规范约束公权力的合法性框架,还在最佳性考量的框架下生产、供给制度,为政府提供制度创新的知识、方法和能力。这种理论和实践上的丰富表明,法治政府也是一种生产力。

司法公正。司法公正要求司法存在意义更明显、更独立,进一步去行政化。公正是法治的生命线,为了达成司法公正,党的十八届四中全会的《决定》明确提及四方面的改革措施,这些深具中国特色的改革措施,可以逐步消除法院缺乏独立性、审判易受政治与行政双重干预、司法地方保护主义、司法腐败、职业法官素质参差不齐、律师不能充分发挥职业技艺等弊病。这其中不少是标准的中国问题、中国式解决。

全民守法。党的十八届四中全会第一次在法治建设中将守法提高到与立法、执法、司法同等重要的地位,弥补了依法治国建设中的"木桶短板"。法治现代化的关键是人的现代化。党的十八届四中全会提出,法律的权威源自人民的内心拥护和真诚信仰。人民权益要靠法律保障,法律权威要靠人民维护。必须弘扬社会主义法治精神,建设社会主义法治文化,增强全社会厉行法治的积极性和主动性,形成守法光荣、违法可耻的社会氛围,使全体人民都成为社会主义法治的忠实崇尚者、自觉遵守者、坚定捍卫者。

(本文原载于《人民论坛》2014年第33期)

[①] 朱新力,等.行政法基础理论改革的基本图谱[M].北京:法律出版社,2013.

二、"法治中国"的三个问题

复旦大学法学院　孙笑侠

"法治中国"作为一个政治行动的话语和概念,需要从很多方面对其展开体系性的、合乎实践需求的研究。我认为,有三个比较大的问题需要在"法治中国"的政治行动中进行研究和探索。第一个问题是,"法治中国"到底依靠什么作为动力?第二个问题是,"法治中国"的内涵如果被切割成若干个板块的话,它究竟由哪几大板块构成?第三个问题是,"法治中国"推进当中的观念问题,我们有多少观念是好的却是相互冲突的?这三个问题需要深入结合中国的实际来探讨。我把自己的一些想法和体会分享如下。

第一个问题,"法治中国"的动力问题。有人说自上而下推动法治是中国特色。20世纪90年代提出这个问题之后,人们没有进一步去追问:难道在中国只有官方推动力么?"法治中国"的官方推动力很重要,但这里面有一个有趣而复杂的现象,就是执政党提出法治的时候,政府最初会本能地服从党的召唤,但是当政府发现法治原来会捆绑或束缚自己的手脚时,可能会发自内心地抵触。历来各国的政府并不会自愿被法律束缚手脚。因此有三点需要看到:其一,在这个层面的问题上,执政党已经看到权力对抗法治的事实,它是愿意推动法治并且意识到需要"把权力关进制度的牢笼";其二,政府尤其是各级政府的领导会认为推动法治将造成工作上的负担或障碍;其三,中国需要通过执政党来统一人民意志,推进全面法治,约束政府权力。与此同时,就必然会出现另一个推动力,即民间推动力量,其与政府权力构成紧张关系。这个推动力很重要,而且在近十年来尤其是随着互联网的发展在中国已经彰显出来。我把这种推动力称为民间原动力。这种原动力源于权利的诉求,不可忽视,而且它会与政府(行政的政府)构成一种冲突,或可以说是斗争。法律有没有权威、法治是否进步,恐怕就是在这种权力和权利的抗争当中得以显现。除了这两种动力之外,其实还有第三种动力,我认为是一种职业共同体的动力,是一种既不属于官方也不属于民间的力量,而是一种来自专业的力量,在马克斯·韦伯的理论中,它被看成一种独立的力量,不是政治国家的,也不是市民社会的。这种力量具有建构作用。在西方理论当中,法治的发展有自然演进的,也有理性建构的,职业推动力作为一种理性建构力,它应该是和自然演进相辅相成的。

第二个问题,"法治中国"的重点板块划分问题。按照政治国家与市民社会的划分,法治可以分为国家法治与社会法治,这在理论上是自洽的,合乎逻辑的,但这样划分缺乏重点,也没有中国问题意识。法治社会的内容很丰富,且难以看清重点,因而操作性很不够。在中国,地方与中央的关系是一对矛盾,政府与行业的关系又是一对矛盾。这两对矛盾中包含了市民社会和社会法治的两大难点问题。因此,要把"法治中国"的重点板块找出来。把国家法治与地方法治、行业法治并列在一起,不是从逻辑上划分类别,而是从中国现实问题上来提炼重点。这种提炼不求逻辑上的穷尽和完美,而是为了突出问题、显示问题。

国家法治是属于政治国家的范畴,我们所讲的宪政、法治政府、治国理政这些问题,都属于国家法治的范畴。从市民社会的范畴来看,有公民个人、家庭、社区,还有行业。为什么不提个人法治、家庭法治、社区法治?因为法律对私生活是需要有所间隔和克制的。然而,近年来很多行业为什么那么混乱?为什么很多行业都出了问题?其中缺乏法治是主要原因。显然,行业是社会法治的重点。介于两者之间的,就是我们很多人关注的地方法治。地方法治不能用国家法治或行业法治来取代,而是介于两者之间的那一部分,既有一部分属于国家法治,又有一部分属于行业法治。

我想试着回答第三个问题,就是观念冲突问题。当前法治观念中有两个并存的价值观元素:一是合乎目的,二是合乎法律。前者以主体的需要为标准,后者以规则的设定为标准。在司法当中究竟强调法律效果,还是社会效果(低层次的"政治效果"也是强调社会效果)就存在冲突了。法治各环节中,核心是司法,司法水平折射法治水平。2009年,时任最高法院院长王胜俊在江苏等地调研时明确提出了"能动司法"理念。在实践中,能动司法往往被理解为强调社会效果高于法律效果,这很值得关注和讨论,但是无限制泛泛地以能动司法作为全国司法行动的指导方针,显然否定了前十年初建起来的职业化司法的薄弱基础,导致司法的倒退。现在可以说我国的司法实践是处在一个十字路口。

强调法律效果、社会效果和政治效果,就是关乎我们对于规范怎么认识,对于社会事实怎么认识,对于价值怎么认识。这三个问题其实在拉德布鲁赫的理论当中已经解决了。拉德布鲁赫提出三个观念：一个是法的安定性，就是强调规则的稳定；二是强调事实状态符合不符合民众以及执法者、实施者的目的，即目的性；三是法的正义性。中国司法的法律效果、社会效果、政治效果，其实对应了拉德布鲁赫的三个观念：法律效果可以看作是法的安定性，社会效果是讲符不符合人的目的（立法者、执法者和当事人的目的），政治效果应该在两者之上，应是正义。现实中，人民法院常常把政治效果理解成社会效果，这实际上是有问题的，政治效果要站在更高的高度，而不能站在社会效果的高度，不然就没有高瞻远瞩的高度来认识司法的最终目标。在法官那里，司法的政治效果应是合乎正义。

（本文原载于《法治与社会发展》2013 年第 5 期）

三、法治转型及其中国式任务

复旦大学法学院　孙笑侠

中国的法治化与社会转型共时相伴，一方面是社会转型带动法治化，另一方面是法治化推动社会转型，其间的互动与冲突并存。如今，法治不仅是社会流行的公共话语主题，而且已成为社会变革问题上不同利益主体和不同意见各方难得的共识。然而，毕竟法治不仅是法律人的专业概念，还是一个复杂的社会运动，是一个处处被解释又可能时时被曲解的对象。因此，如何理解中国的转型期法治，成为国家与社会的一个重大课题。唐纳德·布莱克（Donald Black）认为，在观察和思考法或法治的方法上存在法理学模式（Jurisprudential model）与社会学模式（Sociological model）两种类型。[①] 在目前中国社会转型期的法治问题上，也同样反映这两种模式的思维差异：政治家和社会大众偏向于"社会学模式"，而多数法律人则囿于"法理学模式"来看待法治问题。这样极易导致不同群体对同一法律问题的理解不同，导致对转型期法治的幻想或曲解，进而影响对法治的信念和信心。

[①] Donald Black. Sociological Justice[M]. New York：Oxford University Press,1989：288. 同时卢曼把布莱克的观点整理成表格，Niklas Luhmann. Law as a Social System[M]. Translated by Klaus A. Ziegert. NewYork：Oxford University Press,2008：457.

正如唐纳德·布莱克所言,"法理学模式"一般从规则、逻辑、普遍主义、参与者的角度来解释法治。这也是哈耶克所谓的"行为规则系统"与"事实性的行动秩序"之间的紧张关系。① 对中国法治现状的准确把握固然要从"法理学模式"来解释,具有职业专家的立场视角,才能引领法治的方向。但如果中国法治只按这种模式理解,就会局限于法律人作为法治建构职业专家的角色思维,就会局限于既定规则与法理逻辑,而无法回应社会转型与变革;就避免不了照搬法治的某些普遍主义的理想和某些外来标准;或人为地、机械地设置一种衡量中国法治的所谓理想标准,而这又把我们带到西方固有的法治模式上去。因为目前所有关于法治的标准都是西方学者阐述的,或者是由中国学者根据西方标准演绎的"标准"。对中国法治现状的分析固然要从"法理学模式"来解释,但更重要的是还要依从"社会学模式",从社会结构、行为、变量和观察者角度来考察。以"社会学模式"来观察和描述中国法治,是根据中国社会转型来解释这一法治化运动。这是我们判断中国法治成熟与否的最重要的视角。"社会学模式"是法律人之外的民众和政治决策者的思维模式,他们从社会结构及人的行为出发,注重事物发展的各种变量。因此,它会更多地考虑中国国情等因素。总之,我们对中国转型期法治的考察,应当把社会学与法理学两种思维模式加以整合,既从中国社会出发,又从法理逻辑入手。这样的整合也正是本文的研究方法和论证路径。

在中国近代百余年的历史中,社会的制度化是阶段分明、因果关联的漫长过程。中国社会转型的起点有多种解释,学术界对"转型期"有不同的理解。中国仍处于社会主义初级阶段,社会基本矛盾没有变,发展中国家的地位没有变,鉴于此,为了有针对性地探讨,本文把"转型期"的起点定位于1978年以来的社会转型。今天的中国,处在这个转型期的关键点和转折点。在社会格局转型的同时,法治秩序缓慢演进,其过程蔚为壮观也异常复杂,波澜起伏又峰回路转,令人兴奋却不断心生疑虑。如果抓准并抓紧法治建设,我们是能够在2020年建成"小康社会"的,同时,完成蜕变,成就成熟的中国法治。因此,极有必要对当代中国转型期的法治化过程进行全景式的观察和结构性的描述,来揭开中国转型期法治的面纱。

---

① [英]哈耶克.法律、立法与自由[M].邓正来,译.北京:中国大百科全书出版社,2000:167.

(一) 法治化的社会与法律因素

基于人们对秩序与安宁的需要,法律须具有安定性价值。① 然而法治并不拒绝发展和变动。法治是一种秩序状态,而法治化是向这种秩序状态逐步接近的过程。我们的法治不是"完成时",而是"现在进行时",虽然"转型期法治"不是一种成熟的法治类型,但它确实是一种社会转型中的法治化运动。简而言之,我们暂时还没有成熟的法治,但我们已存在"法治化"。因此,本文把法治(rule of law)更多地理解为"法治化"(legalization),这有助于我们把法治看成是社会运动的动态过程,也避免了"转型期"概念的滥用和误用。目前在使用"转型期"概念时存在一些错误倾向,比如把"转型期"当作社会落后和制度弊端的借口,把"转型期法治"理解为"临时性法治""落后的法治"。实际上,转型期法治具有历时性、阶段性和转折性。法治问题历来存在理论上的理想模式或称法治原理,诸如法治的原则、法治的条件、法治的构成要件等,它从法治的内部结构出发寻找其要素。而这往往在给中国法律人带来坚定信念的同时也带来幻觉。对中国转型期法治进行考察和描述,需要找到从根本上影响它的外部因素,而不仅仅是从法治本身的内部结构因素来描述。国情是法治的客观本土条件,是中国法治有别于理论形态的法治和西方意义上的法治的"变量",我们应当结合国情的若干要素来描述法治的特点。我们将这种决定中国法治特点的外部因素称为中国转型期法治的"国情性因素",而将转型期法治的内在因素称为"回应性因素"。法治的国情性因素是国情客观条件对法治的一种挑战,它是回应性因素的基本前提和客观条件;回应性因素是法律人主观上从法律制度对策的角度对国情性因素所做出的政策性选择。如果不以国情性因素为前提条件,不进行"社会学模式"的思考,那么法律人关于法律制度的思考模式就会落入"法理学模式"的窠臼。

从事物的产生来看,时间、空间、环境与主体无疑是相对固定的要素。法治的国情性因素离不开特定的时间与空间,也离不开环境与主体。我们究竟是在社会转型期来建构中国式的法治,抑或正通过法治化来推进社会转型?这个问题涉及法治的主体与法治的环境两个问题。对法治本身而言,其动力主体与环境背景都是外部因素。从人的主观能动性意义上讲,与其说我们是

---

① [德]拉德布鲁赫. 法哲学[M]. 王朴,译. 北京:法律出版社,2005:73.

在社会转型期来建构中国式的法治,毋宁说我们正通过法治化来推进社会转型。因此,笔者把法治的国情性因素确定为时间进程、空间格局、环境背景、动力主体四个因素。这四个方面决定了中国法治的特殊性,通过这四个方面的描述,可以全景式地把握中国转型期法治的现状。

法治本身作为制度范畴,必须对转型社会做出回应。社会转型期是法律创制、制度革新的活跃时期,一方面法律创新是为了回应社会需求,另一方面又带来法律不稳定等转型期难题。西方学者的法治类型转型理论是根据西方经验设计的①,他们没有研究中国问题背景,更没有中国 30 多年社会变革与转型的特定经验,难以解决中国式转型期法治的问题。那么,中国法学家是如何回应转型社会带来的客观问题的?

中国自 20 世纪 80 年代以来的法治课题与理论成果大体上是就法治内部对转型期法治国情性因素的回应。这个时期的法学研究大致上可划分为以下四类主题:一是关于法治观念或法治精神的研究,包括张文显等人倡导的权利本位观②,李步云和徐显明等对人权观的推动③,梁治平等研究的中国传统法意和法律文化观念④,公丕祥、朱景文等研究的法制全球化观念⑤等。二是关于法治的社会转型研究,比如龙宗智的"相对合理主义"⑥,顾培东提出"从追仿型法治向自主型法治转变"⑦就是研究法治折中性过渡策略的代表,有这种特点的学者与观点遍及各部门法的研究领域。三是关于法治发展进路研究,比如苏力以进化论理性主义主张本土资源论⑧,季卫东主张建构论理性主义⑨。四是关于法治运行环节的研究,比如张志铭等的司法改革、法律

---

① 比如塞尔兹尼克提出的从压制型法、自治型法到回应型法的转型。[美]诺内特·塞尔兹尼克.转变中的法律与社会:迈向回应型法[M].张志铭,译.北京:中国政法大学出版社,1994:29-81.
② 张文显."权利本位"之语义和意义分析——兼论社会主义法是新型的权利本位法[J].中国法学,1990(4).
③ 李步云.论人权的三种存在形态[J].法学研究,1991(4);徐显明.生存权论[J].中国社会科学,1992(5).
④ 梁治平.寻求自然秩序中的和谐[M].北京:中国政法大学出版社,1997.
⑤ 公丕祥.全球化与中国法制现代化[J].法学研究,2000(6);朱景文.全球化条件下的法治国家[M].北京:中国人民大学出版社,2006.
⑥ 龙宗智.相对合理主义[M].北京:中国政法大学出版社,1999.
⑦ 顾培东.中国法治的自主型进路[J].法学研究,2010(1).
⑧ 苏力.法治及其本土资源[M].北京:中国政法大学出版社,1996.
⑨ 季卫东.法治秩序的建构[M].北京:中国政法大学出版社,1999.

体系和司法方法问题研究①,李学尧和刘思达的法律职业研究②等。正是这个时代客观上促成了这样四类课题的产生——法治的观念形态(中国社会观念变革思潮下应树立什么样的法治观念)、过渡策略(如何从策略上兼顾法治理想与现状)、发展进路(中国法治如何在演进式与建构式之间选择)、运行环节(转型期法治的具体环节有什么重点和难点)。总之,中国法学家通过这四个要素来分析中国转型期法治"应当"如何从主观角度回应中国法治的国情性因素。

(二) 转型期法治的国情性因素

从"社会学模式"来观察中国,转型期法治受多种因素的制约,其中最主要的是时间要素、空间要素、环境要素及主体要素四方面的制约,这是不可轻视的"变量",我们法律人无法仅仅从"法理学模式"的规则、逻辑、普遍主义和参与者角度给中国法治提出标准化要求。分析这些要素,不仅是为了把握转型期法治的外在的国情性因素,更重要的是提示我们如何更好地认识中国未来法治的特殊性,摆脱长期约束我们思想的消极等待的"国情论",更快捷地走向成熟的法治。

1. 转型期法治的时间进程

"法治不仅仅是一个逻辑化结构的社会关系,时间是法治的内生变量。"③然而,转型期法治不是被动的演进,也需要抓住时间流水中的机遇,转型期法治是在一些重要的机遇期中得到发展的。最近的主要机遇是经济高速增长与全球化。机遇对中国社会的挑战也应该是转型期的国情。全球化本身不是中国国情,但中国在转型期要应对全球化,这便成为我们转型期的国情。

19世纪末以后摸索而来的"效仿式"的法制,在20世纪80年代末以后的十余年里仍然以一种"摸石头过河"的"效仿式"法制形态再现。中国转型期法治在起步时正值经济持续高速发展时期。在过去30多年的社会转型中,我们通过"法制"到"法治"的转变,保障了社会稳定与经济持续发展的局

---

① 张志铭.法律解释操作分析[M].北京:中国政法大学出版社,1998.
② 李学尧.法律职业主义[M].北京:中国政法大学出版社,2007;刘思达.失落的城邦:当代中国法律职业变迁[M].北京:北京大学出版社,2008.
③ 苏力.二十世纪中国的现代化和法治[J].法学研究,1998(1).

面,但经济发展与法治化的关系并非完全成正比的,相反,经济与社会发展促使法律制度被动地突破与更新。中国的法律制度建设出现"简单效仿引进"与"自主创新建构"的结合状态。① 国际化和全球化②的大背景,法治出现"机遇与挑战并存"的局面。另一方面,出现了法治的传统法律难以防范和控制"风险社会"带来的国内与国外双重围困的"非传统安全"问题,"全球性的法律重构"又产生了另一种风险——制度风险。③

直到最近的十余年(2003—2013年)中,时间进程上出现一些状态,实行了五六年的法治被突如其来的外来的金融危机和内部的群体性动荡所困扰。此时出现两种"法治观",一部分人相信法治,认为社会失序现象不是法治自身导致的,而是法治不健全导致的,主张继续搞法治;另一部分人开始怀疑法治,以为社会失序现象是法治自身的问题,认为要搞法治但不能过于迷信法治,甚至在政治决策上出现了逆反法治的举措,比如地方治理中的重庆现象,比如司法领域抵制职业化现象,等等,这都与"法治怀疑论"有关。虽然人们都主张法治,法治成为大家的共识,可是搞什么样的"法治"却形成了认识上的分野。因此,中国法治进程正处在左右摇摆时期。

2. 转型期法治的空间格局

转型期法治必然在全国范围内出现不平衡发展,法治不平衡问题的主要原因在于"东西差异"和"城乡差异",各地法治化程度不一致,水平不统一。带有"移植性品格"的法律在原本就有自身内在秩序的乡村社会引发了不适效应。④ 而且,并非所有地域都有条件、有需要实行典型意义上的法治方式。可能在某些地域某些非法治的传统治理方式发挥着更为有效的作用,比如在传统乡村中,调解可取代法治下的法官审判方式;并非所有的区域都急切地需要诉讼和法官;并非所有的事务都有必要或适合采取法律治理的方式。然

---

① 顾培东.中国法治的自主型进路[J].法学研究,2010(1).
② 中国在改革开放之初就迎来了国际化和全球化,1990年后中国加入或接受的国际私法或与国际私法有关的国际条约(含双边条约)就有80个左右,迄今仅在人权方面就加入了20项国际公约。目前,中国正面临着全球化这一国际秩序转型。理论界也有人认为,全球化本身也是一种转型,称为"转型论"。此外还有"怀疑论""超级全球化论"。安东尼·吉登斯.社会学[M].赵旭东,等,译.北京:北京大学出版社,2004.
③ 李文祥.论制度风险[J].长春市委党校学报,2008(5).
④ 李德瑞,吕德文,申端锋.乡村问题如何"惊扰"了中国社会科学[R].复旦大学社会科学高等研究院2011年度"中国深度研究"跨学科学术工作坊结题报告,2012.

而,我们不能把这些地域与"落后"画等号,更不能与不文明画等号。在法治各环节中,法律制度资源对不同区域、不同社会群体、不同个人的分配与共享,目前存在不平衡、不合理的现象。① 我们在全国性立法中不应该把东部的法律经验普遍适用到西部,在地方性立法中不应该把适用于城市的标准强加给农村。

转型期"先发"地区更有条件和动力去推进法治化,部分区域事实上已出现"先行法治化"的实践。我们不得不正视这个现实。"先行法治化"其含义包括:(1)先行法治化的"化",是动作之过程而不是结果;(2)先行法治化的特征包括尊重规则、尊重权利、尊重司法、尊重秩序等;(3)法治不等于单纯依法律的治理,而是"规则之治",即依包括法律在内所有既定规则的治理。这些特征通常出现在陌生人社会特征明显的地区。陌生人社会通常又出现在经济先发地区,这些地区的工商界人士、政府官员以及人民群众的规则意识与秩序意识较强,他们对规则和程序的敬畏较早转化为生活习惯,特别是以工商企业界人士为代表的广大中等收入阶层对法治的需求较高,他们是中国法治最大的"需方"和"消费者"。这些地区有可能成为探索当代中国社会主义法治理论的天然试验田。②

3. 转型期法治的环境背景

中国转型期法治不仅背负着沉重的历史与现实负担,而且还受目前环境背景的制约,因此,转型期法治的进程一直是艰难的。从转型期法治的环境背景来看,法治与经济、政治、社会、文化出现较大程度的分离。主要表现:其一,经济发展比法治过程的速度快得多,法律在应对高增长的经济变革中变得比较被动。政策启动和调控频率很高,法律制度变迁调整的频率也很高。其二,现行政治体制和机制总体上是改革前计划经济时期形成的,目前已逐渐暴露出体制和机制的诸多不适应。其三,转型社会导致结构性的社会矛盾,给法治化带来巨大冲击。产生当今中国诸多经济社会矛盾和问题的是"结构性原因"③或"基础性社会矛盾"④。因此,司法机关面对的难题,不是司法机关自身所能解决的。其四,制度建构与文化绵延同时并存且时有碰撞。

---

① 顾培东.中国法治进程中的法律资源分享问题[J].中国法学,2008(3).
② 孙笑侠.区域法治的地方资源[J].法学,2009(12).
③ 陆学艺.当前中国社会生活的主要矛盾与和谐社会建设[J].探索,2010(5).
④ 顾培东.能动司法若干问题研究[J].中国法学,2010(4).

社会转型期要做到制度建设的计划性是有难度的,因此,转型期法治出现"模糊计划"与"循序试错"的特点。基于这些原因,我们的社会管理领域采取了"综合治理"的模式,但尚未完全将其纳入法治轨道。

4. 转型期法治的动力主体

1978年以来,最初的法治推动力是自上而下的官方推动。① 中国转型期法治存在着一种政治领导力。中国共产党在这30多年里,以类似于"转型正义"的方式,推动着中国的法治化运动。经过最近这十多年的发展,法治被中国共产党首次确定为治国理政的基本方式,强调要更注重发挥法治在国家治理和社会管理中的重要作用。未来的法治建设中,党政领导干部也要"运用法治思维和法治方式"来提高"深化改革、推动发展、化解矛盾、维护稳定的能力"。②

原来并不突出的民间推动力量——民众自下而上的作用在最近10年来日益凸显。权利意识的强化预示着人们对法治的强烈需求。我们这30多年的最大变化是中国公民权利意识的增强。没有权利意识的勃兴就没有法治。中国农民是特殊利益主体,他们对权利平等、权益保障、收入公平等问题的诉求,必须引起高度重视。

法律职业正在形成过程中,但迄今没有形成自治性的职业或专业共同体,在正式法律制度中没有被认可为"职业",而只是"行业"。③ 如果说民间力量是原动力,官方的推动力是主导力,那么法律职业的推动力是一种自主的独立于其他两个方面的具有专业性建构作用的力量,可被称为法治的"建构力"。④

---

① 有学者称之为"政府主导型的法制"。蒋立山.论政府主导型的法制现代化[J].法学杂志,1995(3).

② 胡锦涛.坚定不移沿着中国特色社会主义道路前进,为全面建成小康社会而奋斗——胡锦涛同志代表第十七届中央委员会向大会作的报告摘登[N].人民日报,2012-11-09(2).

③ 职业不同于行业,"Occupation 通常分为两种,一是所谓 Trades,它不须多事训练,如工匠之类;至于医士、教师,则为 Profession,须多量之修养,又其努力之对象,不为小己之利益,而为群之幸福"。郑晓沧.大学教育的两种理想[C]//杨东平.大学精神.沈阳:辽海出版社,2000:52.我国现行《律师法》第2条规定"本法所称律师,是指为当事人提供法律服务的执业人员",而不是"职业人员"。第46条规定律师协会的职责之一是"制定行业规范和惩戒规则",而不是制定"职业规范"。现行《法官法》和《检察官法》中只在涉及"恪守职业道德"时,才使用"职业"二字。

④ 孙笑侠.搬迁风云中寻找法治动力[J].东方法学,2010(4).

（三）转型期法治的回应性因素

近30年来，我们在法治上的宏观或细微的变化，大抵都表现在观念形态、过渡策略、发展进路和运行环节这四个回应性因素上，它们具体表现为以观念更新来调整政策与策略，再以政策与策略调整来带动法治发展两种进路的兼顾，最后再通过制度创新和机制革新落实到法治的各个环节上。这些变化都是对法治国情性因素的回应，有些是积极的，但也存在不少客观上和理论上的问题。有些回应是具有可持续发展的，但有些回应是临时应变的；有些问题的回应是需要时间的，有些问题的回应是需要决心和智慧的。

1. 转型期法治的观念形态

转型社会制度变革总是在先进的意识、观念和理论的引导下展开的。在转型期任何一个时段，法治观念或意识总是领先于法律制度的实施。部分知识精英、社会活动家和政治家善于观察中国社会变化，善于接纳人民群众的心声，善于总结历史经验教训，善于借鉴外国社会文明进步的成分，他们率先在法治方面倡导某种时代精神，并相继起到启发、启迪和启蒙的作用。比如20世纪70年代末出现的"邓小平民主法制思想"①；80年代倡导法治的初潮；80年代末开始"权利本位观"的争鸣；90年代的程序主义法治观念的勃兴；等等。近年来，法学界还从"法治精神"或"法治理念"的层面，对法治做了逐步清晰的表述。目前已把法治作为与自由、平等、公平并列为社会主义核心价值观②。

当今中国社会变化加剧，各种思想观念并存。在厘清各种观念中，还迫切需要确立一些重要的观念：从国家观念看，与法治相关的若干基本的制度理念需要得到确立，包括民间自治观（社会与行业）、司法独立观（审判与检察）等；从干部观念看，要讲究以法治的方式和法治的思维来满足"人民群众的新期待和新要求"，这成为十分重要的干部观念；从百姓观念看，法治观和权利观都需要更新。存在的问题是，一方面公民随着对法治的需求量急剧增加和期望值的迅速提高，公民主观愿望与法治秩序的实际供量之间存在不一

---

① 解放思想，实事求是，团结一致向前看[M]//邓小平文选（第二卷）.北京：人民出版社，1994：146.

② 坚定不移沿着中国特色社会主义道路前进，为全面建成小康社会而奋斗——胡锦涛同志代表第十七届中央委员会向大会作的报告[N].人民日报，2012-11-08(1).

致;另一方面公民对法治秩序的需求带来对权利的渴望,但也带来对权利的滥用和对他人权利的不尊重。

2. 转型期法治的过渡策略

转型期法治观念形态在艰难地渐变,这也带来法治的过渡策略的采用。中国转型期法治存在着自身的、内部的和总体上的转型。这些转型还在进行中,我们的回应就是策略性的折中、兼顾和平衡。我们可以把改革分为"初期型改革"与"深化型改革",与之相适应的是,转型期法治存在着"半法治"向法治过渡策略,主要包括:

首先,社会转型期是法律创新的活跃时期,这个时期的制度断裂现象也最为显著,即改革前的旧制度与改革后的新制度并存且冲突,未来趋势是有所减少但不会完全消除。转型期法治仍然有"双轨制"的过渡策略,特别是对于因制度改革而处于社会最不利地位的利益主体,应当给予特殊的制度安排。① 其次,转型期法治是新旧制度的交叉和过渡,因而常常出现合法但不合理的混合。再次,转型期法治的形式特点不完全符合法治"内在道德"②的要求,还不完全是规则的治理、程序性的控制和职业化的运行。最后,转型期法治在涉及理想与现实的价值冲突取向上,总是以一种折中、妥协的办法来处理协调。诸多矛盾冲突的时候,唯有采用"统筹兼顾"③的方法,这是转型期执政策略的特点。然而,用折中、妥协的办法来协调多元价值冲突,也应当有一种过渡策略的制度性机制,否则会使"半法治"沦落为人治。

3. 转型期法治的发展进路

折中和兼顾的过渡策略,促使我们在法治进路上有了或自发或自觉的选

---

① 来自罗尔斯的"差别原则"(difference principle),[美]约翰·罗尔斯. 正义论[M]. 何怀宏,何包钢,廖申白,译. 北京:中国社会科学出版社,2003:60-61.

② 指富勒(Lon Luvois Fuller)意义上的法治内在道德,包括:(1)一般性,对一般人都适用的,平等而普遍地适用;(2)公布;(3)非溯及既往;(4)明确;(5)不矛盾;(6)可为人遵守;(7)稳定性;(8)官方行为与法律的一致性。富勒. 法律的道德性[M]. 郑戈,译. 北京:商务印书馆,2005:55-96.

③ 毛泽东1956年在《论十大关系》一文中提出"统筹兼顾,各得其所"。1957年他在《关于正确处理人民内部矛盾的问题》一文中进一步强调"统筹兼顾"。邓小平也强调"统筹兼顾"的思路。中共十六届三中全会提出"五个统筹",实际上讲的就是统筹兼顾。中共十七大报告在"五个统筹"的基础上,进一步提出要统筹中央和地方关系,统筹个人利益和集体利益、局部利益和整体利益、当前利益和长远利益,统筹国内国际两个大局。

择。理论上讲,法治化存在演进式与建构式两种类型①,在实践状态下,它们又具体化为多种多样的发生方式。目前,转型期法治发展的基本进路偏重于推进式,它属于建构式中的一种有效率但较机械的方式。的确,转型期法治发展进路并非靠自上而下的官方推进或无为被动的自然演进,而应该是演进式与建构式的结合。法治在历史的自然演进中获得发展,这固然是客观事实,但是人作为主体在历史面前并不是无所作为的、被动的,而是能动的。要在自然演进的过程中注入主体积极主动的理性因素,推动"建构型法治"。

转型期法治的建构性发展始终依靠改革,是以改革作为法治发展的根本方式。② 我们常说的中国改革的"渐进式",不同于社会的自然演进,而是含有一定建构理性的。转型期的制度建构与文化绵延并存,且时常发生摩擦碰撞。转型期法治应当充分考虑本土资源的适应性演化,这种演进式法治带来的优势是显著的。其实这种情况在一百年前的"法理派"与"礼教派"的争论中就已经显现出来,即使在今天来看,礼教派的观点并不是完全没有见地的。中国社会秩序确实存在着特殊性,比如被费孝通先生称为"教化权力"的那种现象,它既非民主又异于专制。③ "在考虑中国历史文化传统、现状、福利国的影响和现行宪法规范的前提下,在某些领域以法律父爱主义作为立法原则是正当和可行的。"④因此,应当区分不同的领域和问题,根据民众生活的接受程度,分别应用制度建构与制度演进两种方式和进路。

4. 转型期法治的运行环节

在建构与演进二元并重的法治发展路径上,转型期法治在诸如立法、行政和司法等运行环节的表现,也受观念形态、过渡策略和发展路径的影响,具有回应国情挑战的特点。中国转型期法治的初期建构在运行环节的机制上是由立法来引导行政和司法的,也是由立法来引导民间社会以被动接纳这种新秩序的。这是典型的自上而下的推进式的法治建构路径。但它是采取国

---

① 比如哈耶克在《法律、立法与自由》一书第一章谈了"建构与进化"。哈耶克.法律、立法与自由[M].邓正来,译.北京:中国大百科全书出版社,2000:1.
② 徐显明在浙江大学参加全国"转型期法治"研讨会上的发言,2009年12月13日。
③ 费孝通.乡土中国[M].上海:上海人民出版社,2006:70.
④ 法律父爱主义是在尊重公民人格与主体性基础上、为了相对人自身利益而对其自由进行温和限制的理论主张。孙笑侠,郭春镇.法律父爱主义在中国的适用[J].中国社会科学,2006(1).

家主义①粗放式建构的策略进行的。法律的粗放必然增加其内容的模糊性和不确定性。

我们这30年来之所以经历过从粗放式立法向精细化立法转变的过程,就是因为我们基本上选择了一条建构式的法治路径。目前,中国特色社会主义法律体系虽已建成,但立法任务依然艰巨而繁重。② 立法重点必然会发生变化,可以预测,今后的中央立法将会是从"部门法中心"的立法思路,转向"行业法中心"的立法思路,重视各行业"特别法"的完善,诸如金融法、农业法、劳动与社会保障法、医事法与公共卫生法、资源与能源法、文化与教育法等。同时带动地方立法也重视地方性行业法律的制定。

转型期法治在纠纷解决机制方面、司法人员方面,都出现了大众化与职业化既相互矛盾又"双管"齐下的要求,国家和社会要求司法权以适度的能动性③作为对传统的被动性司法的补充,以调解等非正式解纷机制作为司法职业化的纠偏。为了回应社会情势,最高人民法院于2009年倡导"能动司法",可是对它难免存在两种相反的担忧:其一是担忧传统的司法无法回应社会矛盾和问题;其二是担忧能动司法会让司法改革"走回头路",甚至让法治走回头路。于是,我们要看到,当社会转型中出现了法律漏洞、权利保障及社会实质正义等问题而立法暂时不能及时纠偏的情况时,必须依赖法院而不是其他,应当通过司法方式予以矫正和整治。比如,美国沃伦法院时期的司法能动主义,主要是通过最高法院的法律解释来解决权利保障的法律漏洞和制度转型的难题。

(四)促使转型期法治蜕变的中国式任务

通过对转型期法治的国情性因素和回应性因素的描述,我们可以考察转

---

① 张志铭谈及中国法律体系建构的技术特点及缺憾,认为中国法律体系建构重理性主义的建构,但忽略了法律秩序的自然生成;重国家主义色彩,却对社会自治、国家认可缺乏足够的认识;重立法中心—行政辅助的运作模式,却对司法对立法的意义没有足够的重视;重简约主义的风格,有利于形成全国统一的法律秩序,却会掩盖问题的复杂性和多样性。张志铭.转型中国法律体系的建构[J].中国法学,2009(2).

② 吴邦国.在形成中国特色社会主义法律体系座谈会上的讲话[N].人民日报,2011-01-27(2).

③ 司法能动性的原意是指法官和法院广泛运用审判权特别是司法解释权,通过扩大平等和个人自由的手段去促进社会公平正义。它来源于美国的 judicial activism,又译司法能动主义、司法积极主义。克里斯托夫·沃尔夫.司法能动主义——自由的保障还是安全的威胁[M].黄金荣,译.北京:中国政法大学出版社,2004:3.

型期中国式法治的基本任务。下文结合四个国情性因素和四个回应性因素，建立了一个粗线条的分析框架，推导和阐释中国转型期法治特有的关键性任务。它们不同于法治历史上的西方式任务，而是由深嵌于中国本土问题所引发的任务。我们过去在过渡策略、发展进路、运行环节、观念形态四个方面的回应是不够的，在未来发展中，这四个方面还存在变革和发展的潜力与空间。如果在今后的8～10年内能够优化和强化这四个方面对国情的回应，我们有理由相信中国转型期法治可以通过一段时期的茧封与焰炼，完成蜕变，成为成熟意义上的法治。

1. 缩减过渡策略上的"半法治"

在欧洲社会的法治化进程中，基督教教会和欧洲商人的作用是关键性的，况且法治发展的重心在宗教社会和民间社会，而不是政治国家。中国没有类似的宗教传统资源，商人的兴起也相当迟缓，直到20世纪80年代以来的经济市场化中才出现商人群体，出现中等收入阶层的增长。转型期法治的实行可以是以先发地区为主的局部的、相对的先行法治化，而其他区域"半法治"或"准法治"状态可以逐步缩减。我们过去只强调法治的"国家大一统"局面，误以为只有在全国范围内实行法治才叫"法治"。其实，在部分先发地区法治化快一点，是具有政治正当性[①]和法律可行性的。转型期法治的过渡策略是逐步扩大法治方式在国家治理与社会管理中的应用范围。在今后的新阶段，需要"新"法来固定经济改革、政治改革、综合治理等方面的经验和成功做法，有计划地在经济建设、政治建设、文化建设、社会建设和生态环境建设的"五位一体"中推进法治。其他区域"半法治"或"准法治"状态可以通过另一种途径逐步缩减，即其他区域"半法治"或"准法治"状态可以通过另一种途径逐步缩减，即要重视行业法治现象。与法治国家并存的是法治社会，法治社会有地域和行业两条线索，地域是指法治的地区差异性，行业是指法治的行业特殊性。各行业领域的法治化是可以期待的，既然地域意义上的法治不能平衡发展，那么我们通过行业法治建设来弥补因"东西差异""城乡差异"带来的法治不平衡。

法治不仅在社会管理领域发挥着重要的作用，还在国家治理领域发挥着

[①] 邓小平在1985—1986年提出"让一部分人、一部分地区先富起来"的主张。这成为此后政府经济工作中的指导方针，也不妨成为政治改革和法治工作的指导方针。

重要的作用,从法治的社会与国家"二元论"的意义上,既实现法治社会,又实现宪政意义上的"法治国家"。国家层面的法治需要关注的是,如何通过法治方式和法治思维来治国理政,如何建立可能出现的权力危机的安全阀机制。在地区性不平衡发展状况下,转型期法治的空间区域关系还应当在中央与地方关系、承认东西部差异、承认城乡差别的制度安排上有所进展。长期以来,"地方服从中央与尊重地方自主权"还没有纳入法治化轨道。应当通过制定调整中央与地方关系的一般法①来调整中央与地方的现行关系。

从环境背景上,关键是要把"综合治理"纳入法治的轨道。"综合治理"在急剧转型的短期内是必要的,但它绝不是脱离法治的特殊管理模式。"中国法律改革的将来不在于移植论和本土论的任何一方,而应该在于两者在追求现代理念的实践中的长时期并存和相互作用。"②目前,"多元混合秩序"③的存在给综合治理提供了相当大的生存空间,甚至出现违宪违法嫌疑的情形,应当尽快予以纠正。多种类的和解、调解等非诉讼纠纷解决机制,需要在实践中提炼和总结出具有理性的制度。用折中、妥协的办法来协调多元价值冲突,也应当有一种过渡策略的制度性机制,这就是被我们长期忽略的正当程序方法。如果通过商谈的程序性方式,来解决新旧制度转型交替中的矛盾和冲突,则会形成一种更有利于法治推进的良性氛围和积极效果,也能够逐步缩减法治化过程中的"半法治"的范围。

从法治主体上,重要的是处理好大国治理中的传统威权与现代法治的关系,其中关键问题在于如何构建中国式的"回应型法"④。转型期法治除政治领导力之外,还应当由各级人大和政府推行并参与法治化运动,使各级政府的法治化愿望成为内在需求,变得更加主动。促成官方、民间和职业法律人

---

① 一些国家采取法律的形式对中央与地方的关系予以确定。比如英国1972年的《地方政府法》,法国1982年的《关于市镇、省和大区的权利和自由法》、1983年的《关于市镇、省、大区和国家权限划分法》、1984年的《地方政府服务法》等,西班牙有1985年的《地方政府法》,葡萄牙有1977年的《地方政府法》,等等。这些法律都详细地规定了地方政府具有的权限,使地方政府的行为有法可依,中央与地方的权限也有相对固定的法律界限。

② 黄宗智.中国法律的现代性[C]//清华法学(第10辑).北京:清华大学出版社,2007.

③ 刘作翔认为,当代中国社会的社会秩序形态呈现出一幅由"法治秩序""礼治秩序""德治秩序""人治秩序""宗法秩序"等组合而成的"多元混合秩序"。刘作翔.转型时期的中国社会秩序结构及其模式选择——兼对当代中国社会秩序结构论点的学术介评[J].法学评论,1998(5).

④ 回应型法则是一种强调在目的指导下的法律体系,是一种将形式正义与实质正义充分统一的法律类型。诺内特·塞尔兹尼克.转变中的法律与社会:迈向回应型法[M].张志铭,译.北京:中国政法大学出版社,1994:21.

这三方面在法治化运动中的合力。

2. 有区分地应用建构式与演进式进路

资本主义国家的市场安排靠相互尊重的交易者、交易规范和制度推动与支撑。中国市场经济的发展是在政府放权和政府推动下展开的,因此中国在改革开放之初,自上而下地推进制度改革与建构也就顺理成章。在社会发展的新阶段,通过国家有计划地建构法治的同时,让社会通过自治性地演进法治也已成为必要。

据此,要完成的中国式任务就是:有针对性地界定哪些局部领域的事务可以建构或试验性地建构,哪些局部领域的事务需要演进或分阶段地演进。有关经验告诉我们,可以建构的领域主要在于一些公法领域的制度,特别是哈耶克所谓的"外部规则"①。行政诉讼法于1990年从无到有地建构就是一个例证,这一制度今天已逐渐融入普通百姓的法律活动中。在转型期推行法治,不能不尊重社会的多元秩序格局,其法律体系应当是多元混合型的。法治并不是要使所有社会关系都受国家法的单一控制,而是使社会关系受包括国家法在内的多元化规则的调整。目前一部分学者倡导和关注软法研究②,也说明了国家法之外规则的重要性。因此,有必要通过立法或司法解释,对行业规范、民间习惯、家法族规、村规民约、宗教戒规采取保护性措施和选择性利用,以降低社会法治化成本、增进法治的本土资源因素与加快法治化速度。

从时间维度上看,漫长的转型期给法治自然演进进路提供了条件。但从空间维度上看,应当看到城乡差别格局下的城市和经济先发地区对制度理性建构的需要。从环境背景来看,在一些具有乡土传统的区域,应当允许乡村社会自然演进,甚至在司法判决中直接认可乡村社会规范;而在城市和经济先发地区,规则意识、权利意识和程序意识已经成为人们生活的一部分,应当认可并支持局部地域"先行法治化"。从法治主体因素看,要重视和利用民间

---

① 哈耶克区分了"内部规则"(nomos)与"外部规则"(thesis),前者又称"自由的法律"或"普遍的正当行为规则",是指非由国家机构制定的但符合人们预期的规则,它是私人有合法理由所预期的东西。所谓的"外部规则"即"政府组织规则",主要包括政府规则、程序规则和法院组织法规则等。哈氏还认为,这两种规则的区别,同私法与公法的区别,有着密切的关系,有时候前者还明显等同于后者。哈耶克.法律、立法与自由[M].邓正来,译.北京:中国大百科全书出版社,2000:197-208.
② 罗豪才,宋功德.认真对待软法——公域软法的一般理论及其中国实践[J].中国法学,2006(2).

法治需求进行法治秩序建构,特别是中等收入阶层和农民对法治的需求,他们是法治的原动力,从而体现法治的"以人为本"的人权精神。此外,还应当重视职业法律人在法治秩序建构中的特殊作用:法律人用职业知识和技能,深入社会与市场生活的第一线和核心地带;应当把他们在预防矛盾、解决纠纷的过程中积累的经验提炼出来,成为制度发展的素材,从而使法律人发挥法律人建构法治秩序的作用。法律职业是除官方和民间之外的第三种推动力,其推动力的作用往往在初期是微弱的,但到中期则是不可低估的法治建构力。政府不仅要尊重法律职业的思维方式和自治性的活动空间,还应当引导民间加强对法律职业的认同,同时树立起法律人的职业威信,从而使法律人与政府、民间一起共同推进法治化。

3. 遴选并健全法治的必备制度要件

西方当代法治是以近代资产阶级革命和立宪为起点,根据前资本主义政治制度的教训和惯例来设计议会制度、行政制度和司法制度的。所以西方学者认为"在转型时期,法律的连续性价值受到了严峻的挑战"①。然而中国法治是以20世纪80年代初开始的改革原有体制为起点的。在中国转型期,受中国国情元素挑战的,主要不是法律的连续性价值,而是法律的普遍性和社会主义法律价值观。因此,中国不存在新旧制度或新旧法律之间的连续性问题,而存在着某些法治要件有或无、健全或残缺的问题。从法治的具体环节来看,中国式的任务就在于把握转型时机与重点,选择并确定法治的必备制度要件。从"法理学模式"来看,法治所需要的制度要件并不广泛。另外从"社会学模式"来看,转型期的中国法治所需要的制度要件的范围并非远不可及,我们必须建立一个专门对宪法的实施进行监督的权威机构、一个独立的审判机构体系和一个遵守法律的行政机构体系。

从转型期法治的时间进程来看,国家应当进入实施宪法与法律的"后立法"时代。实行宪政是不可避免的。特别是让宪法在治国理政中发挥重要作用,加强宪法的实施,落实违宪审查制度,成为今后最关键的任务。其中最重要的是改革司法体制,实行司法独立。"后立法"时代的立法任务也已到了重点转移的时候,不仅立法权要重心下移,鼓励和支持地方性的自主立法,还要把中央与地方立法的重点放在行业领域的制度化和规范化方面。"后立法"

---

① 璐蒂·泰铎.变迁中的正义[M].郑纯宜,译.台北:商业周刊出版公司,2001:17.

时代,应当从立法中心主义向司法中心主义转变。司法是立法与行政的连接点,是社会与国家的连接点,是国家与公民的连接点,是法律规则与社会事实的连接点,也是理想与现实的连接点,在法治建设中应当重视和突出这个"多重连接点"。从空间格局来看,既要克服地方保护主义以维护中央权威,又要加强地方立法权。从转型法治的环境背景和动力主体来看,应当构建一个"统一兼分层司法"的新格局,即在司法权统一的前提下,在基层建立适应乡土社会和基层民众生活需要的司法制度,从诉讼程序到法官任职资格,都体现基层对司法的需要。培养和提高领导干部的法律思维与法治化管理能力,运用法治方式来推进改革与发展,化解社会矛盾与冲突。同时,推进法治的深度和广度,重视行业法治,让民间行业成为法治建构的新主体,在推进政府法治化的同时,增强行业自治性,让行业与官方、民众、职业法律人并列成长为法治秩序的新主体,以主体的身份加入法治中来。

为了应对社会利益与思潮多元化带来的矛盾,必须加强人大的民主化特征、代表的实质性选举制、立法中的听证与辩论等立法程序要件,保证立法的对抗性和可论证性,从而保证人大及其立法的民主性和科学性。推进依法行政,加快建设法治化政府。尤为重要的是,必须根据司法的"多重连接点"的特殊地位,加快司法独立化改革的步伐,制订司法改革的分步骤计划。目前可先行一步的是,革除同级政府对审判机关在财政拨款与人事编制方面的控制,改善党对法院工作的领导方式,增强对"法的安定性高于合目的性"的认识,增强对职业法律人的信任度,重视法律人在政治与法治进化中的作用,减少地方各级党政领导者对审判活动的影响力,强化司法基本保障,进一步深化司法体制与机制改革。到2020年,司法公信力和人权保障成为"小康"的一个重要指标,在这一过程中还存在许多中国式任务和课题。为统一司法观念,有必要梳理出若干对基本范畴,创建中国司法哲学。我们的许多司法问题都存在争议,迫切需要构建当代中国自己的司法理论框架。比如,实质正义与形式正义关系如何处理? 提倡司法能动还是保持司法节制? 司法注重社会效果还是法律效果? 等等。在当代中国,随着人民法院开始越来越广泛地介入社会生活,法院的公共政策创制功能已经显现并且发挥着越来越重要的作用①,需要我们从理论上加以协调整合,继承中国司法传统和当代中国司法实践经验,确立一套中国司法哲学,这是一项需要法律人长期探索的任务。

4. 在法治和正义观念上克服实质性思维的副作用

观念的变革是最迟缓的,但也是最深刻的。西方没有中国式的政治和道德环境背景,西方把法律的施行委托给一群专职的人,特别是法律职业者。韦伯还发现,只有欧洲的文化才发展到"逻辑的形式理性,也就是造成法律的优势——法律统治的地步"②。中国转型期法治也是法治初创期,形式主义法治或形式理性的法治对中国显得比实质主义法治更为重要。③ 相对于欧洲而言,中国因为家庭伦理的发达,缺乏"逻辑的形式理性",无法产生稳定的、完全去除身份关系的法律制度。中国没有现代法治的传统,没有专门的法律职业,但存在传统的正义观和理性观,存在一种强调有差序性的特殊主义,或至少是特殊主义容易膨胀的正义观。④ 实质理性的正义观在中国表现为强调统治者意志(国家主义倾向)、道德原则指导和对事实真相的强调。⑤ 它一直传承到今天,我们可称之为实质主义的正义观,并影响着我们的立法、司法和守法观念。⑥ 它固然反映了中国人对理想的向往,但它利弊参半,至少影响我们转型期形式主义法治的建设和形式理性的确立,给国人规则意识的确立带来副作用。⑦ 政法工作坚持从实质上考虑社会效果和政治效果,会不顾法律的形式性(规则、程序和职业规律)的限制,甚至为了国家主义的"合目的性",而违反"法的安定性"。⑧ 这种"实质主义"的危险性就在于,它会演变成

---

① "法院不仅仅适用法律而且有必要行使较大程度的裁量权限,以谋求案件的解决获得明显的政策性效果这一点,已经获得了广泛的认同。" 苏力.农村基层法院的纠纷解决与规则之治[C]//北大法律评论(第2卷第1辑)[M].北京:法律出版社,1999:80-81.
② 洪镰德.法律社会学[M].台北:扬智文化事业股份有限公司,2001:189.
③ 梁治平.法治:社会转型时期的制度建构——对中国法律现代化运动的一个内在观察[J].当代中国研究,2000(2).
④ 林端.儒家伦理与法律文化——社会学观点的探索[M].北京:中国政法大学出版社,2002:96.
⑤ 黄宗智.清代的法律、社会与文化:民法的表达与实践[M].上海:上海书店出版社,2007:181.
⑥ 中国传统的法律观念是一种实质主义的法律观.孙笑侠.中国传统法官的实质性思维[J].浙江大学学报,2005(4).
⑦ 孙笑侠.法治、合理性及其代价[J].法制与社会发展,1997(1).
⑧ "正义和合目的性是法律的第二大任务,而第一大任务是所有人共同认可的法的安定性,也就是秩序与安宁。""法的安定性不仅要求能够限定国家权力,并能够得以实际实施的法律原则的有效性,它还对其内容、对法律可操作性的可靠性以及法律的实用性提出了要求。"[德]拉德布鲁赫.法哲学[M].王朴,译.北京:法律出版社,2005.

"法律工具主义"。①

基于这些差异,可预见中国转型期法治的时间跨度长,同时要解决国人对法治持久的信任和信心,并逐渐倡导一种对法律的敬畏(替代西方式的法律信仰)。而这种对法律的敬畏需要从形式主义法治入手,逐步寻找与实质主义法治的结合点。因而,在法治的观念形态方面,还存在着另一个更深层的问题和任务,即如何兼顾形式法治和实质法治,实现两者之间的有机统一?如何克服传统的实质主义和实体正义思维倾向的弊端,削减实质主义思维中的国家本位成分,把中国实质正义观与西方形式正义观相结合?解决该问题的路径在于:一方面,我们需要通过正当程序机制来建立一种能够化解"实质主义"正义观之弊端的中国法律哲学;另一方面,我们需要重视职业法律人的直接作用(维护对法律的敬畏),因为职业法律人的任务是通过适用和解释来保持法律的自洽性和一致性。②

结　语

处理好转型期法治与未来中国法治的关系——即现实与理想的关系,意义深远。既尊重现实又不放弃理想,把转型期阶段性的"策略性考虑"与法治的理想结合起来。转型期法治不是我们中国特色社会主义法治的最终目标和成熟模式,是阶段性(而不是临时性)产物,是过渡性模式。本文尽可能全面呈现转型期法治的问题,在此基础上推导出中国式任务。这些任务也可以被理解为就是中国式法治的难点。中国式任务具有中国的特点和规律,这也正是中国法治的焦点和转折点。如果这些中国式任务有所突破,那么法治进程也就顺利了。如果这些中国式任务解决和完成得好,也就丰富了中国特色社会主义法治的内容。正确的、正义的东西并不一定在被认识到的时候就能够被实行。我们今天的转型期法治,是未来中国法模式的基础和前提。认可现状不是放弃理想,而是为了更加切合实际。

(本文原载于《苏州大学学报(法学版)》2014 年第 1 期)

---

① 郑成良.法律的定位:正义、程序与权利[N].文汇报,2010-06-05(8).
② 哈耶克.法律、立法与自由[M].邓正来,译.北京:中国大百科全书出版社,2000:102.

四、目标、过程、效能:法治中国建设的三维解读[①]

苏州大学王健法学院　胡玉鸿

自习近平同志提出将"法治中国"作为政法工作的奋斗目标以来,学术界即开展了有关"法治中国"问题的讨论。那么,我们应该怎样理解法治中国建设的具体内涵?又该怎样以法治中国为目标,推进社会主义法治国家的建设呢?本文拟从目标、过程、效能三个方面,就法治中国建设的内容做一些简单的解读,以就教于名流方家。

(一)作为目标的法治中国建设

以法律在历史长河中的地位而言,法治国家是其顶峰。法治与人治相对,它祛除了人为因素的不确定,试图以一套明确的规定来实现国家的治理。当中国共产党人承诺"依法治国,建设社会主义法治国家"并将之写入宪法时,实际上明确了国家治理的基本方略就是法治。自然,法治本身也是需要付出极大的代价的,例如它在一定程度上牺牲了人的主观能动性。然而,相对于人治而言,法治则因它的客观性、稳定性而能够给社会提供更为安全的机制。所以,自亚里士多德以来,法治即成为一种理想的追求[②],它表明了人类社会在经历了长时期的"试错"过程之后,终于为国家治理模式找到了一个相对理想的形态。

当代中国尚处于摆脱人治的过渡时期,法治目标的提出自然有其必要性和理想性。从必要性的角度来说,没有法治就不可能建设现代化的国家,因而与人治渐行渐远乃必然之理。但从理想的角度来说,法治也永远不会有个尽头——只要人类法律问题存在。那么,如何找出最好的办法来解决人与社会之间的矛盾与张力,就成为法治永恒的任务。这也同时说明,法治无论是

[①] 本文系国家社会科学基金重大招标项目"学习实践科学发展观重大问题研究——以人为本与中国法制发展"(08&ZD001)、江苏高校优势学科建设工程资助项目以及江苏省高校哲学社会科学重点研究基地重大项目"公法的人学解构"(2010JDXM038)的阶段性成果。

[②] 当然,如果从渊源上而言,亚里士多德的老师柏拉图可以说是主张法治的更早的思想家。柏拉图早年主张人治,强调"哲学王"在理想国家中的地位,然而,现实使其认识到,这样一种"哲学王"是不可能存在的,因而其晚年著作《法律篇》即转而寻求法治。

在理论上还是在实践上,都是一个人们不断探索与实践的发展过程,人们总是在接近理想,使法律日益人本化、人性化、人道化和人情化,但是,要达到完全法治则几乎是不可能的事。随着人类事务的增多,新的法治需求又会不断涌现,因而,法治的内涵从来就不会一成不变,而必须根据人性、国情以及时代而不断修正。

法治同时也属于社会科学上常言的"理想类型"。简单地说,"理想类型"是在确定了某些基本要素后对同一类型事件的抽象归纳,以之作为学术研究的典型事态或评判标准,如"资本主义""官僚制"等范畴就是如此。因此,只要具备最为基本的相同因素,就可将之归为同一种类型之中。法治也是如此,在具备了如良法之治、权力制约、司法独立等要素后,一个国家就可称为是法治的国家。① 这也揭示了法治概念的相对开放性。对于当代中国的法治建设来说,一方面自然要按普世的法治标准来建立相关制度并加以实施,另一方面则可以按照中国的现实国情而在具体制度上有所取舍或有所侧重。换句话说,"中国特色"与"法治中国"可以很好地结合起来,中国特有的历史文化传统和现实的经济社会状况也完全允许在不背离法治基本原则的情形下形成符合国情的法治样态。

(二) 作为过程的法治中国建设

当把"法治"用作动词时,"法治中国"就可以理解为一个将法律应用于中国当代社会的过程。实际上,任何法律制度的目的都在于更好地规范人际关系和社会生活,形成有条不紊的社会秩序。"法治中国"既然已确立为新时期的战略目标,自然也就应当将法治理念所锻造下的各种制度付诸实施。必须明确的是,法治中国建设本身应当是一种合乎法治理念的过程,以反法治的方式推行法治,这本身就是对法治的一大嘲讽。在理解这一问题时,特别需要注意以下三点:

一是以法治的方式规范法治。在缺乏本土资源的中国,如何构建既符合国际标准又体现中国特色的法治模式,这本身就需要集中群众智慧,认真加

---

① 例如,美国学者埃尔曼就曾指出:"如果说法治是一个在英国和美国广泛使用的术语,它的含义也常常是变动不居的。其多种含义中的一个共同标准,包含禁止政府的独断专横和公民与国家关系中'合理性'的高度保障等。"埃尔曼.比较法律文化[M].贺卫方,高鸿钧,译.北京:生活·读书·新知书店,1990:94.

以研讨。诸如可行的立法规划、稳妥的改革步骤、精确的后果预测等,都是需要在协商的民主理念之下,动员广大民众参与的事业。因此,在提出法治的目标或者法治的路线图时,应当首先信守法治原则。例如,应当体现宪法和法律规定的民主原则,使立法者(狭义上是指全国人民代表大会代表,广义上是指各级人民代表大会代表)真正根据选民意愿选出,以能够如实而充分地反映民意;在法律议案的表决中,代表能充分表达自己的意志并按自己的良知独立投票;开通立法机关与人民联系的具体通道,吸纳民意;等等。

二是以法治的方式推行法治。在法治目标的落实和法律内容的实施时,强调法治原则更是必不可少。就当代中国目前的法制建设而言,这方面存在的问题主要有:政府主导而缺乏民众的自治,特别是在信息不公开或不完全公开的情形下往往导致民众的抵触;权限不明而使得权力存在不应有的混杂,例如以某个党的文件宣布对某些法律制度的废除;对实体结果的过分追求而忽略程序的重要性和严肃性;运动化执法方式还屡见不鲜,过于强调法律的威慑力而集中展示法律的暴力现象还时有发生。以上情形不一而足,但在这样一种形式之下,要让法治在民众中生根,无疑是天方夜谭。

三是以法治的方式维护法治。法治作为一种制度的集合体,招致破坏自然也是情理中事。从主体上来说,大致说来主要包括两类:一类是享有公权力的组织和个人无视法律规定,以权代法,以权压法;另一类则是蓄意挑战社会秩序的个人,对这些组织或个人都应当通过法治施加必要的制裁。但是,在现实生活中,无论是针对哪一类对象,都常常以破坏法治的方式来进行制裁。例如,为了维护社会稳定,不惜禁止公民合法的集会与游行示威;为了防止上访、信访,宁愿牺牲已经生效的司法判决。表面上看,这在一定程度上缓解了社会矛盾,却为此后无穷的纷争乃至恶性事件的发生埋下了隐患。

(三)作为效能的法治中国建设

法治中国是一个有目的、有追求的治国目标,那么,怎样的一种法律状态才算达到了法治中国的要求呢?这当然与法治的基本要素有关。总体而言,法治中国建设起码必须实现以下三个基本目标:

首先,法律得尊重。法治的要义,就是法律至上,它意味着法律高于一切规范,也高于一切组织和个人,当全社会普遍遵守法律的规定并以之作为行为准则时,就可以说是达到了一种良好的法治状态。正因为如此,早在古希腊,亚里士多德就将"已成立的法律获得普遍的服从"作为法治的标志。① 法律如不被施行,其后果比无法状态还要严重得多。必须强调的是,虽然普遍守法也包含着对人民大众的要求,但更应该强调的是公共机构和公职人员对法律的尊重。正如拉兹所指出的那样:"'法治'的字面意思是:法律的统治。从广义上看,它意味着人们应当遵守法律并受法律的统治。但是,政治和法律理论均在狭义上解读它,即政府受法律的统治并尊重它。"②这不仅因为统治者若不守法则对法治的伤害将更大,更因为上行下效,有权者的不尊重法律势必导致大众的普遍不守法。

其次,人权受保障。法治既然是一种治国方略,而按照人民主权的理念,国家的存在即为人们谋求福祉,以获取通过单个人的努力所无法达致的目标。因此,从法治的应然效果而言,它应当为人权服务,为人们的利益服务。英国大法官宾汉姆在为法治开列的十大原则中,就将"法律必须提供充分的基本人权保护"作为法治的原则之一,并力推这一标准在法治原则中的重要性。③ 实际上,如果法治仅为富勒等人定位的形式法治,那么"法治"与"法制"就难以区分。因而,法治中国建设的具体目标,应当充分保障人权。实际上,在新近发布的《中共中央关于全面深化改革若干重大问题的决定》第九部分"推进法治中国建设"中,就明确把"完善司法人权保障制度"作为重要目标之一,这也说明了法治中国建设与人权保障息息相关。

再者,权力被驯化。权力是一柄双刃剑,没有强大的国家权力,社会将陷入无政府状态之中,从而出现霍布斯所断言的那种人与人之间的战争状态。然而,权力本身又是具有侵略性、扩张性、腐蚀性的能量,若不对其加以防范与控制,则将演变为压迫人们的暴力,正因为如此,"把权力关在笼子里"业已成为人们的共识。怎样控制权力的负面影响呢?这不外乎权力分工与权力制约两大路径。前者是就对处于纵向(如中央与地方)与横向的权力进行清晰明确的职责划分,以使各种权力机构能独立决断自己管辖范围内的事务;后者则是建立以权力制约权力的法律机制,使任何一种权力在逾越其职权范围时,都会招致其他部门的抵制。总起来说,权力的驯化不是使权力无能,而

---

① 亚里士多德. 政治学[M]. 吴寿彭,译. 北京:商务印书馆,1965:199.
② 约瑟夫·拉兹. 法律的权威——法律与道德论文集[M]. 朱峰,译. 北京:法律出版社,2005:185.
③ 汤姆·宾汉姆. 法治[M]. 毛国权,译. 北京:中国政法大学出版社,2012:94-95.

是使权力温顺,即按照人民的意志来设定权力运行的目标,以宪法和法律来作为权力运作的依据。实际上,只有当权力能够被控制时,社会才可能有基本的安全,人权也才会有基本的保障。

(本文原载于《环球法律评论》2014年第1期)

五、法治政府的内在特征及其实现
——《中共中央关于全面推进依法治国若干重大问题的决定》解读

苏州大学王健法学院　黄学贤

引言:一个加速推进的历史进程

改革开放以来,我国法治政府建设历程加速推进,取得了令世人瞩目的成绩。党的十一届三中全会提出"有法可依、有法必依、执法必严、违法必究"的法制方针,令国家政治生活逐渐步入正轨。1990年10月1日起,《行政诉讼法》施行,标志着行政行为开始接受司法审查。1993年,国务院《政府工作报告》提出,行政机关工作人员都要依法办事、依法行政。此后,国务院多次举行全国性会议,就推进依法行政做出重要部署。1997年,党的十五大报告明确提出依法治国,建设社会主义法治国家的宏伟目标,将依法治国作为党领导人民治理国家的基本方略。1999年,九届全国人大二次会议通过的宪法修正案规定"中华人民共和国实行依法治国,建设社会主义法治国家",使依法治国基本方略得到国家根本大法的保障。随着依法治国基本方略的实行,全社会对作为依法治国核心内容的依法行政的要求也越来越高。国务院于1999年颁布《关于全面推进依法行政的决定》,这是新中国第一次就政府法制和依法行政工作做出的专门决定。2000年,党的十五届五中全会审议并通过了《中共中央关于制定国民经济和社会发展第十个五年计划的建议》,其中特别强调了"推进政府工作法制化、从严治政、依法行政"的问题。2004年,国务院发布《全面推进依法行政实施纲要》(以下简称《纲要》),明确提出依法行政的基本要求,首次确立了建设法治政府的目标,即"全面推进依法行政,经过十年左右坚持不懈的努力,基本实现建设法治政府的目标"。2008

年,国务院专门做出《关于加强市县政府依法行政的决定》,这是国务院贯彻落实党的十七大精神,全面落实依法治国基本方略,加快建设法治政府的一项重要举措。因为市县两级政府在我国政权体系中具有十分重要的地位,处在政府工作的第一线,是国家法律法规和政策的重要执行者。实际工作中,直接涉及人民群众具体利益的行政行为大多数由市县政府做出,各种社会矛盾与纠纷大多数发生在基层并需要市县政府处理和化解。市县政府能否切实做到依法行政,很大程度上决定着政府依法行政的整体水平和法治政府建设的整体进程。《关于加强市县政府依法行政的决定》从充分认识加强市县政府依法行政的重要性和紧迫性、大力提高市县行政机关工作人员依法行政的意识和能力、完善市县政府行政决策机制、建立健全规范性文件监督管理制度、严格行政执法、强化对行政行为的监督、增强社会自治功能、加强组织领导八个方面做了具体规定。

2010年,国务院发布《关于加强法治政府建设的意见》(以下简称《意见》),提出了加强法治政府建设的总体要求,即"当前和今后一个时期,要深入贯彻科学发展观,认真落实依法治国基本方略,进一步加大《纲要》实施力度,以建设法治政府为奋斗目标,以事关依法行政全局的体制机制创新为突破口,以增强领导干部依法行政的意识和能力、提高制度建设质量、规范行政权力运行、保证法律法规严格执行为着力点,全面推进依法行政,不断提高政府公信力和执行力,为保障经济又好又快发展和社会和谐稳定发挥更大的作用"。《意见》针对当前依法行政和行政管理中存在的突出问题,规定了提高行政机关工作人员特别是领导干部依法行政的意识和能力、加强和改进制度建设、坚持依法科学民主决策、严格规范公正文明执法、全面推进政务公开、强化行政监督和问责、依法化解社会矛盾纠纷七个方面的任务。2012年,党的十八大报告将"依法治国基本方略全面落实,法治政府基本建成"作为2020年全面建成小康社会的重要目标。2013年,党的十八届三中全会明确要求推进法治中国建设,建设法治政府和服务型政府,提出"建设法治中国,必须坚持依法治国、依法执政、依法行政共同推进,坚持法治国家、法治政府、法治社会一体建设"。在党的十八届三中全会上通过的《中共中央关于全面深化改革若干重大问题的决定》中,提出了"推进国家治理体系和治理能力现代化",这是第一次把国家治理体系和治理能力与现代化联系起来,也是继"四个现代化"之后,我们党提出的又一个现代化战略目标。理论与实践证明,国家治理体系和治理能力与现代化之间联系的桥梁只能是法治。2014年,党的十八届四中全会正是因应了历史发展的必然逻辑,适时地提出并详细描绘了我国法治建设的蓝图。会议通过的《关于全面推进依法治国若干重大问题的决定》(以下简称《决定》)明确要求各级政府必须坚持在党的领导下、在法治轨道上开展工作,加快建设职能科学、权责法定、执法严明、公开公正、廉洁高效、守法诚信的法治政府。

通过简单的回顾与梳理,我们不难发现,改革开放以来,特别是党的十五大以后,我们的法治建设进程呈加速度发展。同时,我们也不得不承认,迄今为止,"我国法治政府建设依靠的是一种典型的政治推动机制,即通过不断制定各种中央文件和法律法规,对政府行为提出具体要求,以改变政府行为方式,实现预先确定的目标"[1]。为了全面实现党的十八届四中全会提出的法治建设任务,我们必须以法治应有的方式来推进法治建设进程,让法治建设进程按照法治"新常态"科学有序地运行。由于政府是国家治理中涉及面最广的治理主体,所以,国家治理现代化主要是指政府治理的现代化。政府作为执法者在整个法律运行中扮演着极其重要的角色。可以这么说,一个国家政府的行政行为直接决定着该国法律的实施状况,甚至决定了该国法治成效和命运。"建立法治政府是各国走向现代化的必要途径。健全的法治政府又成为各国保持现代化的基本手段。"[2]党的十八届四中全会《决定》用了八分之一的篇幅部署法治政府建设,对依法治国这一关键层面的问题做出了非常周密、非常细致的安排,为党的十八大确定的在2020年基本建成法治政府的宏伟目标设计了整体的路线图和具体的实施举措。因此,我们的当务之急是以《决定》为指导,要厘清法治政府的基本特征,为建设法治政府明确方向;建立科学的行政执法体制,为建设法治政府架设桥梁;建立五大法治体系,为建设法治政府提供全方位保障;认清现实存在的问题,为建设法治政府扫清障碍;找准正确的路径,为建设法治政府铺平道路。

(一) 厘清法治政府的基本内涵——为建设法治政府明确方向

对于法治政府的含义,学者们有不胜枚举的界定。有学者认为,法治政

---

[1] 周汉华.构筑多元动力机制加快建设法治政府[J].法学研究,2014(6).
[2] 刘路刚.论全球化进程中法治政府的基本内涵[J].河南大学学报,2005(6).

府的标准是有限有为、透明公开、权责一致、便民高效。政府行使决策、执行、监督等各项权力均应符合这一标准。① 有学者将现代政府理解为法治政府,认为法治政府从来源说应该是一个有限的政府,从职能定位是一个服务政府,从权力运行来说是一个透明政府,从运行的结果来看应该是一个责任政府,从运行的效果来看应该是一个诚信政府。② 有学者认为,法治政府的概念应当从不同角度加以理解。行政主体能够完全按照宪法、法律的规定严格行使公权、履行公职,严格保障行政客体的合法权益;公民、法人和其他组织不会遭受行政性权益侵害,还能依法以主人翁的精神与身份参与治国理政;政府与公民、行政主体与行政相对人都能在法治格局中明确自身的法律定位、法律支持和法律约束,并且形成非常有序、良好的依法互动。③ 不管对法治政府如何理解,其核心都在于,法治政府就是政府在行使行政权力,履行行政职责过程中坚持法治原则,严格依法行政,政府的各项权力都在法治轨道上运行。简而言之,法治政府就是政府权力的来源、行使及对其监督均纳入法治轨道。国务院2004年发布的《纲要》中提出了法治政府的建设目标,也确立了依法行政的基本要求,即合法行政、合理行政、程序正当、高效便民、诚实守信、权责统一。党的十八届四中全会吸收理论研究的新成果,总结实践发展的新成就,对法治政府的内涵做出了更加全面而又清晰的界定。其《决定》确立的6个层面、24个字的基本标准,与2004年《纲要》中依法行政的基本精神是一致的,但是更加准确,也更加全面。再加上《决定》中的其他一系列制度保障,如法治队伍建设、法治文化建设等,制度深化,如行政决策的制度规范、裁量基准的细化与量化、法治考核纳入政绩考核体系等,使法治政府的内涵更加丰富。可以说,党的十八届四中全会对法治政府基本含义的科学界定,为我们法治政府建设进一步明确了方向,使得实践中的法治政府建设既有了清晰的宏观图景展示,又有了具体的建设路径。这是我国法治政府建设进程中一座新的里程碑。

职能科学。我们以往一直强调法治政府就是要依法行政,这当然不错。

---

① 马怀德.法无授权不可为 法令职责必须为[EB/OL].法治政府网,2014-11-27.
② 朱维究.现代政府治理理念与能力建设[R]."深入推进依法行政 加快建设法治政府"学术研讨会.中国人民大学,2014-12-22.
③ 党的十八届四中全会精神解读:依法行政 促建法治政府[EB/OL].河北新闻网,2014-10-27.

但其前提首先是政府职能要科学设置。因此,在规范政府行政权力的同时,还要进一步转变政府职能。具体来说,该政府承担的责任和义务需要进一步强化,也就是《决定》强调的要全面履行政府职能。同时,不该政府做的事情,或者过去证明政府做不了也做不好的事,要尽快地放权给社会,放权给市场主体,放权给公民个人或者企事业单位,也就是《决定》所要求的法无授权不可为。因此,我们当下法治政府建设的核心问题就是政府职能转变与调整的问题。具体来讲,就是要正确处理政府和市场的关系;正确处理政府和社会的关系;正确处理政府内部的关系。正确处理三者关系的目标就是,凡是能由市场调节的事项,政府不要越俎代庖,而要保证市场在资源配置中起决定性作用;凡是能由公民自己决定和社会自律处理的事项,政府不予干预;基于上述两个关系的标准调整上下级政府的纵向关系和政府部门间的横向关系。①

权责法定。实践中,政府自设权力的现象屡禁不止,而这恰恰是与法治政府的要求背道而驰的。权责法定就是政府的所有权力均要用法律明确规定。政府权力的边界在哪里?政府不作为的标准在哪里?政府行政行为的责任在哪里?也即我们通常所讲的政府行为是否越位、错位、缺位,要能通过法律规定一目了然。

执法严明。法律的生命力在于实施,法律的权威也在于实施。执法严明要求政府机关严格依照法律规定,实施法律赋予的权力,同时履行法律所规定的义务。对违反社会秩序、经济秩序和行政管理秩序的人或事依法严肃查处。同时,特别要注意的是,执法严明还理所应当包括对行政相对人合法权益的依法维护。

公开公正。公开即要求政府所有行政行为除了法律有明确规定的以外,都要做到依据公开、过程公开、结果公开。公正即要求所有政府行政行为的实施都不得偏私,不得歧视,不得同样情况不同对待或不同情况同样对待,要遵守比例原则。政府的行政行为只有在程序上公开和实体上公正,才能取信

---

① 这一点在《行政许可法》第十三条中已经有较好的规定。针对该法第十二条关于行政许可范围的规定,该法第十三条规定:"本法第十二条所列事项,通过下列方式能够予以规范的,可以不设行政许可:(一)公民、法人或者其他组织能够自主决定的;(二)市场竞争机制能够有效调节的;(三)行业组织或者中介机构能够自律管理的;(四)行政机关采用事后监督等其他行政管理方式能够解决的。"

于行政相对人。

廉洁高效。廉洁是现代法治政府的基本准则,要求政府机关及其工作人员行使行政职权时不谋私利。高效要求政府机关及其工作人员行使行政职权时应遵守法定的步骤、顺序、方式、方法和时限,积极履行法定职责,提高办事效率。

守法诚信。守法要求政府机关及其工作人员不仅应依法行使行政职权,依法对相对人执法,而且自己首先应守法。不管是对行政相对人实施不利行政行为,还是实施授益行政行为,都要依法进行。诚信要求政府机关及其工作人员在行使行政职权时要严格遵守信赖保护原则,不得随意改变或撤销已经做出的行政行为。如果因为法律法规修改或者客观情况发生变化,或者基于公共利益的需要,政府必须改变其已经生效的行政行为的,必须给行政相对人的损失予以补偿。①

(二)建立科学的行政执法体制——为建设法治政府架设桥梁

行政执法体制既是行政体制的重要组成部分,更是法律实施体制的关键环节。由于行政执法涉及社会生活的各个方面,所以相对于立法体制和司法体制而言,行政执法体制呈现出相当的复杂性。我们国家行政执法体制的复杂性尤甚,各个部门、各个行业又存在各自的特点,比如有条线垂直领导的,有条块双重领导的,还有仅仅是指导性的。我国历史上有着伦理治国、行政至上的传统治理模式,行政在国家的治理中处于十分重要的地位。社会对政府也有着过分依赖的传统。长期以来的治理模式使得政府结构碎片化,从而使得权力行使碎片化的情形非常严重。相近的职能往往由多个不同的部门行使,导致系统决策、科学决策很难。再加上编制、人、财、物、技术、规划、立法等要素部门基本上各自为政,导致综合改革难以推进。现代法治政府要体现的是整个政府对社会的一种快速回应能力,这就要求政府治理具有高度的理性、民主性和科学性。由于长期形成的与计划经济体制相适应的行政体

---

① 黄学贤.行政法中的信赖保护原则研究[J].法学,2002(5).在这方面我们已经有较好的立法例。《行政许可法》第八条规定:"公民、法人或者其他组织依法取得的行政许可受法律保护,行政机关不得擅自改变已经生效的行政许可。行政许可所依据的法律、法规、规章修改或者废止,或者准予行政许可所依据的客观情况发生重大变化的,为了公共利益的需要,行政机关可以依法变更或者撤回已经生效的行政许可。由此给公民、法人或者其他组织造成财产损失的,行政机关应当依法给予补偿。"

制,与市场经济所要求的法治政府体制不相适应,2004年《纲要》就提出,要加快建立权责明确、行为规范、监督有效、保障有力的行政执法体制。

随着法治建设进程的推进,行政机关执行法律、依法行政的状况有了较大改善。但有法不依、执法不严、违法不究甚至执法犯法、贪赃枉法的现象也时有发生,行政不作为、执法乱作为、以罚代刑、变通执法、选择性执法、钓鱼执法、滥用行政执法自由裁量权等与法治政府严重相悖的情形并不鲜见。造成这种状况的原因当然是多方面的,但行政执法体制的不合理、不科学是不可回避的重要因素。为了确保法律的有效实施和切实实行依法行政,发挥市场配置资源的决定性作用和更好地发挥政府的作用,促进经济社会持续健康地发展和保障人民群众的合法权益,必须建立起科学的行政执法体制。行政执法体制是否科学,直接关系到法律法规能否全面正确实施,关系到人民群众的合法权益能否得到切实保障,关系到经济社会秩序能否有效维护,关系到依法行政能否真正落到实处。总之一句话,行政执法体制是否科学关系到法治政府能否真正实现。

完善行政执法体制,要从规范执法职能、创新执法方式、优化组织结构、完善法律规范等方面着手。要梳理执法依据,明确行政职权,严格执法责任。党的十八届四中全会《决定》就合理配置执法力量、深入推进综合执法、严格执法责任、加强执法协调等事关行政执法体制的重大问题指明了方向。《决定》指出:法律的生命力在于实施,法律的权威也在于实施。各级政府必须坚持在党的领导下、在法治轨道上开展工作,创新执法体制,完善执法程序,推进综合执法,严格执法责任,建立权责统一、权威高效的依法行政体制。党的十八届四中全会之所以如此强调行政执法体制的重要性,其最主要的原因在于,科学的行政执法体制是法治政府蓝图得以实现的必备桥梁。行政执法是行政机关的基本职能,我国绝大多数法律、地方性法规和几乎所有的行政法规,都是由行政机关执行的。深化行政执法体制改革,建立科学的行政执法体制,直接关系到政府依法全面履行职能,关系到国家治理体系和治理能力现代化,关系到法治政府建设的成效。习近平总书记指出:"行政机关是实施法律法规的重要主体,要带头严格执法,维护公共利益、人民权益和社会秩序。""法律的生命在于实施。如果有了法律而不实施,或者实施不力,搞得有法不依、执法不严、违法不究,那制定再多的法律也无济于事。"《决定》提出了改革行政执法体制的具体措施:依事权与职能配置执法力量,推进综合执法,理顺行政强制执行和城管执法体制,严格执法人员持证上岗和资格管理制度,健全行政执法和刑事司法衔接机制。这些措施对于解决当下诸如"钓鱼执法""养鱼执法""临时工执法"等问题无疑将发挥重要的作用。

(三)建立五大体系——为建设法治政府提供全方位保障

1997年,党的十五大提出"依法治国"之后,为了贯彻落实"依法治国"的基本方略,各行各业提出了很多依法治理的口号,如依法治山、依法治水、依法治路等。各地也提出了依法治理的口号,如依法治省、依法治市、依法治区、依法治乡、依法治村等。党的十八届四中全会提出建设中国特色社会主义法治体系、建设社会主义法治国家,并对此做出具体阐释,即在中国共产党的领导下,坚持中国特色社会主义制度,贯彻中国特色社会主义法治理论,形成完备的法律规范体系、高效的法治实施体系、严密的法治监督体系、有力的法治保障体系,形成完善的党内法规体系,坚持依法治国、依法执政、依法行政共同推进,坚持法治国家、法治政府、法治社会一体建设,实现科学立法、严格执法、公正司法、全民守法,促进国家治理体系和治理能力现代化。

《决定》所阐述的五大体系可分为三大环节:第一大环节包括法律规范体系和党内法规体系,解决有法(国法与党规)可依的问题,是依法治国的前提。第三大环节包括法治监督体系和法治保障体系,解决有法能依、有法必依、违法必究的问题,是依法治国的保障。第二大环节即法治实施体系,解决严格执法和公正司法的问题,是依法治国的关键。法治政府建设即处在这一关键环节,没有这一环节,第一环节创制的法律规范将无法实现,只能停留在纸面上而不能化为法治实践;没有这一环节,第三环节将失去意义,监督和保障将失去目标。因为监督、保障是为了推进法治的实施而监督和保障,不是为了监督、保障而监督和保障。[①] 这一分析不仅清晰地表明法治政府建设的关键地位,而且也十分清楚地表明"五大体系"为建设法治政府提供全方位保障。法治政府是依法治国的关键,国家的法律法规绝大多数都需要由各级政府来实施,与群众关系最密切、最直接的也是各级政府。因此,政府的决策与执法活动是否合法、是否适当,不仅关系到法律法规的实施程度,关系到人民的福祉和社会的稳定,也关系到依法治国方略最终能否落实。但是,法治政府不

---

① 姜明安.法治政府建设若干问题[N].学习时报,2014-12-15.

可能单兵独进，法治政府的建设需要全方位的保障。"法律是治国之重器，良法是善治之前提。"只有完备的法律规范体系才能为法治政府建设提供基本的制度依循。严密的法治监督体系，意味着监督必须是全方位的。监督主体之间必须衔接到位，监督措施必须具体可行，监督后果必须具体到位。因此，必须明确规定各职能机构的监督权、监督范围、监督内容和监督程序等，明确监督机构的分工和相互关系，绝不允许出现法治监督方面的空白。同时，针对不同行为的监督措施应当具有可操作性，任何大而不当的口号式的监督措施都于事无补。在监督的结果上不仅要明确具体，而且要公开。有力的法治保障体系，是推进法治政府建设的必然要求。只有保障体系科学、机制健全、人财物资源充分，才能确保政府严格执法。

党的领导是中国特色社会主义最本质的特征，是社会主义法治最根本的保证。社会主义法治必须坚持党的领导，党的领导必须依靠社会主义法治。依法执政，既要求党依据宪法等法律治国理政，也要求党依据党内法规管党治党。中国特色的法治建设决定了完善的党内法规体系之于法治政府建设的重要性。党内法规是以宪法为核心的中国特色社会主义法律体系的重要组成部分，不是独立于国家法律体系之外的规则体系，更不能超越于宪法等法律之上，不能与宪法等法律相抵触。我国法治政府建设要将党内法规体系作为国家法律体系的有机组成部分一体遵守。

党的十八届四中全会《决定》关于法治体系五大组成部分的提出具有历史性的创新意义。特别是其将监督体系和保障体系分开，强调要建立依法治国的保障体系，而且将制约和监督放置在一起，与以往相比，这些不仅仅是结构上的调整，更在于内容上的创新。再加上《决定》其他部分的有关规定，可见其对于法治政府建设意义的不同凡响。例如，在完善司法体制部分，《决定》提出，最高人民法院设立巡回法庭，审理跨行政区域的重大行政和民商事案件。探索设立跨行政区划的人民法院和人民检察院，办理跨地区案件。完善行政诉讼体制机制，合理调整行政诉讼案件管辖制度，切实解决行政诉讼立案难、审理难、执行难等突出问题。改革法院案件受理制度，变立案审查制为立案登记制，对人民法院依法应该受理的案件，做到有案必立、有诉必理，保障当事人诉权。①

五大体系为法治政府建设提供了全方位的法治保障。而依法治国、依法执政、依法行政共同推进为建设法治政府提供了强大动力,法治国家建设和法治社会建设则如同法治政府建设的双翼,助力法治政府建设进程。在此基础上,以法治政府建设为核心合力推进,实现科学民主立法、严格执法、公正司法、全民守法,使国家各项工作纳入法治轨道,最终实现法治化。

(四)认清现实存在的问题——为建设法治政府扫清障碍

国务院在2004年的《纲要》中就指出,与完善社会主义市场经济体制、建设社会主义政治文明以及依法治国的客观要求相比,依法行政还存在不少差距,主要是:行政管理体制与发展社会主义市场经济的要求还不适应,依法行政面临诸多体制性障碍;制度建设反映客观规律不够,难以全面、有效解决实际问题;行政决策程序和机制不够完善;有法不依、执法不严、违法不究现象时有发生,人民群众反应比较强烈;对行政行为的监督制约机制不够健全,一些违法或者不当的行政行为得不到及时、有效的制止或者纠正,行政管理相对人的合法权益受到损害得不到及时救济;一些行政机关工作人员依法行政的观念还比较淡薄,依法行政的能力和水平有待于进一步提高。《纲要》特别指出,这些问题在一定程度上损害了人民群众的利益和政府的形象,妨碍了经济社会的全面发展。正如《纲要》所指出的,解决这些问题,适应全面建设小康社会的新形势和依法治国的进程,必须全面推进依法行政,建设法治政府。

应当承认,自从2004年《纲要》发布以来,我们在推进依法行政、建设法治政府方面,取得了重大进展,成绩斐然。突出地表现在制定了《行政许可法》《行政强制法》《公务员法》《政府信息公开条例》等一系列保障政府依法行政的法律法规,初步形成了中国特色的社会主义行政法律体系;改革了导致政府职能行使错位、越位、缺位的旧的行政管理体制,使政府职能逐步转变到经济调节、市场监管、社会管理和公共服务的领域,初步理顺了政府与市场、政府与社会的关系;确立了以人为本、服务优先的执法理念,在行政管理中不再以强制、处罚为基本手段,开始注重运用说服、指导、协商、对话等维护相对人尊严的柔

---

① 2014年11月1日通过并于2015年5月1日施行的新的《行政诉讼法》是党的十八届四中全会后第一个修订的法律,该法修正案在保障行政相对人合法权益,加大对行政主体的监督方面有显著改进。

性管理方式,逐步改变了传统的效率优先、以管制为中心的执法模式;建立了体现公开、公正、公平基本原则和反映现代法治理念的一系列行政法律程序制度,在行政决策中引入了听证会、论证会、网上征求意见以及政府全体会议或常务会议就重大问题进行票决的民主化、科学化的机制,在行政执法中推广和实行了告知、说明理由、听取申辩等与相对人互动的现代文明执法范式;健全完善了行政监督和问责机制,在进一步加强行政监察、审计和行政层级监督等传统监督方式的同时,又创新发展了巡视监督、督察监督、网络媒体监督等新的监督机制。同时,我们改进和完善了行政责任机制,对造成人民生命财产损失、国家或公共利益损害,或者导致重大恶劣政治影响的事故、事件中的直接责任人和负领导责任的公职人员实行严格的问责制。①

但同时,我们也不得不承认的是,我们距离《纲要》提出的要用十年左右的时间,基本上实现建设法治政府的目标还有一定距离,还存在很多问题。这些问题主要表现在:第一,我们有制度,但是没有与制度实施或者法律实施相对应的健全完善的保障机制和监督机制。所以很多法律制度在制定的时候,是理想的,大家都认可,但是在执行过程中还是没有完全得到有效执行。第二,我们的重点领域和关键环节,虽然取得了一些实质性的突破,比如行政审批制度改革、行政执法责任制、政府信息公开制度、问责制度等重点领域,逐步建立起一些制度,并且取得了一定的突破,但是还有一些领域仍处于制度空白阶段。比如,行政决策的制度化、规范化和法律化。对重大行政决策,现在还没有明确的法律规范。比如,行政机关虽然有分门别类的程序规则,但是还缺少一个统一的行政程序法;再如,虽然有相关问责的规定,但是缺少具有法律效力的问责办法或者《问责法》。第三,我们的行政机关实施法律的动力机制也不是很足,缺少像《政府绩效法》这样的法律实施的动力机制。②总之,在政府职能定位的法定化、政府决策程序的法律化、执法行为的规范化、政务信息的公开化、对行政权力监督的法治化以及执法能力和公务人员素质的现代化等方面,距离法治政府的要求还有极大的提升空间。

我们应当敢于承认,从整体上说,我国法治政府的形象还没有完全树立起来,法治政府的建设还处于形式大于内容和实质的状态。2013 年,中国政

---

① 姜明安.法治政府建设重心是"治官治权"[EB/OL].荆楚网,2014 - 12 - 15.
② 马怀德.十年法治政府目标未实现[EB/OL].法治政府网,2014 - 10 - 31.

法大学组织了一个课题组,对全国有地方立法权的53个城市的人民政府进行了法治政府的评估,完成了《中国法治政府评估报告(2013)》。评估结果显示,很多地方政府距离法治政府还有很大距离,有些领域差距较大。评估满分为300分,53个城市的平均得分是188分。以60%为及格线,有36个城市是及格的,还有17个城市在及格线以下。如果按照80%为良好的话,所有的城市均没有达到良好的标准。即使是排名靠前的城市也有明显的短板。存在的主要问题是,有些地方政府的依法行政工作还只停留于口头的承诺,缺乏实质举措,操作性举措少。有些建设的举措,停留于应付上级的要求、显示政绩,不能够有效地提升行政权的规范化水平。实际上,反映最突出的,还是部分领导干部的依法行政意识比较淡薄,运用法治思维和法治方式的能力也不足。很多政府机关的主要工作就是依法行政,但是依法行政本身并不是一个硬性指标,追求经济GDP的发展成为其首选或主要使命,所以没有在依法行政上倾注过多的关注度和注意力。该报告发布后产生了广泛的社会影响。2014年,课题组在总结2013年评估工作的基础上,进一步完善了法治政府评估指标体系,将评估对象扩大至100个地级以上市政府,完成了对这100个城市2013年法治政府建设情况的评估,并撰写了《中国法治政府评估报告(2014)》(简称《报告》)。《报告》于2014年12月28日在北京发布。《报告》指出,在100个被评估城市中,有52个城市所得总分在及格线以下,过半数的市级政府的法治水平处于不及格状态。总体而言,被评估城市法治政府的整体水平还处于较低水平,距离党的十八大确立的2020年法治政府建设目标差距还比较大。在全国100个市级政府中,总分排名前十的城市分别是:广州、北京、佛山、厦门、成都、上海、长沙、南宁、苏州、珠海。《报告》还指出,从被评估城市各个评估指标的情况看,即使评估结果相对较好的城市,也存在一些薄弱环节亟待改进。例如,广州市总体排名第一,其依法行政的组织领导、行政决策两个一级指标也排名第一,但是政府信息公开、监督与问责则排在第38位,社会满意度调查也排在第38位。北京市总体排名在第2位,其政府信息公开、社会满意度调查排在第1位,但是其制度建设则排在第73位。佛山总排名第3位,社会矛盾化解与行政争议解决排名第1位,但是社会满意度调查排名第87位,比较靠后。评估报告同时指出,对本次评估各项指标得分进行比较,呈现出制度建设状况好于制度实施状况和依据客观数据进行的评价好于公众满意度调查的背离现象,部分领域呈现出法治政府建设的形式重于实质的状态。《报告》对发现的问题提出了九大方面的意见和建议，其中，针对规范机构职能、提升行政服务水平，报告建议及时完整地公布政府部门职责方案、以公民的需求为中心转变行政服务模式、着重推进简政放权的落实工作、强化应急管理和提升应急能力。① 所以，应当客观地认识到，"无论在直观上，还是参照国内外法治评估数据，我国法律实施的情况都低于世界平均水平。不把宪法和法律当回事、不给宪法和法律留面子的实例比比皆是，有法不依、执法不严、违法不究的现象在很大范围内存在，有些地方以权谋私、徇私枉法、破坏法治的问题还很严重，人民群众对这些问题意见还很大"②。

对此，党的十八届四中全会的《决定》充分体现了问题导向意识，清醒地认识到问题的存在。《决定》指出，我们党高度重视法治建设。长期以来，特别是党的十一届三中全会以来，我们党深刻总结我国社会主义法治建设的成功经验和深刻教训，提出为了保障人民民主，必须加强法治，必须使民主制度化、法律化，把依法治国确定为党领导人民治理国家的基本方略，把依法执政确定为党治国理政的基本方式，积极建设社会主义法治，取得历史性成就。目前，中国特色社会主义法律体系已经形成，法治政府建设稳步推进，司法体制不断完善，全社会法治观念明显增强。同时，必须清醒地看到，同党和国家的事业发展要求相比，同人民群众的期待相比，同推进国家治理体系和治理能力现代化的目标相比，我国的法治建设还存在许多不适应、不符合的问题，主要表现为：有的法律法规未能全面反映客观规律和人民意愿，针对性、可操作性不强，立法工作中部门化倾向、争权诿责现象较为突出；有法不依、执法不严、违法不究现象比较严重，执法体制权责脱节、多头执法、选择性执法现象仍然存在，执法司法不规范、不严格、不透明、不文明现象较为突出，群众对执法司法不公和腐败问题反映强烈；部分社会成员尊法、信法、守法、用法意识和依法维权意识不强；一些国家工作人员特别是领导干部依法办事的观念不强、能力不足，知法犯法、以言代法、以权压法、徇私枉法的现象依然存在。这些问题违背社会主义的法治原则，损害人民群众的利益，妨碍党和国家的事业发展，必须下大力气加以解决。

---

① 中国政法大学法治政府研究院.中国法政政府评估报告(2014)[EB/OL].[2014 - 12 - 28]. http://epaper.gmw.cn.

② 张文显.建设中国特色社会主义法治体系[J].法学研究,2014(6).

（五）找准正确路径——为建设法治政府铺平道路

如果说，厘清法治政府的基本特征，为建设法治政府明确方向；建立科学的行政执法体制，为建设法治政府架设起桥梁；建立五大体系，为建设法治政府提供全方位的保障；认清现实中客观存在的问题，为建设法治政府扫清了障碍；而找准正确的路径，则为建设法治政府铺平了道路。这个正确路径就是《决定》中所提出的推进依法行政、建设法治政府的六大任务，即依法全面履行政府职能、健全依法决策机制、深化行政执法体制改革、坚持严格规范公正文明执法、强化对行政权力的制约和监督、全面推进政务公开。《决定》中所提出的推进依法行政、建设法治政府的六大任务以及相应的具体措施，就是我们建设法治政府的现实路径。

依法全面履行政府职能，需要推进政府机构、职能、权限、程序、责任法定化，建立政府权力清单制度。真正做到法定职责必须为，法无授权不可为。这就要求通过严格意义上的立法，而不是由行政机关自己来制定所谓的"三定方案""三定办法"以及自己来制定"权力清单""权力运作流程"等规则来行政。针对我国行政程序法尚未出台以及行政组织法律化程度较低的现实状况，这一要求特别是在急切地催生着我国统一的行政程序法典的早日制定，也在急切地推动着我国行政组织法律制度以及行政责任法律制度的进一步完善。

健全依法决策机制，要求对行政决策进行严格的法律约束。这就要求将全面落实公众参与、专家论证、风险评估、合法性审查和集体讨论决定等五项基本程序，以确保决策制度科学、程序正当、过程公开、责任明确。在实践当中饱受人民群众诟病的领导干部的决策失误现象，《决定》有针对性地给出了对策。比如，决策要经过合法性审查，没有合法性审查或者审查不合法，不能进入到决策程序中。建立重大决策终身责任追究制度及责任倒查机制，对决策严重失误或者依法应该及时决策但久拖不决造成重大损失、恶劣影响的，严格追究行政首长、负有责任的其他领导人员和相关责任人员的法律责任。

深化行政执法体制改革，《决定》有针对性地提出要合理配置执法力量、深入推进综合执法、严格执法准入、加强执法协调的总要求，并通过依照事权与职能配置执法力量，推进综合执法，理顺行政强制执行和城管执法体制，严格执法人员持证上岗和资格管理制度，健全行政执法和刑事司法衔接机制等具体措施予以落实。《决定》强调要减少执法层级和层次，提高执法效率。通过综合执法来避免多头执法所造成的互相推诿和效率低下的现象。特别提出要在食品药品安全、工商质检、公共卫生、安全生产、文化旅游等事关民生的领域推进综合执法。

坚持严格规范公正文明执法，就是要通过依法惩处各类违法行为、完善执法程序、建立健全行政裁量权基准制度、加强行政执法信息化建设和信息共享、全面落实行政执法责任制等具体措施，来实现法治政府所要求的执法的基本要求——严格、执法的行为准则——规范、执法的价值取向——公正、执法的职业素养——文明。

强化对行政权力的制约和监督，就要对行政行为的各个环节，如决策、执行等进行全方位的监督。《决定》明确了党内监督、人大监督、民主监督、行政监督、司法监督、审计监督、社会监督和舆论监督八种监督形式，对政府内部权力的制约也有五种具体方式，即分事行权、分岗设权、分级授权、定期轮岗和强化内部流程控制，以此通过对权力的适当分离，来形成相互制约的内部监督机制，实现权力之间的相互制约，严防行政权的滥用。通过科学有效的监督体系，增强监督的合力和实效。

全面推进政务公开，就是坚持"以公开为常态，以不公开为例外"的原则，一体推进决策公开、执行公开、管理公开、服务公开、结果公开。在公开的内容范畴包括政府职能、法律依据、实施主体、职责权限、管理流程和监督方式等。针对实践中行政机关大量制定红头文件，且制定出来后又不经过公开就生效，就对当事人权利义务产生实质性影响的现象，《决定》还特别提出规范性文件的公开。

（本文原载于《江苏社会科学》2015年第1期）

六、全民守法何以可能?①

苏州大学王健法学院　胡玉鸿

在党的十八届四中全会通过的《中共中央关于全面推进依法治国若干重大问题的决定》(以下简称《决定》)中,"守法"一词共出现14次(其中2处用"遵守法律"来表述),且"全民守法"成为与"科学立法、严格执法、公正司法"并列的法治建设的新十六字方针。由此可见,"全民守法"业已作为依法治国的目标与基础工程,在法治建设事业的推进中居于重要的基础地位。然而,全民守法并不是一蹴而就的事业,它既需要法律制度建设的保障、利益诱导机制的形成,也需要知识教育的普及和守法精神的形成,而与此同时,政府机构是否自觉守法以及领导干部是否带头守法,同样发挥着重要的示范效应。

(一) 全民守法的制度前提:良法的存在

要确保全体民众普遍遵守法律,无疑有一先决条件,那就是法律必须是"良法"。在《决定》中,用如下语言表达了对良法的认识:"法律是治国之重器,良法是善治之前提。"这既是对亚里士多德以来"法治乃良法之治"传统理念的回应与尊重,也可以视为中国共产党人在新的历史时期对法治方略认识上的进一步深化。实际上,法治并不仅仅表示法律之治或依法而治,倘若果真如此,"任何一个通过成文法来规范社会生活的国家都可以视为在依法治国"②,这样,像秦始皇时代法律"繁于秋荼""密于凝脂",那可谓是标准的法治国家了。但是,正如亚里士多德很早就指出的那样,法治的核心内涵之一,即"大家所服从的法律又应该本身是制定得良好的法律"③。因此,要求"全民守法",在法治的内涵上应当是遵守那些"良好的法律"。

有关良法的标准,学术界进行了各种各样的界定。例如,美国法学家富

---

① 基金项目:教育部哲学社会科学研究后期资助项目"通过法治的社会和谐"(10JHQ015)和江苏高校优势学科建设工程资助项目的阶段性成果。
② 沃纳·伯肯梅耶.法治国家——德意志联邦共和国的法治:意义、原则与风险[G]//约瑟夫·夏辛,容敏德.法治.阿登纳基金会,译.北京:法律出版社,2005:26.
③ 亚里士多德.政治学[M].吴寿彭,译.北京:商务印书馆,1965:199.

勒指出:"法律可以说是代表了普遍的秩序。而良好秩序乃是这样的法律,它与正义或者道德的要求相适应,或者与人们关于应然的观念相适应。"①而英国法学家拉兹则认为:"如果法律能够为行为提供明智的审慎理由,如果法律能够标识出'社会要求这样做是恰当'的某些标准,那么法律是良善的。"②当然,在承认人是法律的本体的前提下,为使良法的标准不至于过于抽象而宽泛,可以从三个方面来界定良法的条件:首先,从主体上而言,法律应当反映社会上大多数人的愿意和要求,而不是保护少数人的特权和利益。人们居于不同的社会阶层之中,生存的环境大不相同,人格上也有良莠之分,因而要使一部法律满足所有人的愿望确实也不可能,在这种情况下,只能通过多数决民主的原则,确立为大多数人都能接受的法律规定。伯克就明确指出:"任何一部法律,要真正成立,有两个前提是不可或缺的:第一,必须有一个能够宣布和修改法律内容的正当而充分的权力;第二,必须有恰当而合理的制度安排,使人民有权宣布和决定法律是否有效。"③人民在立法上真正拥有主权,才能为良法的形成奠定制度基础。其次,从内容上而言,法律必须与人的本性相契合。人作为自然的创造物,也是在给定的环境、基因下形成了其本性、本能,因而,法律应当注重对人的本性、本能的尊重与保护,顺从人们的正常欲望、需求。"所谓正当的法律,它的根都是而且只能是深植在个人的良心以内的。这就是说,因为我的良心同意于法律的施行,所以我使法律成为合法的了。"④由此推断,那种违反人的自然情感,无视人的正当需求而创制的法律,根本就无正当性可言,同样,超越人的现实能力,拔高人的道德水准的法律制度,也只能归入于恶法一类。再次,从对象上而言,法律应当以社会上的一般人或者说普通人作为立法的基准,不得超越社会上一般人的能力来拟定相关规则。

自然,说民众有遵守良法的义务,还不能解决全民守法所可能遭遇的困境。毕竟,我们很难说一个国家的法律都是良法,或者说,某个总体上为良法的法律其每个条款制定得都是良好的。那么,在法律有可能出现不公的情况

---

① 朗·L.富勒.实证主义与忠于法律——答哈特教授[G]//许章润.哈佛法律评论:法理学精粹.支振锋,译.北京:法律出版社,2011:334.
② 约瑟夫·拉兹.法律的权威:法律与道德论文集[M].朱峰,译.北京:法律出版社,2005:216.
③ 埃德蒙·柏克.自由与传统[M].蒋庆,王瑞昌,王天成,译.北京:商务印书馆,2001:283.
④ 拉斯基.国家的理论与实践[M].王造时,译.北京:商务印书馆,1959:49-50.

下,人们有没有守法的义务呢? 一般来说,立法行为在法律上具有先定力,人们在大多数情况下不得因对法律表示怀疑而拒绝遵守法律。只有法律邪恶到剥夺人的尊严、限制人的权利的程度,才允许"恶法非法"理念的登台,赋予人民反抗的权利。在此可以借助著名的"拉德布鲁赫公式"来予以判断。拉德布鲁赫认为,在某项法律规范明显损害公正的要求并且达到某种无法容忍的程度时,该项法律规范即丧失了其法律属性及约束力。例如,参与策划或阴谋破坏世界和平;筹划、激起或实施侵略战争;反人类,特别是针对平民;出于种族、宗教、政治原因实施迫害等。[①] 可见,对"恶法"的判断必须慎之又慎,否则在任何人均可以宣布法律是恶法而不予遵守的情况之下,社会就会陷入可怕的无政府状态。

(二) 全民守法的现实基础:政府守法

这里的"政府"是广义的,即指所有拥有国家权力的统治机关。政府作为依法而组建的统治机构,必须在法律规定的范围内行事,不得超出法律允许的范围而自行其是。可以想象,当立法机关违反自己所制定的法律而行事、当行政机关超越权力而做出决定、当法院违反法律而做出裁判时,它所带给人们的就不是对法律的尊重和信仰,而是对法律的轻蔑与无视。因此,正如德国学者贝森和贾斯珀所指出的那样,"一切国家权威都受法律和司法约束"是法治的前提条件,"在法治制度下所有的政府权威都受限制,以维护个人自由"[②]。国家机关所具有的权力与公民个人享有的权利是成反比的关系:国家机关所具有的权力越大,则公民个人享有的权利就越小;国家机关所具有的权力越少,则公民个人享有的权利就越多。在提倡权利本位的时代,对国家机关所具有的权力加以限制,自然也是情理之中的事。

对于全民守法而言,为什么政府机构的守法如此重要? 首先,从社会契约论的观念来看,人民让渡权利组建国家,前提是政府将依法而治,保障人民的权利和自由。因此,当政府一方不遵守法律,也就是不遵守当初和人们的约定时,公民自然也就没有遵守法律的必要,因为在一方违约的情况之下,社会契约已经作废,人民由此可以解除自己的守法义务。可见,政府违法是对

[①] 伯阳. 德国公法导论[M]. 北京:北京大学出版社,2008:12-13.
[②] 沃尔德马·贝森、戈特巴德·贾斯珀. 法治——一切国家权威都受法律和司法约束[G]//约瑟夫·夏辛,容敏德. 法治. 阿登纳基金会,译. 北京:法律出版社,2005:51.

守法机制的整体破坏,由此社会也必定会陷入无法的状态之中。其次,从政府权力的获得条件与行使方式来说,其与法律存在着密不可分的关联。政府作为源自于法律、产生于法律的国家机关,依法行事本该是其职责所在。如果政府动辄行为违法或所为没有法律上的依据,那就等于是提醒人民,法律只不过是一纸毫无价值的空头文件,脆弱的法律权威远比不上拥有强制力的国家权力。这样,如果人们不想因为守法而吃亏太多,唯一的途径就只能是背离法律的规定,而去寻找法外空间可能带来的利益。再者,虽然从理论上来说,人民是政府的衣食父母,但在实践上而言,政府却在主宰着人民的生活。尤其是在福利国家的时代,人们仰赖政府的决策,期待政府的救助,因而政府的作为对人们的实际生活的影响远远高于以往任何一个时代。这样,政府的行为无疑也成为一种示范:政府守法人们即守法,政府违法人们也必然违法。德沃金曾这样说道:"只有一个人看到他的政府和公共官员尊敬法律为道德权威的时候,即使这样做会给他们带来诸多不便,这个人才会在守法并不是他的利益所在的时候,也自愿地按法律标准行事。"[1]法律的权威既是制度的权威,也是道德的权威,政府尊重法律也就是尊重道德权威,只有这样,才能培养民众遵守法律的良好风尚。恩格斯对此实际上也早就作过论述,他说:"即使是在英国人这个酷爱法律的民族那里,人民遵守法律的首要条件也是其他权力因素同样不越出法律的范围;否则,按照英国的法律观点,起义就成为公民的首要义务。"[2]个中的道理其实也很简单:依法而成立的政府都尚且不守法,人民为什么有守法的义务?所以,政府守法是全民守法的现实基础,它是公民决定是否遵守法律的现实参照。

《决定》对立法机关、行政机关、司法机关的守法问题进行了明确的要求:就立法机关而言,必须"使每一项立法都符合宪法精神、反映人民意志、得到人民拥护","把公正、公平、公开原则贯穿立法全过程";对于行政机关而言,要"加快建设职能科学、权责法定、执法严明、公开公正、廉洁高效、守法诚信的法治政府","守法"因此成为政府的建设目标之一;就司法机关而言,必须"坚持以事实为根据、以法律为准绳"。只有当法律在国家机关中被得到严格实施时,人们才会有自觉守法的现实需要。

---

[1] 罗纳德·德沃金.认真对待权利[M].信春鹰,吴玉章,译.北京:中国大百科全书出版社,1998:中文版序言21.
[2] 马克思恩格斯选集(第4卷)[M].北京:人民出版社,1995:403.

(三) 全民守法的利益诱导:奖惩并举

对于人们为何会选择守法来说,威慑论已经成为一种过时的理论。因为借助国家强制力的镇压与制裁,虽然可以收到一时之效,但绝不会使法律在民众的心目中得到认同,更不要说会让法律拥有被尊崇、被信仰的地位。自然,"由于存在行为异常的少数人,因此就有必要保持国家的强制力,用以强迫这些人保持安宁"①,一定的惩罚是必不可少的,否则,得不到惩罚的恶行将会在社会中蔓延开来,成为人们巧取豪夺的正当理由。因为倘若不如此的话,正直的人就与十足的傻瓜毫无分别。②

然而,惩罚只是促使人们守法的一个方面,还有同样重要的机制需要确立,那就是奖励。换句话说,只有在人们感觉遵守法律有利可图时,他们才会自觉地依法行事。正如思想家们一再揭示的那样,追求自利是人的本性,趋利避害是人的本能。美国第一任总统华盛顿就直言不讳地指出:"我们若对人性稍有了解,就会相信对于绝大多数人来说,利益都是起支配作用的原则;几乎每一个人都或多或少地受它的影响。基于公德的动机,人们可能在某一时刻或在某些特殊情况下遵循纯然无私的原则办事;可是,这种动机本身不足以使人持久地严格遵守和履行社会义务的约束与表现。很少有人能够为大众的福祉而长期牺牲一切从个人利益或好处出发的考虑。"③作为一种直面人性的制度设定,法律当然也应当考虑到人的自利这一特性,并且,"自利"并不是"自私",无须对之加以道德上的贬斥。

对于守法上的利益诱导而言,从宏观上说,国家要让人们从服从法律中获得益处,那就必须让人们整体上对国家的现状感到满意。德国学者卡本就专门提到,要让人们觉得服从法律是有道理的,国家就必须做好几件事情,

---

① 彼得·斯坦,约翰·香德.西方社会的法律价值[M].王献平,译.北京:中国法制出版社,2004:75.

② 这正如休谟所深刻地揭示的那样:"你我有同样的倾向,认为眼前的事比未来的事重要。因此,你很自然地和我一样,干下了不公不义的事。你的例子不但让我藉由对你的模仿,驱使我走向同样的道路;还提供我一个对公义进行任何破坏的新理由;你的所做所从让我得知,如果我处于其他人的不道德之中,还自己对自己加诸严苛的限制,那我会因为我的正直,变成了一个傻子。"转引自[瑞士]Jan-Erik Lane,[瑞典]SvanteErsson.新制度主义政治学[M].何景荣,译.韦伯文化国际出版有限公司,2002:63.

③ 汉斯·摩根索,肯尼思·汤普森,戴维·克林顿.国家间的政治——权力斗争与和平[M].徐昕,等,译.北京:北京大学出版社,2006:34-35.

"首先,国家必须尽忠尽职,完成其法制守护人之责,换言之,国家必须提供公民有权享有的公众安全环境";其次,"国家必须通过自己的工作,做出使公民既能够感觉得到,又能对它做出评价的执政成绩";再次,"如果公民需要完成国家的某些任务,他们必须怀着一定的热情去接受,但只有在他们对国家法治的结构原则既熟悉又满意的情况下,他们才会乐意去这样做。'法治国家'不能建立在公民心灵不安的沙土上"。① 由此可见,"安全的环境"和"满意的成绩"以及可取的"国家法治的结构原则",才是推动人们真正守法的动因,而在其中,公民能够享受到一个国家所提供的各种便利,自然也就会有维护法律的利益驱使和道德热情。

正是考虑到强制的正当性以及奖赏的必要性,《决定》一定程度上通过奖惩并举的方式来督促人们遵守法律。典型的例子如关于信用制度的原则确定。《决定》指出,要"加强社会诚信建设,健全公民和组织守法信用记录,完善守法诚信褒奖机制和违法失信行为惩戒机制,使尊法守法成为全体人民共同追求和自觉行动"。同时,为解决执行难的问题,《决定》要求要"加快建立失信被执行人信用监督、威慑和惩戒法律制度,依法保障胜诉当事人及时实现权益"。上述措施,正是以奖、惩二柄来作为督促人们诚实守信的法律机制,从而使守法有了相应的制度保障。

(四) 全民守法的社会氛围:守法精神

守法不能是单个公民的事情,否则如前所述,违法者可能"投机"而"取巧",守法者则会"吃亏"或"上当",因此,只有当全社会的人们都有普遍的守法精神或者说守法意识时,才可能造就"全民守法"的良好氛围。实际上,如果社会上的人们从法律的存在中普遍获得了益处,那么,从公平的角度说,守法自然也就是他们应尽的义务,毕竟"要求法律的人必须保护法律"②。如果人人以违法为能事,千方百计地从违法犯罪中捞到好处,表面上看只是损害了他人的利益,然而这种风气一旦蔓延,那当事人自己也会最终受害。在《决定》中,提到了"部分社会成员尊法信法守法用法、依法维权意识不强"的现

---

① 乌尔里希·卡本. "法治国家"产生效应的条件——尤其对发展中国家和新工业化国家而言[G]//约瑟夫·夏辛,容敏德. 法治. 阿登纳基金会,译. 北京:法律出版社,2005:12.

② 格哈德·鲁别尔兹. 法治及其道德基础[G]//约瑟夫·夏辛,容敏德. 法治. 阿登纳基金会,译. 北京:法律出版社,2005:23.

状,为此强调要"形成守法光荣、违法可耻的社会氛围",相应的措施为"增强全社会学法尊法守法用法意识,使法律为人民所掌握、所遵守、所运用"。

那么,守法精神的内核究竟是什么呢?日本学者川岛武宣从"主体性"的角度,将守法精神归纳为两个基本内容:一是"对自己权利的主张";二是"对他人权利的承认和尊重"。①"对自己权利的主张"是指个人应当珍惜与捍卫自己的权利,在权利受到他人侵犯时,不能"让权利睡着了",而应当挺身而出,积极维护自己的权利。正如德国学者耶林所言的那样:"每一项权利,无论是民众的还是个人的,都是以坚持不懈地准备自己去主张它为前提。"②如果法律上规定的权利无人加以主张或实现,或者这种权利在被侵犯时受害人隐忍不发,那么,权利终究会变成一纸空文,在现实社会中毫无意义。所以,要使权利得以实施,没有他途,只有一个,即"为权利而斗争"。法律虽然是一种公共的规则,但这种规则必须以大众的心理支撑作为基础。当人们在权利遭受侵害时麻木不仁,或者面对侵害者不敢诉诸法庭,这都会导致大众与法律渐行渐远。这种情形一旦发生,那么可以预见的是,一切法律上的企求与努力都是白费,因为民众已经远远地外在于法律,而少数具有良好法律情感的智者也难以挽回法制大厦崩塌的颓势。"对他人权利的承认和尊重"则是建构法律上良性的人际关系的前提。人类生活于社会的共同体之中,人们自然也会通过多个渠道来形成相互之间的合作、互动关系。然而,当人们参与一种社会关系,付出的代价是遭受矮化、贬低、屈辱时,显然,人就会逃避该关系而进入孤独、封闭的境界,而这样的结果,又必然使得社会将不成其为人的联合体。正因为如此,如何合理地界定人与人之间的关系,是社会生活正常化、稳定化的前提基础。在现代社会中,人们渴望的是平等,即人与人之间不会因为身份、地位、教育层次等方面的不同而受着不同的对待,参与关系的各方都将他人视为值得尊敬的对方。总之,社会关系应然的行为尺度就是平等,而"平等主要是基于对人的尊重"③。可见,如果缺乏了平等这一维度,人的尊严即无从体现;同样,如果缺乏人的尊严的意识,也无法做到平等待人。

---

① 川岛武宣.现代化与法[M].王志安,等,译.北京:中国政法大学出版社,1994:74.

② 鲁道夫·冯·耶林.为权利而斗争[M].郑永流,译.北京:法律出版社,2007:2.耶林还在该书同一页指出:"没有这种斗争,即对不法的抵抗,法权自将被否认。只要法律必须被理解为反击不法——只要世界存在,这一反击是持续的——为法权而斗争仍不可避免。因此,斗争不是法权的陌生人,斗争与法权的本性不可分地连在一起,斗争是法权的概念的要素。"

③ 史蒂文·卢克斯.个人主义[M].阎克文,译.南京:江苏人民出版社,2001:119.

在社会上的人们都普遍具有守法精神或者说守法意识时,一个健康的法治社会才可能得以形成,正因为如此,全民守法必定要以普遍的守法意识为前提。我国台湾地区学者庄世同先生专门就此分析,守法意识"是指人民以一般法律规范作为遵守对象,所形成的一种自我与他人之间的互动关系意识。基于这种互动意识,一个人或许因此对其他人产生某种道德责任感,继而在其内心发展出自己与他人有遵守法律之'道德义务'的想法"[1]。在这里,必须注意几个问题:第一,守法意识是指"人民"的守法意识,这意味着只有社会上的人们一般都具有此种意识的情形下,才会出现普遍的守法意识。单个人的不逾规矩,并不能说明此种意识业已形成。第二,守法意识是指以对"一般法律规范"的遵守为前提的,换句话说,我们这里所说的守法,对普通民众而言,是大家司空见惯、耳濡目染的法律制度,如宪法、民法、刑法等,而不是那些专业性、技术性特别强的法律,毕竟并非每个人都是法学家,我们也无法要求人们知晓太多的法律。第三,守法意识的功能是为相互生存的人们提供一种互动关系的框架,在这一关系框架之下,人们在法律上互动,根据法律来确定各人之间的权利、义务以及必要的谦让与区隔。总之,守法意识为社会关系注入了法律的因素,人们之间可以据此进行更为有效的互动,当然也为法律的维护提供了坚实的社会基础。

(五) 全民守法的知识背景:教育普及

"教育是法治的先决条件",而相反,"文盲是法治的敌人"。教育的重要性恰恰在于,它能够让社会上的人们习得必要的科学知识与社会经验,由此来作为进行独立思考和判断的基础。可以想象,当人们普遍不拥有现代公民所需要的知识和经验时,他们就只能受制于一小撮拥有知识的社会精英和特权阶层的愚弄,而无法进行理性的思考。所以,对于法治来说,它以全社会的人们都拥有较为全面的知识结构和较有主见的独立思考为前提,否则,建设法治社会就只能是一句空话。

全民守法当然也取决于教育的成效。人并不具有先天的判断能力,只有在学习中才能逐渐累积知识,梳理经验,总结教训,由此获取参与社会活动的

---

[1] 庄世同. 人文精神、守法意识与法治教育[G]//张旺山. 政治与社会哲学评论(第15期). 台北:巨流图书有限公司,2005:108.

各种能力。没有专门法学教育背景的人士之所以也能遵纪守法,是因为第一,他们通过教育获得了判断是非、确定对错的能力,而违法乱纪这类明显的"非"与"错"通过人们一般的道德判断即可获得。第二,在生活中,人们通过自身的和身边的各种事例的教育,能够大致了解法律的价值取舍与奖惩安排,由此能够趋利避害,选择为法律所容许、支持的方式行事,特别是报纸、电视、网络等各种事例的报道,很大程度上提供给了民众必需的法律允许什么、禁止什么的直观认识。第三,教育塑造了人们的价值观念,从而为人们对于为什么要遵守法律能够提供必要性、正当性的合理指导,从而使大多数人即使没有接受过高等法律教育,也能够保证其行为与法律要求的大致适应。所以,没有平等、开放的教育制度,要达成全民守法的功效只能是天方夜谭。

如果说普通的教育都能成为教育人们遵纪守法的重要手段,那么,专门的法治教育自然就更容易取得成效。《决定》也据此提出了法治教育的新要求:"推动全社会树立法治意识。坚持把全民普法和守法作为依法治国的长期基础性工作,深入开展法治宣传教育,引导全民自觉守法、遇事找法、解决问题靠法";"把法治教育纳入国民教育体系,从青少年抓起,在中小学设立法治知识课程。"如果这一制度能够真正落到实处,从小学开始,学生们就可以接受法治知识的熏陶,感受遵纪守法的重要,自然也就能够从小养成规则意识、权利意识、公民意识,为全民守法打下坚实的基础。自然,高等法律教育作为系统传授法律知识的专门阶段,更是担负着培养合格的法律职业者、法律服务者的重要使命,其效果如何、影响多大,直接关乎国运,当然也会对全民守法氛围的形成产生重要的影响。

(六) 全民守法的榜样力量:干部守法

模仿是人的本能,某些人的行为方式和处世态度,往往会对其他人产生显著的影响,这在守法领域也不例外。在犯罪学常引用的"破窗效应"就典型地说明了这一问题:以一幢有少许破窗的建筑为例,如果那些窗不被修理好,可能将会有破坏者破坏更多的窗户。最终他们甚至会闯入建筑内,如果发现无人居住,也许就在那里定居或者纵火。又或想象一条人行道有些许纸屑,如果无人清理,不久后就会有更多垃圾,最终人们会视若理所当然地将垃圾顺手丢弃在地上。可见,人的行为之间是会互相影响的,特别是那些显要人物的行为更会引起人们的注意,所谓"上好之,下必有甚之者也"。

将"破窗效应"置于全民守法方面,可以肯定的是,领导干部是否遵守法律,往往会影响着人们对法律的遵守与否。英国法学家拉兹就明言道:"某些人……在社会上处于显要地位,以至于他的行为会对许多人的态度和行为产生深远影响。"①在当代中国,这些显要人物自然包括领导干部在内,他们的一言一行,都会对社会产生深刻的影响:当领导人能够尊重法律、信守法律时,会给人以领导者无特权、法律面前人人平等的现实教育;相反,当领导人不把法律当作一回事、视法律为无物时,自然也会给人以法律不值得尊重的印象,由此导致人们对法律的轻视与反感,在这种情形下,要造就所谓全民守法的局面,当然是竹篮打水一场空。

正是考虑到领导干部的表率作用(或者负面影响)如此重要,因而《决定》多处提到领导干部的带头守法问题。《决定》在谈到当代中国法治建设的软肋时,指出,"一些国家工作人员特别是领导干部依法办事观念不强、能力不足,知法犯法、以言代法、以权压法、徇私枉法现象依然存在",因而要"坚持把领导干部带头学法、模范守法作为树立法治意识的关键"。实际上,领导干部作为国家治理的中坚力量以及法治事业的组织者、推动者、实践者,他们的言行在很大程度上为人所追捧,被人所效仿,只有他们带头学习法律、模范遵守法律,才会激发人民群众学法、用法、守法的自学性。尤为难得的是,《决定》提出,"各级领导干部要对法律怀有敬畏之心,牢记法律红线不可逾越、法律底线不可触碰,带头遵守法律,带头依法办事"。综观《决定》的文本,不仅有这些语重心长的劝谕,还有许多配套性的制度,具体包括第一,建立领导干部干预司法活动、插手具体案件处理的记录、通报和责任追究制度,轻则"给予党纪政纪处分",重则"依法追究刑事责任"。第二,"要完善国家工作人员学法用法制度,把宪法法律列入党委(党组)中心组学习内容,列为党校、行政学院、干部学院、社会主义学院必修课"。第三,要"提高党员干部法治思维和依法办事能力。把法治建设成效作为衡量各级领导班子和领导干部工作实绩重要内容,纳入政绩考核指标体系。把能不能遵守法律、依法办事作为考察干部重要内容"。上述措施,对于督促广大党员干部模范遵守法律,进而为全民守法树立榜样和标杆的作用,无疑具有深远的现实意义。

以上我们从制度前提、现实基础、利益诱导、社会氛围、知识背景、榜样力

---

① 约瑟夫·拉兹.法律的权威:法律与道德论文集[M].朱峰,译.北京:法律出版社,2005:206.

量六个方面,反思了全民守法的可能性问题。应当说,全民守法从根本上说是一个塑造法治信仰、革新国民意识的宏大工程,一方面要假以时日,持之以恒;另一方面则是要制度配套,显现效果。毕竟从根本上说,只有法律是良法且法律能够得到严格的实施,人们才会对法治产生希望,而这些,恰恰是我们需要努力的方向。

(本文原载于《苏州大学学报(哲学社会科学版)》2015年第1期)

第五编 "新常态"与创新社会治理

一、和谐社会与构建服务型政府[①]

苏州大学 王卓君

(一)

中国自实行改革开放以来,所取得的全方位的发展,特别是经济领域的超常规增长是举世瞩目的,但经济的发展并不能掩盖社会矛盾和社会问题的存在与加深,如利益分配的不公平和贫富差距的扩大,新的弱势群体的产生和社会冲突的出现等。显然,中国今天的经济转型和社会转型正是生产力与生产关系矛盾运动的外在表现。目前,较先进的生产力主导着各个生产领域,实现现代化的阶段就是与新的生产力相适应的生产关系的确立阶段。信息化时代下,获得突飞猛进发展的生产力由于技术、信息和管理等新要素的加入使得其所制约的并要求与其相适应的生产关系也发生了根本变化。适应新的生产力的生产关系的确立及二者的磨合不是一蹴而就的,其间必然伴随着冲突和阵痛,由此带来了一系列政治、经济和社会问题。因此,可以看出新时期生产力与生产关系的矛盾运动是我国社会不和谐状态产生的根源之一。

从经济基础与上层建筑的矛盾运动中,可以进一步分析社会不和谐状态

[①] 本文是国家社会科学基金项目"政府公共服务职能与建设服务型政府研究"(编号06BZZ030)的中间成果。

产生的根源。本来国家是上层建筑的核心,新的生产力所要求的生产关系日益集中表现为宏观上国家对生产力和市场的管理及微观上对企业的管理,国家这种多层次管理活动及其形成的经济关系成为社会的经济基础,"此时国家的角色具有了双重性,既是上层建筑,又部分的内化于经济基础之中,全部问题都寄予国家一身"①。我国计划经济体制下的生产关系本质上是政治关系,生产资料归国家所有,国家通过命令手段统包统揽,从而抽空了经济基础的功能,由国家作为上层建筑的核心直接与社会生产发生关系,而目前在国家角色发生改变后,国家依然没能及时准确地定位新形势下自身宏观管理者及权力所有者的双重角色,也没能很好地厘清经济基础与上层建筑的区别及在这两大领域中不同角色的功能实施方式,从而导致了市场经济框架下二者关系的失调,给社会各个领域带来了很大影响,这一对矛盾如同生产力和生产关系的矛盾一样,成为导致社会不和谐的另一深层次根源。

(二)

在运用马克思主义的生产力与生产关系、经济基础与上层建筑之间的矛盾分析法,探讨了社会不和谐状态产生根源的基础上,还必须将这些层次深且多表象的问题外化为和谐社会构建的切入点或着力点。如上文所述,国家在对生产力、市场和微观企业的管理上存在角色的失衡和行为的失范,其实,无论是生产力与生产关系的矛盾还是经济基础与上层建筑的矛盾,其矛盾的调适与化解都依赖于作为上层建筑核心的国家和政府。一方面,这是由政府在国家、社会和个人生活中的地位与作用决定的;另一方面,则是由我国实行共产党领导、奉行单一制的国家体制、走社会主义道路的特殊国情决定的。政府行为的适当与否往往决定矛盾运动的方向,是走向激烈对抗还是张力有序,而政府行为的内容与方式取决于其治理理念和模式。一种适应社会转型及经济转型的政府治理理念和模式必然会引导生产力与生产关系的矛盾、经济基础与上层建筑的矛盾向自适应方向发展,化潜在的激烈冲突为有序和均衡。目前,我国正处于社会转型、经济转型、体制转换的关键时期,这既是经济社会发展的黄金时期,也是矛盾的凸显期。② 而政府现行的管制型的治理

---

① 商红日.马克思主义政治学的当代中国主题——社会转型及和谐社会的基本问题[J].政治学,2005(3).

② 李军鹏.服务型政府建设下一步如何布棋[J].领导之友,2006(5).

理念和模式不仅无法适应目前的社会转型和经济转型,还会加剧甚至激化生产力与生产关系、经济基础与上层建筑的矛盾。在管制型的治理理念和模式下,政府在行政理念、政府职能、政府体制、政府运行体制、行为方式等方面都存在诸多不适,这些不适现象都严重阻碍了社会经济的顺利发展和结构转型。因此,必须进行政府治理理念的更新和治理模式的再造。

当然,政府治理理念的更新不是一蹴而就的,它涉及不同理论与理念的撞击和博弈。政府治理模式的再造也涉及极其复杂的制度变迁,它毕竟不是原有制度结构中个别制度安排的局部调整或改变,而是整个制度结构的全面改造,也不是对现行制度规则的运行过程做实际上的微调,而是全部行政管理秩序和经济秩序的根本变革。从学理分析的视角看,无论是治理理念的撞击和博弈,还是治理模式的再造;无论是复杂的制度变迁还是单一的制度创新;也无论是整个制度结构的全面改造还是个别制度安排的局部调整或改变,都必须有成熟的公共行政学理论作为支撑。其实,公共行政学在其100多年的发展历程中也经历了几次范式转变,先是有主张政治与行政彻底分开、效率至上的传统公共行政理论,接着是强调公平观念、注重回应公民要求的新公共行政理论,然后是用企业家精神重塑政府的新公共管理理论。20世纪80年代末90年代初则产生了新公共服务理论和服务型政府模式,这是在总结新公共管理理论及实践基础上提出的一个全新的公共管理理念与管理模式。它指出,公共管理的性质归根到底是公共服务,政府或公务员的首要任务是帮助公民明确表达并实现其公共利益,而不是试图去控制或驾驭社会,即"服务"而非"掌舵",以公民而非顾客作为服务对象,以尊重公民权,实现公众利益为根本目标,重视公民参与,以实现公务员、公民、法律、社会协调运行的综合治理模式。显然,这些理念和模式恰恰能有效契合我国目前的社会转型和经济转型,避免管制型政府模式的价值偏差和实践困境,对化解生产力与生产关系、上层建筑与经济基础的矛盾也有较好的针对性和适应性。可以说,建设服务型政府是构建和谐社会的内在要求与必然选择。

(三)

和谐社会的构建需要政府治理模式的变革,新公共服务理念与服务型政府模式为我们进行这种变革提供了理论支撑和改革方向,那么,究竟应该从哪些方面入手来构建服务型政府呢?为此,就必须对服务型政府的基本品质进行分析,以基本品质作为着力构建的基本维度。具体来说：

1. 是管理主导还是服务主导

这实际上是一个关于政府主要做什么的问题。我们说政府职能的转变必须根据建立社会主义市场经济体制的要求对政府职能体系中的多项职能进行主导性定位,即谁是主导职能、谁是辅助职能。实质上,在政府职能体系中,作为构成要素的各项职能在整体职能体系中所处的地位和所起的作用并非可以等量齐观。不同时期总存在某一种职能在政府整个职能体系中处于主导地位,其他职能围绕它进行整合并发挥作用,在此基础上形成了不同的政府职能治理模式。按照政府职能体系中某一种职能的主导性的不同,我们可以将政府分为政治统治型政府、管制型政府和服务型政府。服务型政府在强调服务职能主导的同时,并非要简单弱化或取消政府的管理职能,恰恰相反,政府还必须强化、拓展乃至增加某些管理职能,特别是社会管理职能、宏观调控职能等。因此,我们在强调政府服务职能主导的同时,不能从一个极端走向另一个极端,不能顾此失彼。

2. 是"官本位"还是"民本位"

这是一个关于政府提供服务主要是为了谁的问题,其实质是政府与社会的关系问题。新公共服务理论与服务型政府要求彻底摒弃管制型政府的官本位和权力本位的理念,实现政府存在价值向公民本位、社会本位、权利本位的回归,避免出现"官强民弱"的博弈局面。可以说,从官本位到民本位的转变,不仅是政府存在价值的回归,更是政府治道变革的重要方面,也是政府对自身的主动约束。

3. 是"全能政府"还是"有限政府"

这是一个关于政府自身定位的问题,也是政府运行机制的问题。"全能政府"理念过于迷信政府的权威和能力,忽视"政府失灵"的存在,妄想以政府管制取代社会自治,凭借计划手段操纵社会生活的一切领域。服务型政府强调政府职能的有限性,承认政府思维意识和能力的局限,将自身的职能严格限定在对市场失灵的匡正上。

4. 是"暗箱行政"还是"透明行政"

这是一个关于服务型政府提供服务方式的问题。暗箱行政、信息不公开、信息不对称、政务不透明是传统管制型政府行政方式的重要特点,它不仅造成了极高的交易成本,还为政府官员的"寻租"提供机会。服务型政府"公民至上"理念的重要内涵之一,就是强调公民的知情权和参与权,破除政府与公民之间的信息不对称。当前,我国政府不断加快网上政府建设,开设"政府公报""政府信息""政府法规"等窗口栏目,公布职能部门的联系方式和办事程序,这是我国政府构建服务型政府,从暗箱行政走向透明行政,实现和保障公民知情权和参与权的有效尝试。

在明确服务型政府构建的着力点的同时,我们还必须关注构建中存在的实践问题,因为服务型政府在实现为公众服务的宗旨履行服务职能的时候,在一些特殊的条件下,却有可能背离其本意,出现实践的"错位":一是歧视性服务。服务型政府的主要职能既然是为公众服务,那么这种服务就应是普遍的、平等的而非歧视的。但事实上,不同服务主体享受的公共服务却不是等量齐观的,存在量与质的差别。最突出的例子就是我国长期以来存在的城乡分离的二元社会结构,使城乡居民享受不平等的政府公共服务。二是盲目性服务。服务型政府强调社会本位、公民本位,政府提供什么服务、怎么提供,完全取决于社会和公民的需要。但是实际情况却可能相反,政府在不了解社会、企业和公众的想法、需求的情况下,按照自己的想法给公众提供服务,确定服务提供的方式。这种曲解民意、漠视公共需求的服务并不能收到应有的效果,而且它所具有的低效性,不但不能让公众感到满意,反而会诱发政府与社会的冲突和对立。三是缺失性服务。服务型政府虽以"公民至上""服务至上"为其基本理念,但由于政府自身能力的不足,并不能掌握或完全掌握公众的消费偏好和需求结构,况且政府掌握这些相关信息需要相当大的成本,往往处于一种"理性无知"的状况。另外,由于政府与公众之间缺乏有效的沟通机制,政府可能也无法了解其服务的不足和缺失,这就产生了冲突,也带来了矛盾。

(四)

实质上,服务型政府取得怎样的实施效果,是理念与实践的一致,还是存在理念与实践的错位,并不完全是由服务型政府本身的理念和模式所决定的,而是相当程度上取决于这一理念更新和模式再造所依赖的路径。服务型政府构建中"路径依赖"是指地方政府现行的治理机制对管制型的治理模式存在较强的依赖关系。随着以管制型的治理模式为基础的契约的盛行,政府决策以及决策执行流程将减少不确定性,降低交易成本,从而自我强化而持续下去,进入制度锁定的闭合状态,而要打破这一制度锁定的闭合状态,往往要导入外生变量或依靠中央政府的政治权威,强行推行才能解除锁定,从而付出更多的制度构建成本。另外,由于服务型政府的构建涉及行政权力的重新分配,在这一权力分配过程中,中央政府与地方政府的效用目标不尽一致,可以将中央政府与地方政府在服务型政府构建上的互动行为看作不完全信息对称条件下的动态博弈,也就必然产生委托—代理问题。委托人中央政府是行为影响的一方,代理人地方政府是行为人。在委托人对代理人监督不力或两者之间存在严重信息不对称,且委托人获取信息成本巨大时,会产生代理人对委托人的背叛,即地方政府不服从中央政府的整体安排,按各自所需、有选择地执行服务型政府构建的方案,实践不到位甚至是错位自然不可避免。

无论是服务型政府构建中的"路径依赖"问题,还是"代理违背"问题,都源于不同利益主体对既得利益的维护和对新利益的争夺,而要解决这些问题,又不能仅仅从利益的视角找寻解决之道。基于行政生态学的基本观点,笔者认为,应从制度创新环境和利益的双重视角找寻解决问题的路径。

首先,从制度创新的环境看,作为制度创新的主体,政府尤其是地方政府要选择正确的创新路径,必须拥有一个比较宽松的政治创新环境,这种宽松的创新环境可以让地方政府规避创新的双重风险,即突破现行体制带来的政治风险和政府创新失败带来的风险。服务型政府的制度创新不是原有管制型政府模式中某些个别制度安排的局部调整或改变,而是整个治理模式的全面改造;也不是对现行制度规则的运行过程做实际上的微调,而是全部行政管理秩序和经济秩序的根本变革,这必将深度"侵犯"原有制度安排下的既得利益集团,从而大大增加创新的难度和风险。为此,要通过加强政治创新意识的宣传,营造宽松的制度创新氛围,消除地方政府在服务型政府制度创新上的"惰性"。另外,地方政府在服务型政府制度创新的路径取决于其对服务型政府治理理念和模式的认知程度。当然,"地方政府认知水平的提高还取决于地方政府的学习态度和学习意愿,否则再完善的理论也不能很好地应用于实践之中,即使应用,也只是单一方案和个别对策的采纳和实践,这在很大程度上会导致制度创新和应用上的单兵冒进,必然造成整个制度创新系统的不稳定①,从而降低中央政府和地方政府对服务型政府整个制度安排的绩效预期和应用意愿。

其次,从利益的视角看,服务型政府构建过程中的"代理违背"问题,从本质上讲,就是政府与市场之间的关系不清,政府的行政干预直接介入市场主体的正常经营之中,这不仅使市场主体的行为取向发生扭曲,也使政府自身的价值取向和行为方式发生质的变化。政府公共行政的公共原则和服务原则与自由市场经济的等价交换原则有着质的不同,但是,由于我们在改革开放和市场经济的发展初期过度强调利益观念,致使利益交换观念过度侵蚀了公共行政生活的"公共性"准则,公共权力成为一些人谋取私利的工具和手段。在这种公共行政价值偏差、目的与手段倒置的状况下,出现服务型政府构建过程中的"代理违背"问题,也就不足为奇。因此,要打破"代理违背"的博弈困境,就必须斩断政府与社会经济主体的利益连带关系,转变政府职能②,强化市场的作用,从而使政府能在比较宏观的层面上公正地对各种利益群体或个体的经济活动进行调控,绝不能有所偏袒,也能避免公共行政价值的蜕变和公共行政生活的商品化。通过对社会不和谐状态产生根源的分析,可以看出政府治理理念和模式的及时革新至关重要,但我们又必须正视和谐社会和服务型政府构建中可能遇到的困难,甚至是困境。毕竟,和谐社会和服务型政府的构建不仅仅是政府行政管理体制上的改革,更多的是在政治、经济、社会的多重系统框架下,中央政府、地方政府、私营企业、公民等不同利益主体博弈和交易的产物,这都决定了社会转型和政府治理模式转变的长期性、曲折性和不稳定性,但这种转变有其内在必然性。无论是毛泽东思想和邓小平理论,还是"三个代表"重要思想与科学发展观,其内在都蕴含着对党和人民关系的科学的、准确的定位,正确回答了党与人民的关系。而且,由于中国共产党是一个无产阶级政党,除了人民的利益外,没有任何自己的私利。有这样的理论和这样的执政党,无论在和谐社会和服务型政府的构建中遇到怎样的阻力或者困境,我们都能克服,并能坚定和谐社会和服务型政府的改革方向。

(本文原载于《中国行政管理》2008年第1期)

---

① 金太军,沈承诚.区域公共管理制度创新困境的机理探究——基于新制度经济学视角的考量[J].中国行政管理,2007(3).
② 金太军.政府职能梳理与重构[M].上海:上海三联书店,1994:389.

二、创新社会治理与社会稳定长效机制的重点场域

苏州大学政治与公共管理学院　金太军

当前,中国进入经济社会发展的关键时期,也是社会矛盾凸显期,社会转型带来社会不稳定因素、不和谐因素在增多,维护社会的和谐稳定成为社会建设的重要组成部分。社会和谐稳定是指社会生活的和谐性和政治生活的秩序性,它不应该以简单的"维稳"来实现,而需要创新观念、转变思路,创新体制与机制。通过社会治理创新,建立与完善社会稳定的长效机制,才能最大限度地增加和谐因素、减少不稳定因素。因此,如何理性认识转型期的社会治理和社会稳定问题,特别是探索新的、符合时代要求和特点的社会治理创新与社会和谐稳定的长效机制,已成为亟待解决的一个重大战略课题。

中国的社会治理和社会稳定体制与机制的相对滞后已成为不争的事实,这既体现在政府在社会治理焦点场域中的角色失场与管理失序上,也体现在社会稳定长效机制的逻辑混乱与运作失范上。作为我国创新社会治理与维护社会稳定的对象,边缘社区、网络社会与环境公共事件是当下中国社会矛盾比较集聚的区域或焦点型事件,它们必然成为地方政府创新社会治理与社会稳定长效机制的重点领域;以此为领域基础,才能构建有效维护社会稳定长效机制的社会治理系统。社会治理的应然诉求是政府与社会的合作,在合作治理、参与行政、依法行政等观念的指导下,将社会力量引入社会治理中,构建党委领导、政府负责、社会协同、公众参与、法治保障的社会治理体制是创新社会治理与社会稳定长效机制的战略路径,也是解决上述重点领域问题的根本体制保障。绩效评估机制是创新社会治理与社会稳定长效机制的重要路径与重要机制保障。

(一)聚焦边缘社区社会治理创新

城市"边缘社区"是当前农村城市化进程与城市外扩过程中普遍存在的一种社区类型。伴随着城镇化进程的不断推进,边缘社区已经成为重要的社区主体之一,甚至与城市社区和农村社区一起构成基于社区的社会治理的主体内容。作为一种特殊的社区形态,边缘社区构成主体异质性高、居民政治

参与缺位、社区居委会成为政府行政力量下渗通道而出现"内卷化"趋向以及社区管理人员能力水平不高、管理方式落后、管理经费短缺等问题，使之成为"风险社会"的矛盾集聚高地，蕴含着诸多复杂的不稳定因素，成为维护社会和谐稳定的重点与难点。面对如此社会风险，亟须聚焦边缘社区创新社会治理，准确定位并采取措施逐步消解不稳定因素，构建社会和谐稳定的长效机制。

第一，推进社区文化建设，发挥先进文化的引领作用，增强社区归属感与认同感。创新边缘社区的社会治理，应充分重视社区居民的主体地位和作用，文化建设将对于强化主体地位、发挥主体作用产生越来越显著的积极作用。发挥先进文化对边缘社区社会治理与社会发展的积极作用，核心就是用社会主义核心价值体系引领社会思潮、凝聚社会共识，同时实现民族文化、现代文化与主流文化的融合，从而增强社区居民对于城市社区的归属感与认同感，将边缘社区居民由社会不稳定因素变为维护社会稳定的主体力量。

第二，释放社区组织活力，培育社会资本，构建开放包容的社会治理体制。首先应重建边缘社区的社会资本，增进社会信任与政治认同；其次应探寻城市社区的管理体制，创新矛盾纠纷的化解机制，加强流动人口的管理与服务，推行流动人口集宿区制度；最后要着力将城乡接合部地区纳入城区进行一体化建设，将城乡接合部地区的公共安全治理纳入和谐社会建设体系。

第三，破除户籍制度，保障公民权利，消除城乡二元差异。破除户籍制度，同时保障转户农民的合法权益不受损害，通过保留其原有的土地和山林承包经营权、宅基地使用权、房屋所有权，保持其村组织社员身份和村集体经济组织成员身份不变，以及继续执行农村居民的计划生育等政策，实现消除城乡二元差异与保障公民权利的有机结合。

第四，统筹城乡发展，促进社会公平，完善基本公共服务均等化建设。应完善顶层设计，系统地进行制度设计并付诸实践，实现一体化规划和统筹发展；通过城乡基层治理体系创新，促进城乡生产力的进一步发展和生产关系的完善，使城乡各种资源或资本能够达成自由流动、集约使用和最佳配置。

（二）聚焦环境群体性事件社会治理创新

改革开放以来的中国实现了经济的超常规发展，却重蹈西方国家"先污染、后治理"的覆辙。面对频发的生态危机，社会公众环境维权的诉求与日俱增,在无法得到有效回应的条件下,必然形成以环境维权为主要标的的群体性事件。作为中国语境下的社会运动,尤以生态环境恶化背景下兴起的环境群体性事件最为典型,它既可能涉及农村、城市及城乡接合部这三个地理区域,又可能包含农民、工人、学生、学者、环保组织等多元参与主体。要对环境群体性事件的复杂性有比较全面和充分的认识,既不能简单地用环境维权概而论之,也不能笼统用矛盾学说加以解释,更不能对具体事件简单地用合法还是违法来匆匆定性,而是要在国家与社会关系的分析框架下,通过社会治理创新形成政府与公民之间的良性互动关系,从源头治理、动态管理、应急处置等多维度寻求化解各类社会矛盾、预防和治理环境群体性事件的理性途径。

第一,实现地方政府、企业与社会个体的主体行为生态化。塑造地方政府、企业与公民个体的环境友好行为,才是应对环境群体性事件的治本之策。首先,应塑造地方政府基于生态绩效的政治锦标赛模式,通过官员考核体系的生态化。实现地方政府官员价值取向与行为模式的生态化,进而推动地方政府工作重心的生态化。其次,应塑造企业基于生态资本的市场经营模式,一方面引入生态资本化经营,以市场资本的逻辑实现企业生态治理;另一方面应充分发挥企业家的作用,实现企业生态化经营的关键转变。最后,应塑造公民基于绿色生活的环境友好行为,从推进消费方式的生态化、塑造公民合理有度的消费行为和推动生态社区建设、塑造公民环境友好行为两个层面规塑公民行为。

第二,建构生态民主体制,实现环境群体性事件的源头治理。环境群体性事件作为公民环境维权的无奈之举,集中凸显了生态民主体制建构的必要性:一是搭建公共协商平台,通过群众信访制度、人民代表大会制度、人民政治协商会议制度以及其他利益表达制度,实现政府、企业与公民平等、合理、充分的利益表达与公共协商;二是完善基层民主选举与基层自治制度,实现公民生态诉求的层级上升与政治反馈,使行政权力能够真正体现公民的生态意愿与诉求,并形成自下而上的意识渗透,以此作为中国政治生态化的推进路径。

(三)聚焦虚拟社会治理创新

网络建构了新的社会形态,现代社会成为一个各种主体彼此相互联系、相互作用的网络空间和社会形式,也就是虚拟社会,从而形成了当代现实社会与虚拟社会并存的二元社会结构。虚拟社会建设与网络舆情管理已成为地方政府,特别是基层政府创新社会治理及社会稳定长效机制的重要场域和重要手段。一方面,网络的开放性、匿名性和随意性为多元价值与思想提供了碰撞的平台,存在更多矛盾产生与激化的社会风险,同时在网络传播扩大效应和网络参与者社会责任感弱化的双重影响下,容易形成网络群体性事件,并反作用于现实社会,从而产生更多社会不稳定因素;另一方面,网络的即时性、匿名性和平等性也提高着人们的参政意识,扩大着人们参政议政的途径,拓展着社会民主的范围,而网络群体性事件经过妥善处理也可以成为社会治理的预警器和安全阀,增强社会治理与社会稳定的张力。无论是作为社会治理的对象,还是作为社会治理创新的手段,都应转变社会治理的方式,积极、主动、有效创新网络社会治理的体制与模式。

第一,抓住网络作为社会风险显性表现的契机,发挥网络在社会治理与维护社会稳定中的正向作用。网络作为社会风险的触发高地,是社会心理风险集中表达的主要场域。这是风险迅速放大与急速传播的关键阶段,同时也是风险及时发现与有效化解的最好时机,故而绝不应该通过网络屏蔽等手段剥夺居民表达诉求的权利和心理风险显性化的机会,而应该善于捕捉、能于分析、巧于化解,释放网络"放大镜"与"扩音器"的正向效应;第二,积极参与和适当管控相结合,化解虚拟社区矛盾,维持网络社会秩序。管理部门应积极参与网络化、信息化进程,深入政府上网工程建设,充分利用政府微博、政府论坛及其他信息公开发布平台,实现政府与社区居民直接沟通,了解民意民声,解决居民社会心理风险,培育政治认同,维护社会和谐稳定。另外,网络社会治理未来的方向不是用"参与逻辑"完全取代"管控逻辑",因为对于网络社会矛盾的化解和秩序的维持,两种管理逻辑具有功能上的互补性。当然,不可忽视的是,应统筹网上社会与网下社会的管理,实现虚拟社会与现实社会的良性互动。虚拟社会与现实社会相互影响、相互作用、不可分离,必须统筹"两个社会"管理,将两者纳入推进全面社会治理的顶层设计与整体战略中去。坚持网上舆情处置和网下问题处理并重,以现实社会治理创新引导网络舆论,以网络舆情推动实际问题的解决,真正实现虚拟社会与现实社会的良性互动。

（四）聚焦社会治理体制创新

体制对于社会治理的支撑作用不言而喻,社会治理创新在很大程度上表现为社会治理体制的创新。就现阶段的中国而言,有效的社会治理体制应该能够整合各种社会资源,发挥多元主体的各自优势。中国共产党具有无可比拟的政治优势与组织优势,发挥着总揽全局和引领方向的核心领导作用;政府则具有政策输出、物质保障、社会治理要素的投入等方面的功能优势,特别是地方政府更承担着直接领导所在区域创新社会治理和社会稳定的责任;社会力量在服务社会、提供社会支持、化解社会矛盾等方面具有的优势和作用正日益凸显;公众依法有序参与社会治理不仅有利于实现社会的公平正义,而且有利于实现社会的安定有序和达成和谐宽容的愿景。另外,良法善治、法治思维、政策手段在调整和处理社会治理、创新社会和谐稳定中具有不可或缺的保障作用。故而,党委、政府、社会与公众作为重要能动力量,法治建设作为重要保障,共同构成社会治理创新与社会和谐稳定的多元协同创新体制。为此,应从意识理念、体制结构与平台架构三个方面入手。

第一,转变政府社会治理传统理念,培育社会与公众的社会治理参与意识和能力。政府应实现在社会治理中的"宏观上升"与"微观沉降",宏观上从"事无巨细"式的管控模式中抽离出来,充分发挥协调、组织、管理、推动的引导性服务职能,微观上从"管而不理"的传统管理模式沉降至行为层面,加强行为管理和规制,真正实现与社会、企业等其他主体的利益平衡、权责对等。同时,应着力培养各参与主体的意识与能力,肯定并保护社会与公民的积极性和创造性,加强宣传教育与能力培养,在逐步培育主体意识、权利意识、平等意识和参与意识的同时,实现社会治理参与的合理化和专业化。

第二,建立多元主体协同参与的机制体制,完善法治建设与法制体系。首先,应建构协同型组织体制,横向上打破政府边界,主动寻求合作,增强适应性与灵活性,纵向上以包括多元治理主体在内的、弹性化的组织体制替代传统的官僚组织层级,提高组织整体反应能力和速度;其次,要梳理权力结构,明晰各主体的权力、能力与责任,保障权力、能力与责任的匹配和对等;最后以法律制度形式明晰社会治理中各组织机构与公民的权力、责任和义务,理顺他们之间的关系,在权责分明的基础上依法设置、依法运行并整合各多元主体的力量,以实现协同治理目标。

第三，健全落实协同合作体制的支撑平台。平台架构及其运转完善决定了多元协同的社会治理创新体制能否最终实施以及最终成效，故而应着力建构包含各种优势资源与能力的信息共享机制、技术融合机制、政策优惠机制等。例如，政府与企业共建的环境监管组织、政府与公众共建的网络文化监管组织等，都属于落实协同机制的支撑平台，是多元协同的社会治理创新体制的关键组成部分。

（五）聚焦社会治理的绩效评估机制创新

绩效评估是推动社会治理创新的重要管理工具之一，它通过对社会治理业绩的测评监督政府等治理主体的作为，以价值的判断引导和规范其行为。绩效评估对治理行为具有显著的引导、激励、监督和咨询功能，评估的价值选择直接决定一定时期社会治理的目的和社会公共利益的分配模式，对社会建设与发展具有显著的导向作用。因此，对创新社会治理与社会稳定长效机制的绩效评估是社会治理的机制创新，它主要包括指标体系开发与评估工作实施两个方面。

第一，社会治理创新与社会稳定长效机制绩效评估指标体系的开发。针对当前存在的评估指标趋同度较高、针对性不强、可操作性不足等问题，应坚持全面性、前瞻性和动态性的原则，选取效益指标、投入指标、产出指标、效果指标、合适度指标、质量指标及效率类指标等几个能够集中体现社会治理创新与社会稳定长效机制特质的指标，开发一套社会治理创新与社会稳定长效机制绩效评估的指标体系。该体系既要评估政府自身的创新能力以及反映其管理潜能的人力资源、学习能力和信息化水平，又要囊括反映社会的稳定系数以及稳定机制建设情况的指标，比如公民的政治认同感、公民政治参与情况、来信来访人数、刑事案件数、生产和交通事故死亡率、治安状况等公共安全情况的指标，同时注重对体现民情民意的指标设计。

第二，社会治理创新与社会稳定长效机制绩效评估工作的组织实施。一是保证评估主体组成的多样化和结构的合理化，来自专家、上级组织、评估对象自身、社会公众等各类评估主体形成优势互补的合理格局。二是建立绩效评估的结果公示制度，公开政府的社会治理绩效水平，并与政府管理部门所承担和承诺的工作目标进行严格对照，增加评估的透明度和公开性。三是健全公共机制运行过程的监督和绩效反馈机制，完善绩效评估中信息的收集、筛选、整理、输出和反馈过程,使政务信息在评估者、评估对象及社会公众之间进行交流和沟通,以此保证评估的效度。四是完善长效机制绩效评估制度运行中的责任追究制度,要明确公共政策的责任主体,明确责任承担,责任追究到位。

(本文原载于《江苏行政学院学报》2014年第5期)

三、"结构性减税"中的减税权问题

北京大学法学院　张守文

(一) 背景与问题

作为应对经济危机和政治危机的重要手段,减税措施在各国的运用非常频繁而广泛。① 我国自2008年世界爆发金融危机以来,各类成本居高不下,民生压力巨大;企业负担更显沉重,已直接影响其发展权和竞争力。② 在此背景下,亟待调整经济结构,降低国民负担,激发市场活力,从而使适度减税渐成共识。

为推进适度减税,我国近年来力倡结构性减税③,即所谓"为实现特定目的而针对特定主体、特定领域实施的减税",它不同于整体并行的大规模减税,而是有差别的适度减税。上述对结构性减税概念的通常概括,更强调减税的特定性或特殊性,而对其结构性特征并未特别关注。事实上,所有的减税均与结构有关,既有赖于现行税法结构,又会影响税法自身的结构变化,同时,还会影响宏观层面的经济结构、财政结构、税收结构、分配结构等,只是学

---

① 2008年金融危机发生后,美国、德国、英国、日本、澳大利亚等多个国家纷纷减税。其中,美国通过的《2008年紧急经济稳定法案》《2008年能源促进与(优惠)延长法案》《2008年延长税收(优惠)与最低选择税减免法案》涉及逾千亿美元的减税额度,影响尤为巨大。

② 目前,国家在全面推进依法治国的大背景下,特别强调落实税收法定原则,同时,为了减轻市场主体负担,正在持续推进结构性减税。此外,减税与市场主体的经济发展权亦直接相关,可以从经济法视角展开相关探讨。张守文.经济发展权的经济法思考[J].现代法学,2012(2).

③ 从2009年正式提出实行"结构性减税"至今,国家已将结构性减税作为解决经济和社会问题的重要手段,重视程度亦不断提高。此前,学界对于结构性减税已有关注,且有学者强调应将其作为战略选择。安体富,王海勇.结构性减税:宏观经济约束下的税收政策选择[J].涉外税务,2004(4).

界对上述各类影响的研究还较为薄弱,因此,对结构性减税产生的诸多结构性问题,尚有深入研究之必要。①

问题远不止于此。通常人们大多从经济视角来研究结构性减税问题,对其政策性、必要性、合理性关注较多,但缺少从法律和法学视角对减税的合法性问题进行研讨,特别是对减税的主体和权力基础、减税所涉及的权利保障、减税的正当程序等问题关注不够,已影响到结构性减税的立法和有效实施。而产生这些问题的重要原因,则是对至为重要的减税权的严重忽视。

其实,拥有减税权是减税的重要前提;能否减税、如何减税,都要受到减税权的约束。减税权的有无、大小、强弱,都会对结构性减税产生实质性影响。考虑到减税权是影响结构性减税的关键因素,本文拟着重探讨结构性减税中的减税权问题。

近些年来,有关税权基本理论的研究成果日丰,但对于减税权这一具体税权的研究还相当不够。② 而对减税权的探讨,尤其有助于回答结构性减税的合法性等问题,从而有助于丰富和发展税权理论,推进税法理论的发展和税收法治建设,因而加强研究甚为必要。

有鉴于此,本文将结合我国的制度实践,分析和梳理结构性减税的具体路径,提出其中蕴含的减税权问题,强调减税权法定及其对减税要素调整的影响,探讨减税权如何依法正当行使等问题,以对我国结构性减税的合法性问题、立法主体问题、行使规则问题等做出回应。在此基础上,本文还将结合增值税制度改革所涉及的减税权问题进行更为具体的分析。

通过上述分析,本文试图说明,结构性减税不仅是一个政策问题或经济问题,更是一个法律问题;结构性减税与税法结构的调整密不可分,必须以税法上的减税权为基础,认真解决实践中存在的违法或不当行使减税权的问题,这样才能在法治和宪政的框架下实现善治。③

---

① 有学者探讨了结构性减税与税制结构优化的关系,这已经认识到结构性减税所涉及的"结构性"问题。安体富.论结构性减税的几个问题[J].税务研究,2012(5).

② 目前,税法学界普遍较为关注税收立法权、税收征管权和税收收益权这三项基本税权,而对于更为具体的减税权还缺少专门的系统研究;此外,税收学界有些学者将税权分为税收立法权、税收执法权和税收司法权,这与税法学界的理解有所不同。许善达.中国税权研究[M].北京:中国税务出版社,2003:3.

③ 尽管人们对美国最高法院马歇尔大法官所说的"征税的权力事关毁灭的权力"可能有不同的理解,但学者普遍更重视对征税权这种"索取权"的法律或宪法约束。布伦南,布坎南.宪政经济学[M].冯克利,等,译.北京:中国社会科学出版社,2004:6-10.

(二) 从结构性减税的路径看减税权

对于结构性减税的内涵和肇端,学界的认识并不相同。通常,人们大多认为结构性减税是应对 2008 年世界金融危机的重要措施,但如果强调结构性减税是基于财政收支结构、税法结构的调整和完善而进行的减税,则可以认为,在我国加入世界贸易组织以后,随着财政领域"两个比重"下降问题的解决①,我国自 2004 年以来即已开始实行结构性减税②。从税法结构的变化以及对结构性减税的"特定性"的强调来看,这一判断是符合实际的。因此,考察我国 21 世纪初,特别是 2004 年以来的相关税法制度的变迁及其具体路径,会有助于更好地发现其中存在的减税权问题。

事实上,我国在加入 WTO 以后,随着市场经济体制的进一步完善,无论是 GDP 总额,还是进出口总额、财政收入总额等,增速都可谓全球瞩目,但影响宏观经济的各类结构性问题却日益突出,如何有效优化结构,尤其是通过完善财政收支结构、税法结构,来缓释民生压力,保障和改善民生,增强企业竞争力,增进社会分配的公平,已迫在眉睫,直接涉及国家目标。③ 正是在此大背景下,我国一直在通过调整和优化税法结构,施行实质上的结构性减税。而结构性减税的具体路径,则主要有二:一是整体的税种调整,具体体现为税种的"废、停、并",即废除、停征、合并;二是某个税种内部的课税要素调整,具体体现为税目、税基、税率等要素的变动。

1. 从整体的税种调整看减税权

基于税种或税类的划分,我国的税法体系曾长期由工商税法、农业税法和海关税法三类规范构成,这种"三元结构"的形成,同税务机关、财政机关和海关分享税权(特别是征管权)的税收征管体制,以及工商业与农业、内国与

---

① 我国 1994 年全面实行分税制并进行大规模税法变革的重要动因,就是国家财政收入占 GDP 的比重下降,以及中央财政收入占整体财政收入比重下降,两个比重下降会严重影响国家的宏观调控能力和有效规制。改制以后,我国税收收入的增速多年持续大大高于 GDP 增速,但市场主体税负过重的问题已引起普遍关注,减税呼声不断高涨。

② 较为清晰的结构性减税试点主要始于 2004 年,个别的探索还可能更早。如早在 2000 年我国就对固定资产投资方向调节税暂停征收(停征也是结构性减税的一种路径,对此在后面还将谈到),只不过那时对结构性减税的认识还不是特别清晰。

③ 减税对于缓解和释放"民生压力"非常重要。张守文. 缓释"双重压力"的经济法路径[J]. 北京大学学报(哲社版),2012(5).

涉外等多重划分标准有关。但上述多重划分标准和征管体制，带来了税权界定不清晰、税法结构不合理等问题，需要通过征税主体的税权调整和"结构性减税"来加以解决。由于农业税法本来就属于内国税法，且在广义的农业税体系中，农业税、牧业税已被废除，目前仅存的耕地占用税和契税的征收主体已由财政机关变更为税务机关①，从而使原来意义上的农业税法已不复存在，因此，对税法体系可做出更为严谨的"内国税法"与"涉外税法"的"二元"划分。这样，通过结构性减税和税收征管权的调整，我国税法体系和征收主体的结构都从"三元"变成了"二元"。

"结构性减税"带来的税法体系变化表

原来税法体系的"三元结构"	现时税法体系的"二元结构"	现时征税主体的"二元结构"
工商税法	内国税法	税务机关
农业税法		
海关税法	涉外税法	海关

在我国的税法体系由"三元结构"向"二元结构"转变的过程中，政府通过结构性减税来废除农业税等税种是非常重要的环节。早在2004年，中央政府宣布黑、吉两省免征农业税后，各省就纷纷效仿，终使全国人大常委会正式通过了废止农业税条例的决定，并于2006年元旦正式开始实施②，尽管对于农民的实际税负是否可由此真正减轻或可存疑，但这确是结构性减税的重要步骤，并在总体上推动了税法结构的调整和优化。③ 而废除农业税的权力作为一种减税权，究竟应如何或是否被依法正当行使，却很值得研究。

当然，我国被废除的税种不只是农业税，还有曾产生过一定影响的屠宰

---

① 根据财政部、国家税务总局《关于加快落实地方财政耕地占用税和契税征管职能划转工作的通知》(财税〔2009〕37号)，在2009年12月31日前，完成两税征管职能由地方财政部门划转到地方税务部门的各项工作。

②《全国人民代表大会常务委员会关于废止〈中华人民共和国农业税条例〉的决定》已由中华人民共和国第十届全国人民代表大会常务委员会第十九次会议于2005年12月29日通过，第一届全国人民代表大会常务委员会第九十六次会议于1958年6月3日通过的《中华人民共和国农业税条例》自2006年1月1日起废止。

③ 客观地说，立法者当时未必考虑到这是实质的"结构性减税"的重要步骤，也未必认识到这对于优化和完善税法结构可能具有的重要意义。毕竟，税法体系的优化或总体设计在当时尚未受到重视，而解决"三农"问题，减轻农民负担，才是当时最直接的想法。

税和筵席税等税种。继2006年《屠宰税暂行条例》被废止后，①《筵席税暂行条例》也于2008年初被废止。② 这些调整既有经济、社会等因素的影响，也有征收效率的考虑。对于被废税种所涉领域的特定主体而言，其"减税效应"均较为突出。

此外，在结构性减税的具体路径方面，我国还采取过停征的方式，即通过对某个税种的停止征收，来体现减税的精神。例如，固定资产投资方向调节税就曾于2000年暂停征收。③ 采取停征的措施，固然有税收效率原则的要求，也有不同时期经济社会发展需要的考虑，但上述税种的暂停征收并无法律或行政法规的规定，仅在相关停征文件中冠以"经国务院同意"或"国务院决定"之类的句子，其是否能够在效力上相当于"行政法规"，大可存疑。毕竟，对行政法规的制定程序，立法上有较为严格的要求。④ 如果国务院的某个职能部门或直属机构下发的文件只要加上一句"经国务院同意"，就可以像行政法规一样通行全国，则不仅与既有规则不符，亦与法治的形式上的基本要求相距甚远。依据税权理论，税种的开征权和停征权都是重要的税收立法权，必须从税收立法的高度来认识停征权的行使；同时，按照现行的法律规定，税种的停征，也要遵循法律的规定，即使有法律授权，也要有行政法规的规定。⑤ 由此可见，按照现时的法律要求，涉及停征权的规定无论如何也不能低于行政法规的层次，当年固定资产投资方向调节税的停征依据是存在问题的。

除了上述对某些税种的废除或停征外，我国还专门对一些税种予以归并。归并与废除直接相关，它是通过废除相关的税种和废止相关的税法规范性文件来实现的，其目的主要是基于国民待遇原则，解决"内外有别"的"两套税

---

① 国务院令（第459号）规定，1950年12月19日政务院发布的《屠宰税暂行条例》自2006年2月17日起废止。

② 2008年1月15日，国务院发布了《关于废止部分行政法规的决定》，认为《中华人民共和国筵席税暂行条例》"调整对象已消失，实际上已经失效"，故决定宣布该条例即日起失效。但"调整对象消失说"似并不确切。

③ 依据1999年12月17日财政部、国家税务总局、国家发展计划委员会发布的《关于暂停征收固定资产投资方向调节税的通知》，自2000年1月1日起，暂停征收固定资产投资方向调节税。依据2012年11月9日公布的《国务院关于修改和废止部分行政法规的决定》，《中华人民共和国固定资产投资方向调节税暂行条例》被废止，自2013年1月1日起施行。

④ 我国自2002年1月1日起施行的《行政法规制定程序条例》对行政法规的制定程序已有严格规定。

⑤ 《中华人民共和国税收征收管理法》第三条对此有明晰的规定，对此在后面还将进一步探讨。

法"的问题。例如,现行的企业所得税,就由对内资企业和涉外企业分别征收的两个所得税税种归并而成①,类似于"新设合并";而现行的房产税、车船税等,也都分别由原来体现"内外有别"精神的税种归并而成,但因其保留了原来的税种名称和相关制度,因而更类似于"吸收合并"②。这些归并,同样会对税法结构产生直接影响,其减税效果虽不像税种的废除和停征那样直接且突出,但对相关主体仍会产生一定的减税效果。毕竟,在原来"内外有别"的税制下,税法上待遇各异的主体,其税负自然亦不同,而通过税法的统一、税种的归并,则不仅可减少税收体系中的税种数量,而且按照"就低原则"进行的税率调整,还会使某些主体的税负降低,从而产生"减税效应"。例如,在企业所得税方面,过去内资企业虽然与涉外企业的法定名义税率都是33%,但其实际税负却往往会高于涉外企业,而通过统一税法,归并税种,内资企业的名义税率至少可以降为25%,有些企业甚至还会更低,这就是归并税种所带来的"减税收益"。

上述三种减税的具体路径,对应于不同的减税领域,同时,行使减税权的主体也各不相同,基本情况如下表:

减税的路径、领域与行权主体表

减税的具体路径	减税领域	行使减税权的主体
废除税种	2006年废除农业税 2006年废除屠宰税 2008年废除筵席税 2013年废除固定资产投资方向调节税	全国人大常委会 国务院 国务院 国务院
停征税种	2000年停征固定资产投资方向调节税 (至2013年由国务院废除)	财政部、国家税务总局、国家发改委
归并税种	2007年统一车船税 2008年统一企业所得税 2009年统一房产税	国务院 全国人大 国务院

上述税种的废除、停征和归并,作为我国进行结构性减税的具体路径,在减税效果上大体呈递减的顺序。其中,废除税种因其导致在某个领域里不再

---

① 这两个税种一个是"企业所得税",另一个是"外商投资企业和外国企业所得税"。统一的《中华人民共和国企业所得税法》由十届全国人大五次会议通过,自2008年1月1日起实施。

② 原来对涉外企业和外籍个人征收的城市房地产税、车船使用牌照税,被要求与内资企业一样征收房产税(2009年1月1日)、车船使用税(2007年1月1日,后更名为车船税),从而分别实现了房产税和车船税的统一。

征税,故减税效果最突出;停征税种的减税效果次之,它只是在一定时期停止征收,税种并未废除;而归并税种则由于在废除某个税种的同时,对相关主体又征收新的税种①,因而其减税效果要视新税种的课税要素而定,在税负总体下降的趋势下,纳税人的税负实质上往往也会减轻。

此外,在分析减税效果时,不仅要关注某个具体税种,还要看整体税负是否下降。例如,上述各种路径的减税,都有助于我国税制性重复征税问题得到缓解。毕竟,在国家征收多种税的情况下,同一主体被重复征税的概率会大大增加,从而使整体税负在同等条件下也会相对加重。通过废除、归并相关税种,削减税种数量,有利于减少税制性重复征税,从而会在整体上降低税负。由于重复征税是造成我国物价上涨、企业和居民负担加重的重要原因,因此,缓解和解决重复征税问题,不仅具有减税效果,还有助于解决"滞胀"问题。

值得注意的是,上述结构性减税的路径不同,行使减税权的主体亦不尽相同,主要有三类重要主体,即全国人大及其常委会、国务院、国务院的相关部委及总局。其中,涉及废除税种的(包括为归并而进行的废除),主要由全国人大及其常委会、国务院来行使减税立法权;而涉及停征税种的,则主要由国务院或其职能部门来行使减税立法权。上述安排与对税法结构的影响程度有关。毕竟,废除或归并税种,直接影响税法的体系和结构,对各个方面影响更大,也更重要,而停征是在税种保留前提下的暂停,因而影响相对较小。②

在上述各类行权主体中,国务院行使减税权是否过多,国务院的部委能否行使减税立法权,其合法性如何?这些都是值得关注的重要现实问题,本文将在后面对此进一步讨论。

2. 从课税要素的调整看减税权

结构性减税的具体路径,不仅体现为上述整体的税种调整,也体现为在

---

① 如对涉外企业废除了"外商投资企业和外国企业所得税",但要开征新的"企业所得税";对涉外企业废除了"城市房地产税",但要征收新的"房产税";对涉外企业废除了"车船使用牌照税",但要征收新的"车船税",等等。

② 某些税种或税目被暂停,一定是这些税种或税目的征收与特定时期的经济政策、社会政策不符,因而其暂停征收的影响也相对较小。除了固定资产投资方向调节税以外,利息税的暂免征收也是一个很好的例证——依据《个人所得税法》的规定,国务院决定自2008年10月9日起,对储蓄存款利息所得(包括人民币、外币储蓄利息所得)暂免征收个人所得税。这一决定虽然对税收收入有少许影响,却得到了社会各界的普遍认可。

某个具体税种制度中对税目、税率、税基以及税收优惠措施的调整。其中,通过调整税收优惠措施来进行减税,是市场主体普遍关注和较为熟悉的路径,而通过调整税目、税率、税基等课税要素来进行减税的路径,社会公众则普遍关注较少。为此,本文分别略加讨论。

其实,通过调整税目来进行减税已有大量的制度实践。通常,税目调整往往体现为同一税种内某个税目的取消或变动。例如,在消费税领域,过去曾长期对汽车轮胎税目征税,而自2006年起则不再征税,以体现结构性减税的精神。此外,税目调整有时也体现为跨税种的变动。例如,自2012年1月1日起,我国开始在上海进行营业税改征增值税的"营改增"试点或称"扩围试点"①,作为当前正在实施的典型的结构性减税措施,其主要做法是将征收营业税的一些税目(如交通运输业和现代服务业),调整到增值税的征税范围中,以使相关行业不再承受原来相对较重的营业税税负,并进一步解决因营业税领域的重复征税而导致的税负加重问题,从而实现实质减税的目的。上述各类结构性减税路径,对于推进经济结构的调整,完善税法的结构,确有其积极意义,但无论是税种内部的税目调整,还是跨税种的税目调整,都要依托于减税权,而该减税权究竟应由哪个主体行使,却很值得研究,本文在后面还将对此专门探讨。

在上述两类税目调整中,同一税种内的税目调整,会影响征税的广度,当征税的广度受到限缩,或者原本征税的税目被取消或被税负更轻的税目替代时,就会具有减税效果;而跨税种的税目调整,则会在原税目征税广度不变的情况下,因受到另一税种的税率、税基等要素的影响而体现出减税效果。② 由此可见,在发生税目调整时,还须关注税率、税基等要素的变化,才能全面考察其减税效应。

通常,税率调整直接影响课税的深度,调低税率便可直接发生减税效果,因而降低税率往往是结构性减税的重要工具。例如,前面提及的我国自2008年开始实施的《企业所得税法》,就是将原来对内资、外资企业普遍适用的名

---

① 2011年11月,经国务院同意,财政部和国家税务总局印发了《营业税改征增值税试点方案》。依据该方案,上海自2012年1月1日起开始试点;2012年8月1日,"营改增"的试点范围已被推广至北京等多个省市;2013年8月1日,交通运输业和部分现代服务业"营改增"试点工作在全国范围内全面推开。

② 如原来征收营业税的交通运输业税目,在其征税范围不变的情况下,如果改征增值税(按新的11%的税率计算),则相关纳税人的实际税负会下降。

义税率由原来的33%调低为25%,特殊企业的税率还更低①,不仅减税效果非常明显,而且也与世界多数国家通过降低所得税税负来提升企业竞争力的趋势相一致。此外,我国的《个人所得税法》历经多次修改,已将工薪所得适用的最低税率由5%调低为3%,并大幅提高了所得税的扣除标准,从而使该税目的纳税主体数量骤减,其减税效应亦被普遍关注。上述在两大所得税领域实施的税率调整,涉及直接税的征纳数量,减税效果更加直接,尤其有助于保障和改善民生,促进"后危机时代"的经济复苏,提高企业的竞争力,实现公平竞争。其实,不仅在所得税领域,类似的税率调整措施在各个税种领域的运用都较为普遍、广泛。鉴于调整税率的减税权至为重要,因而必须确保其能够依法正当行使。

除上述税目和税率的调整外,税基的调整对于减税同样非常重要。例如,在间接税领域,为了应对金融危机,更好地体现增值税的"中性"特点,减少和防止重复征税,推动由生产型增值税向消费型增值税的制度转型,我国自2009年1月1日起在全国范围内扩大增值税的抵扣范围,降低增值税的税基,全面推进增值税领域的减税。又如,在直接税领域,我国完善个人所得税法的重要路径,就是不断提高工薪所得的扣除额标准,从而通过降低税基来实现减税的目标。但与上述税目、税率的调整一样,调整税基的减税权如何依法行使,也非常值得研究。

总之,无论上述的整体税种调整,抑或某个税种的课税要素的局部变更,都是结构性减税的重要路径。而通过废除、停征、归并税种实现的整体税种调整,以及通过变更某个税种的税目、税率、税基等实现的课税要素调整,都与整体的税法结构及某个具体税法的内部结构有关。应该说,特定的税法结构直接影响着结构性减税,而推进结构性减税,又会对税法结构产生直接影响。

此外,在前面梳理结构性减税具体路径的过程中,不难发现,各种减税路径其实都与减税权有关。而对于减税权与结构性减税的关联,对于减税权的界定、权源、行使、限制,对于结构性减税的合法性等问题,学界的研究还相当不够,因而非常有必要进一步展开具体研讨。

---

① 如根据《企业所得税法》第二十八条规定,小型微利企业适用的税率为20%,而国家重点扶持的高新技术企业适用的税率为15%。

(二) 作为结构性减税基础的减税权

1. 对减税权的多重界定

实施结构性减税,必须以法定的减税权为基础;如果没有减税权,则无论哪种类型的减税,都不具有合法性。依据税收法定原则,以及《税收征收管理法》等相关法律的规定,任何主体都不得违法擅自做出减税的决定。① 考虑到结构性减税的路径具有多样性,其权力依据应以广义上的减税权为宜。

所谓广义上的减税权,即税收减征权,包括减少税种和税目、降低税率和税基、停征税种和减征税额等旨在降低纳税人税收负担的权力。作为税权的重要组成部分,广义上的减税权是与"增税权"或"加税权"相对应的,它与狭义上的减税权的不同之处在于,后者是税收特别措施中的减税措施的基础。税收特别措施是与税目、税基等基本课税要素相并列的,其包含的减税措施只是减税的一种路径,而本文着重探讨的广义上的减税权,则对应于减税的多种路径,它不仅可能涉及多个课税要素,甚至还可能超越课税要素,并与税种存废以及整体的税法结构变动发生关联。

基于上述对减税权的广义理解,本文探讨的减税权,包括减税的立法权和执法权,因而也不能将其等同于征税机关在执法层面的减税审批权。依据税收法定原则,减税立法权是行使减税执法权以及更为具体的减税审批权的基础。在实施结构性减税的过程中,减税权的行使目标可能是多重的,如公平分配、宏观调控、改善民生、保障稳定,等等。这些目标需要通过减税立法权的行使体现在相关的税法规范中,并通过减税的执法活动来加以落实。

从整体的税权理论看,国家的税权(或称征税权),既包括加税权,也包括减税权。② 但以往人们往往容易把征税权单一地理解为加税权,而忽视其中包含的减税权。事实上,无论加税还是减税,都是国家行使税权的常态。通过税负的调整来实现"积极的鼓励、促进"与"消极的限制、禁止",正是税法

---

① 我国的《税收征收管理法》第三条规定,任何机关、单位和个人不得违反法律、行政法规的规定,擅自做出税收开征、停征以及减税、免税、退税、补税和其他同税收法律、行政法规相抵触的决定。该规定已体现了广义上的减税权。

② 如前所述,税法学者主要将税权分为税收立法权、税收征管权与税收收益权三类,当然也有学者将税收征管权称为税收行政权。陈清秀.税法总论[M].台北:元照出版公司,2010:108-109.但如果从增加或减少税收负担的角度,则税权还可以分为加税权与减税权,它们主要与上述的税收立法权相关,并会对税收征管权和税收收益权产生直接影响。

功用的重要体现。

此外,从宪法或宪政的意义上说,上述的减税权实为国家的减税决定权,与此相关的还有国民的减税请求权。基于国民的减税请求权,国家应考虑是否决定实施减税。当然,一国国民减税请求权的行使,要通过人大或议会等机构的立法活动,与国家减税决定权发生关联。减税请求权与减税决定权虽然性质、层次不同,但在法治的框架下却密切相关,并同为影响法治系统的重要因素。

在宪法层面,基于国家与国民的"主体二元结构",基于"一切权力属于人民"的理想和现实规定①,国民的减税请求权是更为基本的,国家必须充分考虑国民的诉求与经济社会发展的实际,关注政府征税的合法性。在这个意义上,国家行使减税决定权必须受到约束和限制。另外,如果认同国家与国民之间的"契约假设",则国民的减税请求权还对应于国家的征税请求权,两类请求权的行使体现为公共物品定价上的博弈。无论认同上述哪种理论,都应当关注国民的减税请求权,同时,还应当对国家的减税权依法做出限定,即强调减税权法定。

2. 减税权法定及其问题

结构性减税的基础是法定的减税权。依据税收法定原则,涉及税收的一切权力和权利都必须法定,减税权也不例外。基于对国民财产权的保护,通常人们更强调加税权的行使必须遵循法定原则,但对于减税权的行使也要坚持法定原则却鲜有提及。事实上,无论是加税权还是减税权,其行使都会影响国家和国民的利益;对于影响各类主体合法权益的各类税权,都必须严格法定。其中,国家减税权的行使不仅关乎国家税收利益或财政利益的保护,还会直接影响相关国民的财产利益,并可能导致纳税人之间的税负不公。由于减税权的行使直接关涉相关税种、税目、税率、税基、税收优惠措施的调整,而税种的开征与停征、课税要素的变动,都要严格执行税收法定原则,因此,减税权的行使亦须严格遵循法定原则。

依据严格的税收法定原则,减税权的行使须严守宪法和法律,这样才能使各类主体的法益得到有效保障。我国《宪法》第五十六条专门规定,"公民

---

① 我国《宪法》第二条规定"一切权力属于人民",许多国家的宪法也有类似的规定。基于此,国家的减税决定权应当主要由人大或议会行使。

有依照法律纳税的义务",据此,公民履行纳税义务的基础和依据只能是法律,减轻或免除纳税义务的依据也只能是法律。此外,法律是通过对税种和课税要素的规定,来直接影响纳税人的纳税义务的确定;与此相关联,要通过相关税种及课税要素的变动来行使减税权,以减免纳税人的纳税义务,也必须符合法律的规定。另外,征税机关能否减少纳税人的纳税义务,只能取决于法律的规定,这既是税收法定原则的要求和体现,也是对减税权行使的重要限定。

在我国,减税权法定的精神不仅体现在宪法层面,而且相关的税收法律对减税权还有更为明确的规定。① 例如,我国的《税收征收管理法》第三条第一款规定:"税收的开征、停征以及减税、免税、退税、补税,依照法律的规定执行;法律授权国务院规定的,依照国务院制定的行政法规的规定执行。"上述规定所涉及的税收的停征、减税、免税、退税,都与广义上的减税权的行使直接相关;而要求其"依照法律的规定执行",正是税收法定原则的体现;并且,该条规定强调的是严格的税收法定原则,因为它规定:只有"法律授权国务院规定的",才"依照国务院制定的行政法规的规定执行"。

上述规定,同时也是前述《宪法》第五十六条规定的具体落实和精神体现。依据《宪法》规定的精神②,税收法定原则必须严格执行,因而《税收征收管理法》第三条才将广义上的减税权只规定到法律层面,以及在法律授权情况下的行政法规层面。对于国务院涉税的职能部门(如财政部、国家税务总局、海关总署等)发布的部门规章,以及地方性法规,在该条规定中都没有体现。因此,如果严格依据该条规定,部门规章和地方性法规,都不能作为行使减税权的依据或法律渊源,相应地,国务院的部委及总局等也不能担当减税立法权的主体。当然,现实情况与上述规定的要求还相距甚远。

此外,在《税收征收管理法》以及配套的实施条例、《税收减免管理办法(试行)》《海关进出口货物减免税管理办法》等法律、法规、规章中,还对减税

---

① 我国目前尚未制定《税法典》或《税法通则》,有关税权分配的税收体制法的基本规定,以及对减税权的具体规定,主要在《税收征收管理法》中体现,这也印证了立法的缺失。

② 有的国家已经把税收法定原则规定在宪法之中,因而已不只是宪法精神的体现。例如,《委内瑞拉玻利瓦尔共和国宪法》(1999年12月30日生效)第317条就专门规定了税收法定原则,即"税收法定。没有法律依据,不得纳税,亦不得征收任何捐款;没有法律规定,不得免税、减税或使用其他税收优惠"。

申请权做出了规定。① 与该申请权相对应,国家征税机关享有减税审批权。根据《税收减免管理办法(试行)》等规定,对于不同类型的减税,征税机关的减税审批权是不同的。上述有关减税申请权和减税审批权的规定,主要是限于执法层面,无论是纳税人的减税申请,还是征税机关的减税审批,都要基于税法的既有规定,不能对税法规定的课税要素做出改变。

事实上,不仅在上述减税申请或减税审批过程中不能改变课税要素,而且在减税权法定的要求之下,未经法定程序,也不能调整各类减税要素,这样才能确保减税的规范有序,保障整体上的分配秩序。

上述减税要素是指与减税直接相关联的各类重要因素,如税种的停征、税目和税率的调整、税基确定方法的调整、税收减免范围的调整等,都可能会带来减税的效果,它们既是影响税负的因素,也是减税的具体路径。上述减税要素的调整,对于国家与国民的税权、税收行为和税收利益②,以及税收的公平、收益的分配均影响重大,因而必须特别慎重。

正由于上述"减税要素"特别重要,因而有的国家甚至在宪法上直接对某个税种的开征做出限制性规定。例如,美国宪法规定,"未经国会同意,不得征收船舶吨税"③。船舶吨税是一个相对较小的税种,许多国民也许不知其存在,但它对于国际国内贸易或贸易自由却具有重要影响。我国船舶吨税的征收曾长期沿用20世纪50年代的规定,直到2012年才真正全面启用新规④,但至今在法律层级上仍无立法,确实与税收法定原则的严格要求不符。

对于哪些税种可以开征或停征,我国尚无明确规定,因为至今合理的税收体系应包含哪些税种仍未明确,税收体系和税法体系都处于变化与发展之中。但随着市场经济的发展,以及税法制度的日渐成熟,我国的税法体系亦应相对稳定,在税法体系中应包含的主要税种制度,以及各税种制度的基本课税要素都应合理明晰,这尤其有助于对各类"减税要素"的调整做出有效的

---

① 参见国家税务总局于2005年10月1日起施行的《税收减免管理办法》(国税发〔2005〕129号)、海关总署于2009年2月1日起施行的《中华人民共和国海关进出口货物减免税管理办法》。

② 税权、税收行为和税收利益,是税法领域的三个基本范畴,体现了税法领域的核心问题。张守文.税收行为范畴的提炼及其价值[J].税务研究,2003(7).

③ 美国宪法第一条第十款规定:"任何一州,未经国会同意,不得征收任何船舶吨税。"这对减轻企业负担,促进国内的自由贸易和公平竞争都是非常重要的。

④ 我国过去曾经长期沿用1952年9月16日政务院财政经济委员会批准、1952年9月29日海关总署发布的《中华人民共和国海关船舶吨税暂行办法》来征收船舶吨税,直到2012年1月1日开始实施《中华人民共和国船舶吨税暂行条例》,才明确废止上述的《暂行办法》。

法律限定。

强调减税权法定和"减税要素"的依法调整，不仅对税法理论乃至公法理论的发展有重要价值，对制度实践亦意义重大。透视减税的制度实践，有助于进一步揭示在减税权法定方面存在的问题，从而明确为什么减税权要依法正当行使。

（三）减税权的依法正当行使

基于前面对结构性减税基本路径的梳理，基于对作为结构性减税基础的减税权的界定，以及减税权法定的重要性的认识，反观我国结构性减税的制度实践，不难发现在行使减税权的主体、范围、程序等方面存在的诸多法律问题，唯有确保减税权的依法行使和正当行使，才能更好地解决上述问题。

从立法的角度看，一个国家税法的结构会直接影响结构性减税。在税法体系中哪些税种应当废止，哪些税种可以停征，哪些税种需要归并，都不能率性而为，而必须充分考虑各类因素，依法正当行使减税权。为此，尤其应特别注意行使减税权的主体、范围、程序和原则。

第一，在行权主体方面，必须依据宪法和相关法律的规定，明确减税权的来源及合法的行权主体。我国曾屡次强调税收立法权（其中包括减税立法权）要高度集中至中央，地方仅在法律授权范围内方可行使减税权；同时，即使在中央层面亦必须明晰各类主体的减税权，尤其应防止相关主体越权。基于我国《立法法》的规定①，对于涉及税收基本制度的税收立法必须贯彻"法律保留"原则，据此，全国人大及其常委会应成为行使减税立法权的主要主体，国务院不能超越职权行使减税立法权。明晰减税立法权的行权主体非常具有现实意义。例如，前述《农业税条例》是由全国人大常委会通过的，其废止决定亦应由全国人大常委会做出，国务院不能超越职权先行废止；即使确需废止，亦须遵循立法程序，而不应在法律仍然有效的情况下，由各地政府自行停止其实施。应当说，明晰行权主体，对于防止减税立法权的越权行使，保障减税权的依法正当行使都至为重要。

纵观我国结构性减税的历程，可以发现一个重要特点：在多数情况下，税收立法权实际上主要由国务院来行使，相应地，国务院也是行使减税立法权

---

① 根据我国《立法法》第八条第（八）项的规定，涉及税收基本制度的事项，只能制定法律。

的重要主体。这一特点的形成,与1984年和1985年由全国人大常委会、全国人大分别对国务院做出的授权立法决定直接相关。在1994年税法大变革之前,上述授权立法对于中国税法基本框架的构建起到了积极作用,但在中国确立实行市场经济体制以后,在不断完善现代税法体系的进程中,继续沿用上述两个授权立法决定,确有相当大的问题。对此,全国人大常委会已有清晰认识,专门于2009年废止了1984年的授权立法决定①,但1985年的授权立法决定却依然有效,其在期限和范围上近乎空白的授权带来了诸多问题,确需适时废止。② 由于减税关乎各类主体的基本财产权及其他相关权利,主要由全国人大及其常委会来行使减税权,既能体现税收法定原则的要求,也更合乎现行法律的规定,因此,应当将主要行使减税立法权的主体由国务院转变为全国人大及其常委会。

第二,在行权范围方面,与前述结构性减税的具体路径相对应,行使减税权的范围既涉及税种的存废、并转,也涉及各类重要减税要素的调整,特别是税目、税率、税基以及税收优惠措施的调整等。目前,在行权范围方面的第一要务,就是全面贯彻法定原则。为此,应更加重视通过法律上的授权来赋予相关主体以减税权,这有助于更好地解决法律依据不足的问题,从而有助于保障减税权的依法正当行使。例如,2007年我国专门修改了《个人所得税法》第十二条,规定"对储蓄存款利息所得开征、减征、停征个人所得税及其具体办法,由国务院规定"。根据上述法律授权,国务院行使储蓄存款利息所得的减税权便有了合法依据。

鉴于税法及其调整的社会关系甚为复杂,在减税权的行使范围上尤其应强调政策性与法定性的结合、稳定性与变易性的统一,以更好地体现"区别对待"的精神,实现税法的制度功能。通常,在涉及个体财产权保护的领域,人们对减税行为的合法性要求往往更高,对于减税权的行使或减税路径的变化,公众的关注也更多,因而更要强调减税权的依法正当行使。

第三,在行权程序方面,无论减税立法权抑或减税执法权的行使,都要注意程序问题。但在结构性减税的实践中,有些程序仍然不够透明。例如,燃

---

① 该授权决定已于2009年6月27日被《全国人民代表大会常务委员会关于废止部分法律的决定》废止。
② 张守文.论税收法定主义[J].法学研究,1996(6);张守文.关于房产税立法的三大基本问题[J].税务研究,2012(11).

油税费改革涉及的消费税税目的调整,个人所得税的工薪所得扣除额的调整,证券交易印花税的税率调整过程中广受争议的"半夜鸡叫"事件①,等等,都不同程度地存在着程序不透明的问题。对于上述情况,社会公众尽管通常并未从越权或滥用权力的角度提出质疑,但至少会认为相关部门的权力行使不当。因此,应特别强调各类减税权必须严格按照法定程序行使,进一步加强税收程序法的制度建设,以更好地推进税收法治。

第四,在行权原则方面,行使减税权不仅要坚持前述法定原则,还要贯彻公平原则和效率原则。其中,公平原则具体体现为适度原则或比例原则②,它要求行使减税权必须适度,在减税的范围、力度等方面都要适当,同时,要协调好政策性与法定性的关系,以更好地实现结构性减税的功能和目标。依据体现公平精神的适度原则,征税权的行使要体现出"谦抑性"或"收敛性",并且,减税权的行使尤其要体现征税权的"收敛性",这样才能通过适度行使征税权,保障各类主体的合法权益,实现经济与社会的稳定发展和国家的长治久安。由于结构性减税会使特定领域的特定主体获得税收利益,如果减税的立法权或执法权行使不当,就会有悖于公平原则所蕴含的公平价值,因此,结构性减税尤其应当重视实质公平,否则,仅从形式公平的角度,就很难解释为什么国家要实施或推进结构性减税。

除了要符合上述公平原则的要求外,减税权的行使还要有利于经济发展,真正减轻纳税人的负担,有助于取得更好的征收效益,而这些方面正是效率原则的要求。例如,我国企业所得税制度的统一,实现了两个企业所得税的税种合并,在整体上降低了企业的负担,促进了公平竞争和经济增长,这样的结构性减税就是符合效率原则的;如果某个时期国家名义上仍在推进结构性减税,却在废除一些税种的同时再新增一些税种,并由此加重了纳税人的整体负担,制约了经济的发展,这种做法当然不符合效率原则的要求。

落实税法的上述原则,需要重视征税权行使的"收敛性"。从"收敛性"的角度看,国家征税只是为了满足社会公众对公共物品的需求,因而不应由

---

① 2007年5月下旬,财政部官员对外坚称证券交易印花税税率不会上调,但在四个工作日后的5月30日凌晨,财政部却突然宣布该税率上调,导致股市大跌。民众将财政部凌晨突然调整税率的做法称为"半夜鸡叫",并普遍对税率的调整程序、财政部是否有权调整税率等提出了质疑。

② 比例原则有助于避免国家权力对国民权益造成过度侵害,在减税方面强调比例原则更为重要。如果相关的减税措施违反比例原则,则是违法的;如果整部法律违反比例原则,则是违宪的。施利斯基.经济公法[M].喻文光,译.北京:法律出版社,2006:103.

此带来苛政,恰恰应尽量减轻纳税人的负担,与民休息。① 强调征税权的"收敛性",不仅有助于最大限度地保护国民的利益,也有助于更好地促进市场经济的发展,提升资源配置的效率,并在整体上促进经济的运行,还有助于更好地保障国家的财政收入,实现国家财政与国民收益的双赢,从而构建国家与国民之间的良性"取予关系"。

在国家行使征税权的过程中,"扩张性"与"收敛性"往往并存。其中,征税权的"扩张性"对应于加税权,其"收敛性"则对应于减税权。加税权和减税权的行使都是国家行使征税权的常态,体现了税法的"规制性",即把"积极的鼓励、促进"与"消极的限制、禁止"相结合的特性。只不过在征税权的行使过程中往往是"扩张性有余而收敛性不足",因而才需要从法定原则、公平原则和效率原则的角度,对其"扩张性"加以限制。

近些年来,尽管我国一直在进行结构性减税,但市场主体的税负依然居高不下,这与减税权未能依法正当行使、税法原则贯彻不力等有关,同时,也与我国对减税缺少系统思考和整体设计有关。严格说来,我国的结构性减税是在不断解决各税种领域诸多问题的过程中不自觉地展开的。为此,必须加强顶层设计,全面优化税法结构,构建科学合理的税法体系,为结构性减税奠定更坚实的制度基础,这样才不会像增值税制度改革那样,在不断的试点中持续暴露出减税权问题。

(四)增值税制度改革中的减税权问题

在前面探讨结构性减税的路径诸多问题的过程中,已多次提及增值税。事实上,我国的增值税制度一直处于改革或试点的过程中,并且,其改进的主要方向是通过更好地体现增值税的原理来不断降低纳税人的税负,因而始终与减税密切相关。当前正在进行的"营改增"试点,更是被视为我国结构性减税的最重要举措。因此,很有必要结合以往的增值税制度改革,以及当前"营改增"实践所涉及的减税权问题,展开更为具体的专题性探讨,这不仅有助于使前面的探讨更为细化,也有助于进一步验证前面的相关结论。

---

① 通过减负,与民休息,有助于涵养税源,从而实现取之不尽,用之不竭。许多思想家都提出过减税思想。例如,司马光在其《论财利疏》中就强调要"养其本源而徐取之"。司马光的思想与供给学派代表人物拉弗(Laffer)提出的减税思想是内在一致的,只不过比后者要早得多。王军. 中国财政制度变迁与思想演进(第一卷下)[M].北京:中国财政经济出版社,2009:822 – 823.

从我国近些年的增值税制度改革来看,既有增值税转型带来的税种内部课税要素的调整,又有"营改增"带来的不同税种之间的整体调整,因此,前述结构性减税的两种路径在增值税领域都有体现,并且,两种紧密关联的路径都涉及减税权问题,下面分别略作探讨。

1. 以往增值税制度改革中的减税权问题

增值税作为我国的第一大税种,不仅覆盖范围广,而且其收入曾占整体税收收入一半左右,即使近些年通过税基和税率调整不断进行减税,增值税收入也一直占整体税收收入的40%以上。但是,如此重要的税种,其制度改革却一直没有停歇,其中所涉及的减税权问题尤其具有典型性和普遍性。

如前所述,我国从2004年开始,即已着手结构性减税,增值税制度改革恰是其中的重要一环。当时,在东北地区进行的旨在"扩大抵扣范围"的增值税转型试点①,既是1994年税制改革后重启税改的重要标志,也是"结构性减税"的重要步骤②,它不仅有利于推动东北地区的产业结构调整,对税法自身的结构优化亦有助益。尽管新制最初所涉减税行业和地域有限,但因其毕竟具有减税效应而在中部地区被推广③,并最终在2009年成为通行全国的重要制度。

增值税转型在全国推开的直接动因,是金融危机发生后产生的对结构性减税的迫切需要。由于制度转型使抵扣范围进一步扩大,直接降低了增值税的税基;同时,对小规模纳税人征收率的调减,又进一步降低了增值税的整体税负,因而通过在增值税制度内部的课税要素调整,就能够产生明显的减税效应。

上述增值税转型属于前述结构性减税的第二种路径,对于其所涉减税权

---

① 根据中共中央、国务院《关于实施东北地区等老工业基地振兴战略的若干意见》(中发〔2003〕11号)的精神,经国务院批准,财政部、国家税务总局制定了《东北地区扩大增值税抵扣范围若干问题的规定》(财税〔2004〕156号),这是在东北地区行使增值税领域的减税权的直接依据。

② 在东北地区开始的增值税转型试点,以及在黑、吉两省免征农业税的试点,都是"结构性减税"的重要举措,只是当时各界还没有从这个视角加以关注,尚未发现它们对于重启税制改革的重要地位和意义。

③ 根据《中共中央国务院关于促进中部地区崛起的若干意见》(中发〔2006〕10号)在中部地区实行增值税转型的精神,以及《国务院办公厅关于中部六省比照实施振兴东北地区等老工业基地和西部大开发有关政策范围的通知》(国办函〔2007〕2号)确定的范围,财政部、国家税务总局制定了《中部地区扩大增值税抵扣范围暂行办法》(财税〔2007〕75号),这是当时在中部地区行使增值税领域的减税权的直接依据,它与东北地区行使减税权的依据不同,体现了减税权行使依据的不统一。

问题,学界在整体上并未充分重视。考察增值税转型从局部试点到推向全国的直接依据,不难发现它们大多是财政部和税务总局制定的有关扩大增值税抵扣范围的"规定"或"暂行办法"。尽管这些规范性文件体现了中央和国务院的精神,但其效力级次还是太低,毕竟无论是抵扣范围的扩大,还是征收率的调整,都涉及对课税要素的实质规定,严格说来,这些内容都应规定于法律之中①,但增值税转型的直接依据显然不符合法定原则的要求。

此外,在增值税转型试点的推进过程中,有关扩大抵扣范围的规定虽有减税效应,但只是在某些行业或区域试行,并非畅行天下,这与增值税应在全国统一征收②,并保持其链条完整的内在要求相左,不仅有悖于税收原理和税法原理,未能全面体现法治精神,亦未能贯彻税收法定、公平和效率原则。

可见,虽然增值税转型改革很重要,也能够产生结构性减税的效果,但其所涉减税权的行使依据和方式却存在突出问题。而这些问题不仅在以往的增值税转型改革中存在,而且在当前正在进行的"营改增"实践中同样存在,这就需要特别关注。

2. 当前"营改增"实践中的减税权问题

"营改增"作为结构性减税最重要的步骤,作为中国当前完善整体税法体系的主攻方向,从国家到地方无不特别关注,因为它涉及中央与地方的关系和重大利益,关系到产业结构调整、纳税人权益保护,以及中国税法未来的走向。

如此重要的改制,必须加强整体框架设计,必须有坚实的依据。从整体设计来看,由于增值税和营业税以商品税的二元客体(货物和劳务)为征税对象,因而"营改增"涉及的领域非常广阔;随着改革的逐步到位,原来的"两税

---

① 对于减税权的行使应由法律规定,有的国家甚至在宪法上做出严格限定。例如,《海地共和国宪法》第219条规定:"任何例外、增税、减税或任何取消税种,只能由法律规定。"据此,减税权的行使必须实行严格的法律保留原则。

② 增值税是典型的中性税种,为了不扭曲商品在统一市场上的销售,它应当在全国统一适用。不仅如此,从保障商品自由流通和公平竞争的角度,包括增值税在内的各类间接税,也都应当在全国统一适用。因此,美国虽然没有联邦层面的增值税,但仍强调间接税的统一适用,甚至在宪法上亦对此做出规定。例如,《美利坚合众国宪法》第一条第八款规定,国会有权力"规定和征收直接税、间接税、进口税与货物税,但所有间接税、进口税与货物税应全国统一"。

并收"将变成"一税覆盖"。① 由于改征增值税,在抵扣链条完整的情况下,既能避免营业税领域存在的重复征税,又能使纳税人的实际税负下降,因而"结构性减税"的效果将非常突出,从而有助于原来征收营业税的许多行业的发展,也有利于国家调整经济结构目标的实现。

"营改增"是通过整体的税种调整来实现结构性减税的,属于前述结构性减税的第一种路径。由于开征历史悠久的营业税将被增值税"吸收合并",使增值税无论在征收范围,还是具体的税基、税率结构的确定等方面,都会发生制度巨变,并由此涉及众多纳税人实体权益的重大调整,直接影响市场主体的财产权、经营自由、职业选择等,因而必须考虑其合法性。

在"营改增"的实践中,行使减税权的直接依据,是财政部与税务总局印发的"已经国务院同意"或"经国务院批准"的《试点方案》《通知》等②,这些规范性文件与前述增值税转型方面的规范性文件在效力级次上是一样的,因而面临着同样的合法性问题。从增值税制度改革,以及其他税法制度实践看,行使减税权的依据欠缺合法性,已成为我国长期以来未能根治的痼疾,是我国完善税收法治需要着力解决的突出问题。

尽管从实质上看,通过"营改增"来推进结构性减税,增强企业竞争力,进而促进结构调整和产业升级,都是由国务院来主导的,并且,国务院行使减税权的依据似可推定为全国人大 1985 年的"授权立法决定",但如前所述,该《决定》已受到广泛质疑③,它不仅违反税收法定原则,也与《立法法》和《税收征收管理法》等具体法律规定相冲突,因而其合法性存在明显缺陷,已经不足为据。

如果说前述增值税转型还只涉及单一税种内部的调整,而"营改增"则涉及两个非常重要的税种的制度变易,对于纳税人的基本权利影响更大。由于"营改增"牵涉纳税主体、税目、税率、税基等方方面面的重大调整,且相关税

---

① 按照国家的"十二五"规划纲要以及具体的实施步骤,我国的"营改增"将分三步走,最快在 2015 年完成。当然,某些营业税税目(如金融业)能否完全并入增值税,从而实现"一税覆盖",仍然存在一些难题。

② 参见财政部、国家税务总局印发的《营业税改征增值税试点方案》《关于在全国开展交通运输业和部分现代服务业营业税改征增值税试点税收政策的通知》《交通运输业和部分现代服务业营业税改征增值税试点实施办法》等。

③ 不仅学界已有大量探讨,而且在 2013 年的全国人大会议上,"关于终止授权国务院制定税收暂行规定或条例的议案"获得了 32 名全国人大代表的联署。目前,全国人大能否尽快废止 1985 年的"授权立法决定",已成为普遍关注的问题。

目(如交通运输业)的试点已经或渐次适用于全国,因而会导致现行的《增值税暂行条例》和《营业税暂行条例》的许多规定面目全非,甚至名存实亡。对于这些事关纳税人基本权利的涉税基本事项的调整,的确应该按《立法法》规定,严格贯彻"法律保留"原则,由全国人大进行相关立法,以尽快完成增值税立法级次的提升,彻底解决增值税制度改革长期以来存在的合法性问题。

近年来,增值税制度改革所暴露出的法律依据不足问题日显,提升增值税立法级次的呼声亦随之渐涨。其实,在推进税收法治的过程中,形式和程序同样不应忽视。在"营改增"的立法方面,如果全国人大立法的条件暂不具备,可以至少以全国人大常委会之名先做出相关《决定》,待条件进一步成熟,再制定统一的《增值税法》,这也许是一个具有可操作性的基本路径。

总之,针对包括"营改增"在内的各类税制改革,必须关注其中涉及的减税权行使的法律依据问题,不应再以全国人大的"授权立法决定"为依据,无限制地推行各类"试点"[1];不能仅考虑经济改革的经济增益,而不考虑改革的法律依据。许多国家的理论和实践表明,税法制度的变革历来与"经济宪法"密切相关。在我国,"加强经济立法,完善宏观调控",保持国家经济的稳定增长,既是宪法的基本要求[2],也是国家理性和国家职能的重要体现。因此,为了落实宪法的要求,必须加强税收领域的经济立法,这尤其有助于实现"营改增"的促进经济结构调整、保障经济稳定增长等目标,进一步落实税收的公平原则和效率原则,从而更好地保障国民的基本权利。

(五) 结 论

结构性减税是我国正在进行的重要制度实践,对于经济、政治、法律、社会发展均有重要影响。结构性减税并非始于2008年的世界金融危机,我国至少在2004年以来就存在对税法制度进行结构性调整的倾向,相应的结构性减税也体现为多种形式。由于结构性减税与广义上的减税几乎并无差异,因而本文亦从广义上讨论减税问题,而并非仅限于税收特别措施中与免税相

---

[1] 张守文.我国税收立法的"试点模式"——以增值税立法"试点"为例[J].法学,2013(4).
[2] "国家加强经济立法,完善宏观调控"是我国宪法第十五条的明确规定,这一规定对于保障国家经济的稳定增长是非常重要的,而经济的稳定增长是与总体经济平衡的目标直接相关的。为此,德国《基本法》第109条规定了"总体经济平衡",这被认为是一个国家的核心目标。施托贝尔.经济宪法与经济行政法[M].谢立斌,译.北京:商务印书馆,2008:333.

关联的减税。

在广义上讨论结构性减税,有助于在更广阔的时空背景下,发现其中蕴含的法律问题,特别是至为重要的减税权问题。在我国普遍把结构性减税作为一种与经济结构调整相关的政策问题或经济问题而不是法律问题的情况下[①],减税权问题并未受到重视,结构性减税的合法性问题也往往被忽视,由此带来了诸多方面的问题。

有鉴于此,本文着重探讨了结构性减税中的减税权问题,分析了结构性减税的不同路径及其中蕴含的减税权问题,强调法定的减税权是结构性减税的基础,即没有减税权,结构性减税就不具有合法性;同时,无论是减税的立法权还是执法权,都必须法定,这对于各类减税要素的依法调整非常重要。此外,法定的减税权必须依法正当行使,在行权的主体、范围、程序、原则等各个方面,都要体现依法正当行使的要求,这样的结构性减税才能更好地体现法定原则、公平原则和效率原则等税法基本原则的要求。

此外,近些年的增值税制度改革一直是结构性减税的重中之重,且增值税转型和"营改增"恰好体现了结构性减税的两种主要路径,为此,本文专门分析了其中涉及的减税权问题,进一步揭示了长期以来存在的行使减税权的依据欠缺合法性的问题,并提出应严格遵循税收法定原则,真正贯彻法律保留原则,提升增值税的立法级次。上述问题及其解决对策对于增值税制度以外的税法制度的完善也同样具有普适性。

透过上述研讨不难发现,结构性减税与税法结构的调整和完善直接相关,其基础是税法(直接基础是税法上的减税权),而不是政策,不能用政策来代替税法的规定,这是需要特别明确的重要问题。从法律的视角看,结构性减税始终与税法自身结构的调整直接相关,它本身就是一个法律问题,而不只是一个政策问题,更不只是一个经济问题。

结构性减税是我国正在进行的重要制度实践,在未来还将长期持续。上述对减税权问题的探讨表明:必须正视和有效解决实践中可能存在的违法行使减税权的问题,强调对减税权的法定和限制,重申法律的不可替代性。虽然本文着重探讨的是结构性减税中的减税权问题,但这些问题其实也是所有

---

① 我国在经济结构调整过程中涉及的许多问题都是法律问题,而不应仅视为政策问题,这在分析"结构性减税"问题方面亦非常重要。张守文."双重调整"的经济法思考[J].法学杂志,2011,(1).

的税法领域,甚至是经济法乃至整个公法领域都要特别关注的。只要在法治和宪政的框架下,真正有效界定和依法行使减税权,切实保障相关主体的权益,就一定会有助于推动税收法治的全面发展,促进整体的减税权理论、税权理论和税法理论的完善。

(本文原载于《中国法学》2013 年第 5 期)

四、论完善我国不当解雇的法律救济措施[①]

苏州大学王健法学院　沈同仙

(一) 复职判决执行困境——一则案例引出的问题

解雇是劳动法中一项重要制度,现代劳动法在赋予雇主单方解雇权的同时,又对该权利的行使施加了诸多限制,因此就产生了不当解雇制度,复职(在我国称为"继续履行劳动合同")就是不当解雇的重要救济方式之一,但此种救济方式在司法实践中已面临执行难的问题,对该问题的探讨直接影响我国不当解雇法律救济制度的重构,亟待引起关注和探讨。

先来看一则案例。某原告不服被告解雇决定,起诉被告违法解雇,要求被告继续履行劳动合同。广州市番禺区人民法院依法做出(2005)番法民一初字第 4680 号民事判决书,判决为"被告在本判决发生法律效力之日起三日内撤销于 2005 年 3 月 14 日向原告发出的《辞退通知》,继续履行双方签订的劳动合同"。判决书于 2005 年 11 月 7 日依法发生法律效力,在判决指定的三日内,被告未履行判决规定的行为义务。2005 年 11 月 10 日,原告向法院申请执行。2005 年 12 月 5 日,法院做出(2005)番法执字第 9049—3 号民事裁定,裁定认为:"该判决是关于维持申请人与被执行人劳动关系的判项,是确认双方继续存在劳动关系的确认判决,必须由被执行人接受申请人并安排申请人工作岗位才能实现,申请人申请要求人民法院强制被执行人履行此类义务,人民法院不可能用现有的强制手段强制一方当事人履行,本院不予执

[①] 本文为 2012 年度江苏省优势学科资助项目"劳资利益平衡法律机制研究"的阶段性成果。

行,申请人应通过其他途径寻求救济。"收到法院裁定后,原告被迫按下列途径寻求救济:(1)原告拿着判决书去被执行人单位要求被执行人履行判决规定的义务,要求被执行人安排工作,但被执行人拒不履行判决规定的义务,拒绝给原告安排工作且不发给原告工资也不给福利待遇。(2)原告向广州市中级人民法院申请监督执行,广州市中级人民法院批复转广州市番禺区人民法院处理,可广州市番禺区人民法院未处理。(3)原告向广州市南沙区人民法院提出起诉,请求法院依职权撤销被执行人于2005年3月14日向原告发出的《辞退通知》,要求被执行人支付从2005年3月至法院撤销《辞退通知》之日止的工资。广州市南沙区人民法院做出(2007)南法立民初字第1号民事裁定,以"一事不二理"为由裁定不予受理。(4)原告向广州市中级人民法院、广东省高级人民法院申请再审改判,向广州市人民检察院、广东省人民检察院申请抗诉,广东省人民检察院做出粤检民抗字[2009]110号民事抗诉书,向广东省高级人民法院提出抗诉,2010年9月13日,广东省高级人民法院做出(2009)粤高法审监民提字第304号民事判决,判决维持原判。在寻求救济的过程中,原告损失了诉讼费100元、交通费405元;因被执行人未按判决指定的期间履行判决规定的行为义务,拒绝给原告安排工作,导致原告损失了自2005年11月10日起至做出二审判决期间正常工作可得的岗位工资收入与业绩工资收入合计106986元和工作餐费12048元。

　　该案暴露出我国在不当解雇法律救济制度设计方面的缺陷和不足。一旦雇主拒绝履行法院判决规定的使雇员复职的义务,复职判决就陷入执行困境并造成社会资源的巨大浪费。既然司法实践已经显现出在保障当事人有效行使法律赋予的不当解雇救济措施方面的困境,那么揭示实际困境的成因并努力寻找化解困境的出路就成为理论研究的使命。

(二) 作为不当解雇法律救济措施的复职和赔偿

　　解雇,是从英文dismissal翻译而来①,其本身是雇佣劳动的产物。然而不当解雇及其救济与雇佣劳动在产生上却不具有历史和逻辑的一致性。在17、18世纪自然法思想影响下,劳动关系逐渐丧失其身份要素,成为两个对

---

① 我国最早使用"解雇"这一概念是1980年国务院颁布《中外合资经营企业劳动管理规定》,后随我国《劳动法》和《劳动合同法》的颁布,"解雇"被"劳动合同的解除"和"劳动合同终止"所替代。

等人格之间单纯的劳务与报酬的交换关系。毫无疑问,这与将劳动关系视为"主从关系"的单纯身份关系相比,无疑是极大的进步。正如英国法学家梅因指出的,"所有进步社会的运动,到此为止,是一个'从身份到契约'的运动"①。劳动关系也相应地由"意思自治""契约自由"为基本原则的民法调整,即雇主和雇员都有随时解除或者终止劳动合同的权利,不论是雇员辞职,还是雇主解雇,都无须说明理由。既然雇主在任何情形下的解雇都是合法有效的,自然不存在不当解雇,雇员更不可能享有对不当解雇法律救济的权利。然而,民法中的意思自治和契约自由原则是建立在抽象的平等"人"的概念基础之上的,当人们把这种抽象的平等概念引入劳动关系的调整中,就面临如此困境:劳动者就业对资本的依赖以及在雇佣劳动中的从属身份与民法赋予的抽象平等的法律人格之间存在冲突。主要表现为:第一,依靠出卖劳动力维持生计的雇员,相对于雇主而言,在经济上是弱者。第二,在劳动关系中,雇员将自身置于雇主建立的劳动组织内,并遵守劳动组织的规章制度,依雇主的指挥命令从事生产或提供服务。这种身份和组织上的从属性,使得雇主享有惩戒劳动者的权利。第三,劳动关系的建立与公民就业权的实现紧密相连。因此,"劳动关系绝非如斯地对等人格者之间纯债权关系而已,其间含有一般债的关系中所没有的特殊的身份因素在内,同时除个人因素外,亦含有高度的社会因素"②。将这种与一般债关系迥异的劳动关系置于意思自治和契约自由为原则的民法调整下,其结果是对处于弱者地位的劳工产生不公。这就为国家公权介入劳动关系并限制雇主自由解雇提供了正当性基础。国际劳工组织于1982年通过以限制雇主解雇自由和对劳工进行解雇保护为核心内容的第158号《雇主提出终止雇用公约》(Termination of Employment Convention,1982),规定工人的雇佣不应被终止,除非存在与该工人能力或行为表现,或者基于事业、企业或服务单位经营的需要。即雇主解雇工人必须具有正当事由,否则构成不当解雇。同时该公约第十条对不当解雇的法律救济做了建议性规定:"如公约第8条提及的机构认为解雇是无理的,并且如果根据国家法律和实践它们未被授权宣布解雇无效,或者下令或建议恢复工人原来的工作或者认为以上做法不可行时,它们应有权下令支付足够的补偿或其

---

① 梅因.古代法[M].沈景一,译.北京:商务印书馆,1984:97.
② 黄越钦.劳动法新论[M].台北:翰芦图书出版有限公司,2004:7.

他适当的救济。"由此,复职和赔偿作为不当解雇法律救济措施得到国际社会的普遍认可和采用。由于解雇在我国劳动法中被分解为"用人单位解除劳动合同"和"用人单位终止劳动合同"两个概念,因此,"不当解雇"和"复职"在我国分别被称为"违法解除或者终止劳动合同"和"继续履行劳动合同"。

由此可见,作为不当解雇救济措施的复职和赔偿,不完全等同于私法理念下合同违约救济的强制履行和损害赔偿,它是伴随着国家对雇佣关系干预理念的产生而产生的,在一开始就被烙上了公权对劳动力市场规制和维护劳动者职业安定的社会立法色彩。复职所具有的规制法性质,使它与劳资双方基于自愿基础上的劳动合同正常履行具有了明显的区别。"尽管法律被认为都是对行为的控制,但是,市场体系下的法律其'私属性'使它至少在两个基本方面区别于规制:第一,它由私人而非国家来实施权利;第二,义务的履行通常是自愿的,因为其本身就是双方合意的结果。"①

虽然赔偿和复职同为不当解雇的救济措施,但两者对利害关系人产生的影响不尽相同。赔偿救济意味着雇主的解雇虽然违法,但解雇有效,雇主在赔偿雇员相应的经济损失后,不再恢复与雇员的劳动关系,雇员须接受被解雇的事实。在涉及经济利益的冲突中,赔偿无疑是最合适的救济手段。"在绝大多数情况下,金钱赔偿办法乃是唯一的方法,而这也已经成为法律在任何时候的主要救济手段。"②劳动关系在本质上属于经济关系,劳动者在遭受不当解雇后,当然可以选择要求雇主经济赔偿的方式实现权利救济。复职,顾名思义,恢复雇员原来的职位(岗位),其预设的前提是雇主的解雇行为无效,恢复劳动关系原状。显然,针对不当解雇,复职是最全面和最彻底的救济方式。对被解雇的雇员而言,不仅可以获得自被解雇之日起至恢复岗位之日为止期间的损失,而且可以继续在自己不愿告别的岗位上工作,维持和提高职业能力,维护职业安定。从这个意义上讲,复职救济是一国解雇保护劳工政策中维护劳动者职业安定的最后一道屏障。复职对雇主而言,不仅要补偿被解雇雇员因遭解雇而离开工作岗位期间的损失,而且要打破解雇雇员后新形成的经济秩序,恢复被解雇者职位,以恢复解雇之前的经济秩序。一般而言,复职比经济赔偿对雇主产生的利益影响更加深远,雇主从降低劳动成

---

① 安东尼·奥格斯.规制:法律形式与经济学理论[M].骆梅英,译.北京:中国人民大学出版社,2008:3.

② 罗斯科·庞德.通过法律的社会控制[M].沈宗灵,译.北京:商务印书馆,2010:35.

本和维护新秩序出发,在构成不当解雇的情况下,更愿意接受经济赔偿救济方式。学界也往往将一国法律在规定不当解雇救济措施时是倾向于赔偿还是复职,作为衡量一国公权对劳动力市场规制是松或严的标志之一。

(三) 劳动合同特质对复职救济方式的制约

本文开头的案例中,一审法院裁定阐述的不予执行继续履行劳动合同判决的理由,其背后的理论内涵是劳动合同的特质对继续履行劳动合同救济方式的制约。"劳动契约具有两个基本特征,其一,劳动契约系一种继续性的契约关系,在其存在期间,债务内容的继续不断地实现,致使当事人间发生一种特别依赖关系。其二,劳动契约特别强调人格上的特性,劳动不是商品,劳动者的人格尊严及合理的生存条件,应受尊重和保护。"①

1. 劳动合同的继续性特质对复职救济方式的制约

按照王泽鉴先生对继续性合同的界定,继续性合同是"指债的内容,非一次给付可完结,而是继续地实现,其基本特色系时间的因素在债的履行上居于重要地位,总给付之内容系于应为给付时间之长度"②。劳动合同属于典型的继续性合同。在劳动合同中,劳动者的劳务给付义务和用人单位的工资支付、照顾等义务在合同期内非一次履行可以完结,需要反复进行。劳动合同继续性特质决定了执行复职判决需要法院的不断监督。这容易产生如下两方面的问题:第一,从经济分析的角度看,这样的强制履行,法院的监督成本很高,使本来就稀缺的司法资源难以承受。第二,法院的监督通常只对具有良好组织性的、善意的和有自律性的雇主发生作用,而劳动合同的内容庞大而复杂,在理论上被视为是一种不完全的、需要在实际履行中加以完备和调适的契约。即使法院根据需要监督复职判决的执行,因为信息的不充分,法院也无法预见雇主对司法监督行为可能做出的反应,更无法阻止拥有充分信息的非善意雇主做出的与复职要求相反的逆向选择,从而达到倒逼劳动者自己离开企业的目的。受资料收集渠道的限制,笔者未收集到我国成功复职的劳动者在重返工作岗位后的发展信息统计,但根据日本学者对日本复职劳动者的观察,"大多数恢复了劳动关系的劳动者,在解雇诉讼几年后,都离开

---

① 王泽鉴.民法学说与判例研究(第二册)[M].北京:中国政法大学出版社,1998:4.
② 王泽鉴.民法债总论[M].台北:三民书局,1993:109.

了公司"①。

2. 劳动合同中的身份要素对复职救济方式的制约

史尚宽先生指出:"劳动契约有身份之性质,即受雇人在从属的关系提供劳动之契约。"②所谓"从属性劳动",是指纳入他人劳动组织中,受指示而为劳动力之给付。③ 劳动者与用人单位建立劳动关系后,身份上从属于用人单位,且履行劳动给付义务必须置身于用人单位的安排、管理、指挥和监督之下,如果用人单位故意将特定劳动者排除在管理体系外,或者不提供劳动者完成劳动义务需要的客观条件,或者拒绝受领劳动者提供的劳务,都会导致劳动者无法顺利地履行劳动合同约定的提供劳务的义务,即用人单位为劳动者提供完成劳务所需要的包括岗位在内的客观条件是劳动者履行劳务给付义务的先决条件。这与平等主体之间的独立劳务给付之债履行不同,在平等主体关系中,"合同主体当事人彼此的独立,行为人的行为并不受对方干涉,行为人只服从法律规则,除了法律规则,对方当事人不能干涉其行为"④,但复职救济方式的实现,以被执行人首先为权利人做出岗位安排为前提,而强制被执行人做出某一具体行为正是法律所无能为力的。"法律用惩罚、预防、特定救济和替代救济来保障各种利益,除此之外,人类的智慧还没有在司法行动上发现其他更多的可能性。"⑤

司法强力对行为强制的无奈,显示出继续履行劳动合同救济方式对合同双方良好协作关系的依赖。"劳动关系是一种人与人之间的关系,而不仅是合同的或经济的关系。人与人之间关系的良好有效的运作依赖于相互信赖和公平交易。"⑥妨碍双方良好协作的因素很多,就雇主拒绝履行复职判决而言,大体上可以归纳为如下两类:

一是具有主观属性的因素。主要是指雇主主观上缺少(至少在判决生效的时间节点上)对原告(雇员)维持双方劳动关系所需要的最低限度的信任。造成这种信任缺失的原因很复杂,可能是源于被告的过错,例如因为原告举

---

① 荒木尚志.日本劳动法[M].李坤刚,牛志奎,译.北京:北京大学出版社,2010:22.
② 史尚宽.劳动法原论[M].台北:正大印书馆,1978:14.
③ 黄越钦.劳动法新论[M].台北:翰芦图书出版有限公司,2004:31.
④ 郑尚元.劳动合同法的制度与理念[M].北京:中国政法大学出版社,2008:209.
⑤ 罗斯科·庞德.通过法律的社会控制[M].沈宗灵,译.北京:商务印书馆,2010:35.
⑥ Lucci Highfied.新西兰劳动法改革[G]//叶静漪,周长征.社会正义的十年探索.北京:北京大学出版社,2007:410.

报被告的违法行为,被告因此产生对原告的信任危机,或者被告基于对原告的歧视而产生不信任;也可能源于原告的过错,例如雇主解雇原告是因为原告个人违章行为或者不良的人际关系,影响被告的商业运作,法院之所以判定被告构成不当解雇并承担使原告复职责任,是因为原告的过错尚未达到法定可以解雇的程度。

二是具有客观属性的因素。主要源于被告的商业利益,例如被告因为市场原因精减工作人员(如企业合并管理岗位),而这种减员性的解雇可能既不符合裁员条件,又不符合我国《劳动合同法》规定的情事变更等合法解除条件;或者诉讼时间很长,原来的工作环境发生了变化,劳动者的技能已经过时,双方已经失去了重新合作的可能;或者雇主在违法解雇原告后已经安排新的员工替代原告占据了岗位,没有空缺岗位使原告复职等。

劳动合同具有的上述特质,决定了复职判决的执行对雇主配合行为的依赖,一旦雇主拒绝做出相应的协作行为,复职判决就会陷入执行僵局。

(四)主要工业化国家不当解雇救济措施的考量因素及启示

复职判决可能遭遇的执行困境是世界各国司法实践共同面临的难题。一些先进的工业化国家毕竟有着比我国更长久的市场经济发展历史。"他山之石,可以攻玉。"我们可以借鉴这些国家成熟的经验和相关理论,结合我国的具体情况,探寻破解困境之策。正由于劳动关系中除个人因素外,还具有高度的社会因素。这决定了一国不当解雇救济方式的考量因素与国家解雇保护劳工政策有密切的联系。毫无疑问,解雇是劳动关系运行中最敏感的中心地带,它涉及不同利益的激烈冲突和碰撞。对于雇员来说,劳动关系的存续至关重要。工作职位不仅保证雇员生存的经济基础而且决定其社会地位。解雇会硬生生地把雇员从其现有的经济关系和社会关系中剥离出来,尤其在高失业率时期可能会导致雇员陷入经济窘境。对于雇主来说,在许多情形下解除劳动关系同样具有非同寻常的意义,因为不能解除无须继续存在和无法维持的劳动关系会增加雇主的成本,甚至有可能严重影响企业的工作进程。此外,解雇的影响还及于整个社会。这不仅是因为遭解雇雇员生活的安定与社会秩序稳定之间的传导关系,且雇主的肆意解雇有时会损及社会的公共利益,撬动一国公民普遍接受和认同的社会价值观念。解雇保护则是通过对雇主解雇自由的限制,平衡个体雇员与雇主之间的结构性不平等,弥补劳动力市场运作缺陷的一项制度,是国家对劳动力市场重要的规制方式。其内容包括规定雇主解雇的正当事由、解雇应该履行的程序以及不当解雇应该承担的责任等。

1. 不当解雇的构成及其与救济方式的关系

尽管国际劳工组织第 158 号《雇主提出终止雇用公约》对不当解雇的条件做了规定,但由于世界各国劳动力市场的运作方式、法律文化不同等因素,不当解雇的构成条件规定并不完全相同。大体上可以分为三类。

一是以英国、法国和德国为代表的欧洲主要工业化国家,其主要特点表现为:既正向列举雇主合法解雇雇员需要具备的正当事由和履行的正当程序,又反向规定雇主禁止解雇的情形,雇主解雇没有正当事由或违反解雇程序或违反禁止解雇的情形,均属于不当解雇。但在救济方式上,区分程序性不当解雇和实质性不当解雇、违反正当事由的不当解雇与禁止性解雇因素的不当解雇而做不同规定。例如,在英国,不当解雇分为违法解雇(Wrongful Dismissal)和不公平解雇(Unfair Dismissal)两种。违法解雇是指针对解雇没有履行预告期程序而言的,违法解雇的法律救济途径是向所在的郡法院(the County Court)或者高级法院(High Court)提起违约之诉,这基本与其他合同的违约一样,雇主承担的是一种经济赔偿责任。① 不公平解雇是指雇主违反《1971 年产业关系法案》(Industrial Relation Act,1971)和《1996 年雇佣权利法案》(Employment Rights Act,1996,简称 ERA)等成文法规定的正当事由或者禁止解雇的因素而解雇雇员。例如,雇主基于歧视、报复等具有反社会性因素而解雇雇员。受解雇的雇员如果认为遭受不公平解雇,可以向劳动法院提起诉讼。② 法庭如果确定雇主构成不公平解雇,首先考虑的救济方式是复职,即给予雇员原有的工作;其次是"重新雇佣"(Re-engagement),即雇员获得其他可替代的工作;如果前两种方式都不具有可行性,法庭才考虑给予雇员经济补偿。③ 采用与此相同的立法体例的国家有法国和德国。在法国,雇主如果没有履行法律规定的解雇程序而解雇雇员,要承担两项法律责任:一是重新进行解雇的程序;二是向雇员支付一次性经济补偿金,数额一般为雇

---

① Gwyneth Pitt. *Employment Law*[M]. Sweet & Maxwell,2008:228.
② Gwyneth Pitt. *Employment Law*[M]. Sweet & Maxwell,2008:227.
③ Gwyneth Pitt. *Employment Law*[M]. Sweet & Maxwell,2008:273.

员六个月工资。但在实践中,因重新履行解雇的程序的不现实而没有实际落实,仅仅是让雇主承担支付补偿金的责任。① 法国雇主的非法解雇包括不正当解雇和无效解雇两种。不正当解雇是指雇主解雇雇员不具有"实际的和严肃的理由"。无效解雇是指雇主解雇雇员违反了法律规定的禁止解雇的情形。"这些禁止解雇的因素都是雇员作为公民应当享有的基本人权。有明文规定的,或者没有明文规定的,只要侵犯了这些基本人权,解雇就是无效的。"②雇主一旦构成无效解雇,"被解雇的雇员有权要求恢复原来的工作,或者类似的工作岗位,雇主必须恢复其工作"③。德国1996年颁布的《解雇保护法》规定,雇主可以基于雇员个人事由、雇员行为或者企业的紧迫需要且该紧迫需要使得为雇员另行安排职位不可能而解雇雇员,除此以外的解雇因不具有社会正当性而构成不当解雇。禁止解雇的情形包括《德国民法典》规定无效民事行为,例如侵犯基本人权的解雇(因为参加工会而解雇、因歧视而解雇等)、违反善良风俗的解雇、《解雇保护法》第十五条规定的正常解雇的禁止情形以及通过劳动合同、集体合同约定的禁止解雇的情形。④

二是以美国为代表的实行雇佣自由国家。在美国的历史上,雇佣关系由普通法调整。按照美国普通法的理论,如果雇主与雇员之间没有签订有期限约定的雇佣合同,那么双方之间的关系就是"自由"(at will)的。雇主解雇雇员并不需要正当事由,也无须履行解雇程序,即使雇主的解雇行为没有正当事由,雇主也无须承担责任,除非劳动合同为固定期限合同或者雇主的解雇行为违反合同约定、诚信和公平交易义务,或违反公共政策。⑤ 美国对雇主解雇自由的限制主要来源于反就业歧视成文法对雇主禁止解雇事由的规定。⑥ 在不当解雇的救济手段上,优先适用经济赔偿。"历史上,法院拒绝支持雇员以复职这种强制履行方式对抗雇主,除非成文法有特别许可。至今美国大多数法院仍然认为,对具有人身性服务合同而言,复职令不是最合适的救济方法。"⑦只有受害人遭受的损失无法用金钱衡量,或者仅用金钱补偿仍不足以

---

① 郑爱青.法国劳动合同概要[M].北京:光明日报出版社,2010:130.
② 郑爱青.法国劳动合同概要[M].北京:光明日报出版社,2010:137.
③ 郑爱青.法国劳动合同概要[M].北京:光明日报出版社,2010:137.
④ W. 杜茨.劳动法[M].张国文,译.北京:法律出版社,2005:117.
⑤ Mack A. Player. *Federal Law Of Employment Discrimination*[M]. West a Thomson Business, 2004:4.
⑥ Robert N. Covington, Kurt H. Decker. *Employment Law*[M]. West Group, 2006:330.
⑦ Robert N. Covington, Kurt H. Decker. *Employment Law*[M]. West Group, 2006:518.

弥补受害人的损失,法官才通过行使自由裁量权要求被告承担使员工复职或者继续雇佣的责任。① 例如,雇主因歧视而解雇员工,那么从反歧视法案追求的平等就业机会的目的,以及给予受害人恢复原状的补偿目标考量,要求雇主使被解雇员工复职,就是适当的救济方式。

三是以日本为代表的对不当解雇采用概括式规定的国家。和大多数欧洲国家不同,日本的成文法没有对雇主合法解雇的正当事由做出规定,而是采用概括式规定,要求雇主解雇需要有客观与合理或者被社会常理所接受的理由,其2007年颁布的《劳动合同法》第十六条规定:"缺乏客观与合理的理由,或者不能被社会常理所接受的解雇,是权利滥用,其解雇无效。"② 即日本的解雇保护是建立在禁止解雇权滥用之理论基础上的。由于无效溯及既往,所以日本不当解雇的救济手段偏重于复职。

从以上世界主要工业化国家不当解雇构成的立法例中,可以看出,欧洲主要工业化国家对不当解雇构成规定比较详尽、清晰,便于法官对不当解雇的掌握和判定;在不当解雇方式的适用上,突出复职救济对雇员基本人权的保障功能,法律通过禁止与社会公共利益相冲突的反社会性的解雇行为,以确保雇员享有实施他们法定权利而不会遭到解雇的权利;将赔偿确定为程序性不当解雇的救济方式,使救济与雇员遭受的损失相一致。与欧洲主要工业化国家相比,美国与日本的解雇保护正好处于宽严的两端。之所以会出现这样的结果,除了受英美法系和大陆法系救济法观点的影响外③,还与两国的劳动力市场运作方式有关。美国的劳动力市场运作属于外部循环模式,雇主的雇佣制度是通过外部市场的调节来形成的。"正如我们在美国所观察到的情况,国家的介入被认为是对市场功能的扭曲,劳动立法的取向被限定在反歧视法的范围内。这样的雇佣制度依赖外部的灵活性,通过解雇制度对劳动力的总量进行调节,以应对社会经济情况的变化。"④ 而日本因长期实行终身雇

---

① Mack A. Player. Federal Law Of Employment Discrimination[M]. West a Thomson Business, 2004: 279.

② 荒木尚志.日本劳动法[M].李坤刚,牛志奎,译.北京:北京大学出版社,2010:21.

③ 按照英美法系救济法的观点,合同当事人参加合同关系的出发点就在于获得某种利益或者利润,而劳动关系是劳资双方之间的经济关系,雇员在遭到雇主不正当解雇时,如果不当解雇仅涉及劳资利益的失衡,损害赔偿完全可以代替强制实际履行成为有效而合理的救济措施;按照大陆法系救济法的观点,违约只是债关系的延伸,法律救济的作用在于使债关系的实现获得国家强制力的保障,并不是由经济补偿而替代债的实际履行。

④ 荒木尚志.日本劳动法[M].李坤刚,牛志奎,译.北京:北京大学出版社,2010:17.

佣制而形成企业内部劳动力市场运作方式。"在雇佣安定制度下,劳动者接受系统的企业内部教育和在职培训,按照企业计划定期变更岗位,从事各种工作,或者获得升迁机会,企业内部形成劳动力流动市场。"①这种内部劳动力市场运作方式,强调解雇的"最后手段性",即使雇员存在干扰劳动关系正常运转的行为和原因,企业必须采取警告、劝诫等相对于解雇较温和的手段提前阻止这些因素发生,如果企业可以通过正式的纠错警告使雇员"重回正轨",企业就必须首先使用这些温和的手段,解雇必须是能够防止干扰劳动关系的正常运行情形发生的终极和最后手段。若企业在可以使用温和手段而没有使用的情况下直接解雇雇员,同样构成解雇权的滥用,构成不当解雇。然而,经济的全球化使日本严格解雇保护的劳动政策受到前所未有的冲击和挑战,日本的解雇保护也悄然地发生着从严格规制向放松规制的转变。"为了使劳动关系及劳动力市场与日益变化的环境相适应,削弱内部的变通性,必须放宽解雇的限制,提高外部变通性的方式来进行补偿。但是,这将意味着对长期以雇佣为核心的内部变通性进行平衡与调整,然而这不是一个革命性的转变,而是一项渐进的演变。"②以日本因经济原因解雇为例,传统的判例法认为,企业因经济原因解雇雇员,必须同时符合如下四个条件才是合法性解雇:第一,因经营需要裁减人员;第二,雇主已经采取了其他可能采取的避免裁员措施,仍然需要裁员的;第三,必须依据客观、合理的标准,选择解雇的劳动者;第四,企业管理层要向企业工会或者劳动者团体(如果没有工会)解释解雇的必要性、裁减方案、裁减步骤等,并就有关解雇事宜诚心地征求劳动者的意见。然而,"自2000年以来,几个地方法院已经在很大程度上改变了对'四个要件'的解释。按照这些法院的解释,法院要决定的是,解雇是否滥用了权利,并坚持认为,要求经济性裁员要满足四个要件,无坚实的法律上的理由,新的放松对经济性解雇要求的解释正在兴起"③。这也正是日本对不当解雇构成采用概括式规定的优势所在,它为日本不当解雇理论的发展留下了空间。

2. 复职适用的考量因素

尽管上述主要工业化国家(日本除外)对不当解雇的构成及其救济方式

---

① 荒木尚志.日本劳动法[M].李坤刚,牛志奎,译.北京:北京大学出版社,2010:14.
② 荒木尚志.日本劳动法[M].李坤刚,牛志奎,译.北京:北京大学出版社,2010:169.
③ 荒木尚志.日本劳动法[M].李坤刚,牛志奎,译.北京:北京大学出版社,2010:21.

适用的规定不尽相同,但在不当解雇适用复职救济方式时都考虑了诸多影响复职令执行的因素。例如,雇主的商业利益、合同双方的主观意愿、被解雇雇员在解雇中的过错、双方信赖关系的维持程度等,尽可能避免因适用复职救济而产生双方利益的严重失衡,从而引发雇主对复职判决执行的拒绝。例如英国在司法实践中,法官做出发布复职或者重新雇佣的指令是很谨慎的,"通常要考虑雇员的意愿、该指令执行的可行性以及雇主的商业需求,所以实际获得复职和重新雇佣救济的案件极少,仅占案件总数的1%"①。在法国,如果雇主构成不正当解雇,法官可以建议雇主恢复被非法解雇的雇员的工作,但不论是雇主还是雇员都可以拒绝这种建议。② 如果法官复职的建议遭到雇主的拒绝,则雇员可获得一次性经济赔偿,赔偿数额根据雇员的实际损失计算,赔偿额一般为雇员六个月的工资。③ 在德国,雇主滥用解雇权并不当然导致解雇无效而适用复职救济。事实上,雇主不雇佣的商业利益是否大于对雇员解雇保护的利益以及双方信赖关系是否继续存在是德国劳动法庭判定解雇效力时考量的重要因素。如果法院确认某一解雇不能导致劳动关系的解除,但雇主证明与雇员今后的合作不再有益于企业,向法院提出以赔偿替代复职,法庭会认为结束劳动关系的理由成立,雇主对雇员承担赔偿责任。④ 在美国,法官在自由裁量需要雇主承担复职责任时,会充分衡量影响复职判决可行性的空缺岗位和当事人之间信赖关系这两大因素。如果雇主已经没有空缺岗位安置被解雇的员工,法官通常不会判决要求雇主立即解雇在职员工腾出(Bumped)空位,而是要求如果出现空缺岗位,雇主应当首先安置原告,在原告等待工作岗位的过渡期间,雇主应当支付原告相当于其被违法解雇或拒绝录用的工作岗位的工资和福利作为复职的替代;如果法官认为,即使判决要求被告继续雇佣原告或者使原告复职,也可能会因为原告与被告之间已经存在的不合、敌意或者对抗而使得劳动关系不能有效地继续运行,法官通常也不会做出立即复职的判决,而代之以要求被告向原告支付"未来工资"(Frond Pay),直至敌意或者对抗的环境改变或者原告找到与原来工作实质上

---

① Gwyneth Pitt. Employment Law[M]. Sweet & Maxwell,2008:274.
② 郑爱青. 法国劳动合同概要[M]. 北京:光明日报出版社,2010:135.
③ 郑爱青. 法国劳动合同概要[M]. 北京:光明日报出版社,2010:135.
④ W. 杜茨. 劳动法[M]. 张国文,译. 北京:法律出版社,2005:144.

同等的其他工作为止。① 在 Beales V. Hillhaven, Inc. 案中,内华达州最高法院就支持了一名 62 岁女雇员获赔 208476 美元的诉讼请求,因为原告证明她很难在该领域找到与原来实质相同的工作;在 Diggs V. Pepsi-Cola Metropolitan Bottling Co.,Inc. 案件中,法院判决被告赔偿原告解雇后未来 26 年所遭受的薪资与原有薪资差距的损失。

3. 复职判决的替代执行机制

基于复职判决执行的复杂性,一些工业化国家立法或者司法实践创设了赔偿替代复职判决执行机制。有些国家要求雇主向雇员支付"未来工资损失"来替代复职。例如,英国雇主承担的不当解雇赔偿金由基本赔偿金(basic award)、补偿性赔偿金(compensatory award)和额外赔偿金(additional award)三部分构成。基本赔偿金主要补偿雇员工作的丧失,数额依据雇员的年龄和工作年限确定,但金额的计算不得超过法定的最高工资以及 20 年的工作期限。补偿性赔偿金在于赔偿雇员因被解雇而遭受的损失,包括雇员自被解雇之日至法庭判决时的工资损失、未来工资的损失、因被解雇的福利损失等。额外赔偿金也受法定最高额限制。法庭在确定这一赔偿数额时一般会考虑雇员在解雇中是否有过错、雇员已经获得的资遣费、是否不合理地拒绝复职邀请等因素;如果判定雇主对雇员赔偿未来工资,则要求雇员承担另寻工作以减轻雇主负担的责任。② 美国也有类似的规定,美国法官考虑到未来工资的不确定性和推测性很强,法官在做出这种判决时会担心原告因此懈怠不再努力寻找其他可替代的工作或者获得额外的收入(例如,在获得支付未来工资判决后又找到新的工作,这种情况下,原告获得的赔偿会超过其实际发生的损失),法官会要求原告承担减轻损失的责任,即原告在等待复职期间应当运用合理的勤奋来寻找其他可替代的工作,如果原告在判决后找到新的工作,那么新工作的收入应当从未来工资中扣除,即雇主只承担原告损失的部分。同时,为了保证这一判决的落实,法官会要求原告与被告双方履行定期向法庭报告的责任。③ 在德国,雇主的赔偿范围包括雇员如果没有故意拒绝

---

① Mack A. Player. *Federal Law Of Employment Discrimination*[M]. West a Thomson Business,2004:279.
② Gwyneth Pitt. *Employment Law*[M]. Sweet & Maxwell,2008:227.
③ Mack A. Player. *Federal Law Of Employment Discrimination*[M]. West a Thomson Business,2004:279.

适当的工作而本应取得的报酬、雇员在其他地方劳动所得报酬和因为失业期间从社会保险机构领取的公法性款项,失业救济金或社会救济金(这些款项应由雇主偿还给提供该款项的机构);如果法院判决劳动关系继续存在,但雇员在诉讼期间又与其他雇主建立新的劳动关系,雇员可在判决生效后一周内申明拒绝与前雇主继续维持劳动关系。申明送达后,原劳动关系即无效,雇员只获得被解雇后至新劳动关系产生期间的报酬;如果雇员对不当解雇直接申请赔偿救济,则雇员可以获得经济补偿金,经济补偿金标准按每工作一年支付一个月工资的标准计算,由雇员的年龄和工龄确定,最高为18个月的工资报酬。由于德国法律为被解雇者提供了多种不当解雇赔偿救济的选择,因此在实践中经常发生雇员通过可比较的方式退出劳动关系获得经济补偿金的情况。[①] 德国法律赋予雇员在复职判决生效后一周内申请以赔偿替代复职的权利。这一规则设计从法理上看,符合诉讼程序理论。既然复职判决已经生效,意味着雇主不当解雇的事实已经经过法庭的审理并得到确认,原告选择从被告责任较重的复职救济向责任较轻的赔偿救济转变,没有损害被告的抗辩权。从客观效果上看,这样的规则既使雇员获得了能够根据自己的需要和意愿将生效的复职判决直接转化为获得赔偿了结纠纷的渠道,又快速化解社会矛盾,大大节约了司法资源,真正做到"案结事了"。

日本一些学者在反思其本国不当解雇单一复职救济方式的局限性后建议,对于不当解雇应引入强制性金钱补偿,同时允许结束劳动关系。[②] 因此,实践中,尽管雇员对雇主的不当解雇可以要求复职,但赔偿逐渐取代复职,成为德国最重要的救济方式。[③]

(五) 我国不当解雇救济措施法律规定的反思

我国目前尚没有制定单行的解雇保护法,首次对不当解雇救济措施做出规定的是《劳动合同法》。该法第四十八条规定:"用人单位违反本法规定解除或者终止劳动合同,劳动者要求继续履行劳动合同的,用人单位应当继续履行;劳动者不要求继续履行劳动合同或者劳动合同已经不能继续履行的,

---

① W·杜茨. 劳动法[M]. 张国文,译. 法律出版社,2005:145.
② 荒木尚志. 日本劳动法[M]. 李坤刚,牛志奎,译. 北京:北京大学出版社,2010:22.
③ Blanpain, Bison-Rapp, Corbett, Josephs and Zimmer. The Global Workplace: International and Comparative Employment Law-Case and Materials[M]. Cambridge University Press, 2007:403.

用人单位应当依照本法第八十七条规定支付赔偿金。"《劳动合同法》第八十七条规定:"用人单位违反本法规定解除或者终止劳动合同的,应当依照本法第四十七条规定的经济补偿标准的二倍向劳动者支付赔偿金。"总体而言,我国法律对不当解雇救济措施的规定体现了传统的大陆法系注重实际履行的权利救济的理念。毫无疑问,《劳动合同法》对劳动合同继续履行的规定填补了长期以来我国法律对此问题规定的空白,使劳动仲裁机构和审判机关在处理违法解雇纠纷时有法可依。但从解雇保护的公共政策的制定和贯彻以及满足复杂的司法实践需要上考量,我国《劳动合同法》对不当解雇救济措施的规定显得过于简单,尚有值得检讨之处。

1. 我国在不当解雇的范围上,解雇保护不足与过度并存

不当解雇的范围与不当解雇法律救济之间有着内在的逻辑关系。一般而言,解雇保护越严格,雇主构成不当解雇的可能性就越大,造成不当解雇救济的诉讼就越多。综观世界两大法律体系国家的劳动立法,虽然在解雇保护上有宽有严,但严格地说,没有一个国家实行完全的解雇自由或解雇禁止,如果将两者作为两个极端,那么各个国家的解雇保护制度其实只是在两者之间选取一个平衡点。在世界经济一体化、企业竞争全球化的今天,各国在选取这个"平衡点"时,在立足于本国劳动力市场发展和运作状况的同时,也须考虑其他国家解雇保护的状况,毕竟解雇保护对于任何雇主来说都是一种负担。与世界主要市场经济国家的解雇保护相比,我国的解雇保护既有过度的方面,又有不足的方面。

解雇保护不足的方面主要表现为我国尚没有针对歧视性、报复性等具有反社会性的不当解雇救济做出明确的规定。我国《宪法》第三十三条规定:"国家尊重和保障人权。"公民的平等就业权和对违法行为的检举、投诉和控告的权利属于受我国宪法保护的基本人权范畴。用人单位基于对劳动者的歧视或者报复解雇劳动者,这不仅侵害了劳动者的合法权益,而且损害了社会的公共利益,理应成为我国不当解雇的构成部分。我国《劳动合同法》第四十二条只是针对用人单位非过错性解雇禁止条件做了规定,旨在要求用人单位在劳动者老、弱、病、残等情形丧失劳动能力或者劳动能力转弱时承担雇佣责任。现有的《就业促进法》《妇女权益保障法》《工会法》等涉及劳动者权益保障的法律,也未对歧视性、报复性等违法解雇的禁止及其救济方式做出明确的规定。在司法实践中,常常会出现雇主以表面合法的理由解雇雇员,而

雇员以雇主对其报复为抗辩理由，要求确认雇主解雇无效。因为法律缺乏对报复性解雇救济的明确规定，我国法院或者劳动仲裁机构只审查用人单位劳动者违纪事实是否存在，而对劳动者主张的用人单位报复的事实不予审理，自然劳动者的抗辩理由无法成为对抗用人单位解雇效力的事由。例如，劳动者举报企业非法排污，政府有关部门依据举报对用人单位进行了处罚，用人单位便以该劳动者曾经存在的旷工违纪行为做出即时解雇决定。当劳动者对用人单位违法行为或者违法事实行使举报权遭解雇而不能得到有效救济时，受损害者已不仅仅是被解雇的劳动者，包括整个社会。

过度方面主要表现在如下两个方面：第一，在解雇事由的规定上。我国《劳动合同法》对用人单位合法解雇的事由采用列举式的正向立法体例，只有在事实状态完全符合法律预设的可以解雇的情形时，用人单位的解雇才构成合法解雇，除此以外均构成违法解雇，即实行"法无明文规定不得解雇"的原则。列举式规定的优点在于用人单位合法解雇的情形明确、清晰，审判机构对解雇合法性的判断简单、明了。但列举式规定的缺陷在于对现实中用人单位解雇合理性或者正当性情形无法列举穷尽，存在着将某些具有一定合理性的解雇纳入违法解雇范围的风险。一旦被解雇劳动者向劳动争议仲裁机构或者人民法院申请不当解雇救济，根据我国"法无明文规定不得解雇"的解雇保护原则，这样的解雇因虽然具有合理性但不具有合法性而应承担不当解雇的责任。第二，在不当解雇的救济方式上。按照我国《劳动合同法》第四十八条的规定："用人单位违反本法规定解除或者终止劳动合同，劳动者要求继续履行劳动合同的，用人单位应当继续履行……"这意味着无论是违反法律规定的实质性解雇事由还是违反法律规定的解雇程序，均适用相同的不当解雇救济方式，权利人既可以要求赔偿，也可以要求继续履行合同。[①] 这不仅与其他国家规定的权利人对违反解雇程序的不当解雇只能请求赔偿救济的规定相比明显要严格，而且缺乏合理性。要求雇主解雇应当履行正当程序，例如履行提前预告、将解雇事由提前通知工会等，主要是为了劳动者以及作为维

---

① 这一点可以从一些地方法院相关的指导意见中得到验证。例如，江苏省高级人民法院和江苏省劳动仲裁委员会在2009年12月联合印发的《关于审理劳动争议案件的指导意见》的第十七条规定："用人单位单方解除劳动合同，未履行《劳动合同法》第四十一条、第四十三条规定的向工会或者全体职工说明情况、听取工会或职工的意见等程序性义务的，应认定其解除劳动合同的行为违法，劳动者请求用人单位继续履行劳动合同或支付赔偿金的，应予支持。"

护职工权益组织的工会知晓后可以就解雇后事项做相应的准备,它并不能改变雇主做出解雇决定所依据的事实本身。如果雇主可以合法解雇劳动者的事实客观存在,仅仅因为没有履行通知的解雇程序,雇主就要承担使雇员复职的责任,这一方面对雇主不公,另一方面雇员复职会在其他在职员工中造成企业无法解雇严重违章劳动者的错觉,不利于企业营建和维护正常的生产与经营秩序,为此容易使雇主对继续履行劳动合同判决义务做逆向选择,将继续履行的判决带入难以执行的困境中。

我国的解雇保护过度是有其历史根源的。在改革开放之前,我国实行与计划经济相匹配的"固定工"和国家包揽就业的劳动制度。随着我国市场经济的建立,我国的劳动用工也由国家用工逐渐转向企业用工,劳动力调节方式也由行政配置转向市场调节。由于我国的解雇及解雇保护是从国家高度集中管理、生产要素行政配置向政企分开、生产要素市场配置转变过程中发展起来的,使我国的解雇保护一开始就处在较高的水平上。解雇保护的过度,可能导致不当解雇的范围的扩大和不当解雇救济纠纷的增多。以劳动力市场和宏观经济之间的交互作用而提出"搜寻—匹配理论"并获得2010年诺贝尔经济学奖、伦敦政治经济学院克里斯托弗·皮萨里德斯(Christopher A. Pissarides)教授认为,解雇保护过度会对一国就业率产生负面影响,他在接受我国记者采访回答如何看待"就业不仅是一个经济问题,同时也是政治问题"时指出:"一些国家会制定政策来增加企业解雇员工的难度,希望给工人以更多的安全感,这样的政策只是让已经受雇的人得益,因为企业因此更不愿意提供较多的工作岗位了。"①

2. 在赔偿救济和继续履行救济方式的替代关系上,规定过于单一

根据我国《劳动合同法》第四十八条的规定,对用人单位不当解雇是否适用继续履行救济方式,取决于被解雇劳动者的意愿,被解雇劳动者要求继续履行的,用人单位就应当继续履行;只有在劳动者不要求继续履行或者劳动合同已经不能履行时,才适用经济赔偿。在被解雇劳动者要求继续履行的情况下,赔偿替代继续履行之间的连接点是唯一的,即"劳动合同已经不能履行"。由于我国《劳动合同法》对哪些情形属于"劳动合同已经不能履行"未做出明确的规定,最高人民法院也没有出台针对性的司法解释。因此,我国

---

① 田晓玲. 全球化加剧了劳动力市场的不平等[N]. 文汇学人,2011-05-16.

《劳动合同法》对合同不能履行的规定自然成为理解劳动合同不能履行的法律指引。根据我国《劳动合同法》第一百一十条的规定,合同不能履行包括法律上的不能履行和事实上的不能履行。无论是法律上的不能履行还是事实上的不能履行,均不包括被告对继续履行合同的主观意愿、原告与被告之间的对立情绪、继续履行对被告商业利益的不利影响、原告在不当解雇过程中本身存在的过错等因素。而事实上这些因素恰恰会撼动劳动合同双方良好合作的根基,成为用人单位抵触继续履行劳动合同判决以及拒绝履行使劳动者复职判决义务的内在动因。在审判实践中,法官即使对此有认知,但面对劳动者继续履行劳动合同的救济请求,依法只能支持劳动者的诉讼请求。事实上,这种继续履行劳动合同的判决,往往并不能使劳动者的合法权益得到真正的维护和落实,本文开头提及的案例就是例证。该案中,当法院做出的继续履行劳动合同的判决因遭到用人单位的拒绝履行而无法执行时,劳动者希望适用经济赔偿的救济方式,在获得经济补偿后终止劳动关系。但这一请求因"一事不二理"未能被法院受理。从此,劳动者踏上长达五年之久的不断要求用人单位履行义务、向法院申诉、请求检察院抗诉的维权之路,但最终只能获得维持一审做出的继续履行劳动合同的终审判决。在这五年中,该劳动者为了维权消耗了大量的时间、精力和财力,内心遭受的煎熬以及产生的愤懑和不满是可想而知的。劳动合同双方长期的情绪对立、用人单位工作环境的变迁以及劳动者劳动技能的变化等都会增加继续履行劳动合同判决执行的难度。毫无疑问,五年以后的继续履行劳动合同的判决将比五年前的继续履行劳动合同判决面临更加艰难的执行困境。

3. 在经济赔偿不当解雇救济方式上,赔偿数额的计算方式规定欠合理

关于不当解雇的经济赔偿责任,我国《劳动合同法》第八十七条规定,用人单位应当依照该法第四十七条规定的经济补偿标准的二倍向劳动者支付赔偿金。而《劳动合同法》第四十七条的内容为:"经济补偿按劳动者在本单位工作的年限,每满一年支付一个月工资的标准向劳动者支付。六个月以上不满一年的,按一年计算;不满六个月的,向劳动者支付半个月工资的经济补偿。"由此可见,我国被解雇劳动者获得的经济赔偿金额与经济补偿金直接挂钩,与被解雇劳动者遭受的损失没有内在关联。该规定"虽然简便易行,却无法反映雇员在被不当解雇后的实际损失或者大体的损失,现行的不当解雇赔偿金额计算标准过于僵化,与不当解雇中雇主承担责任的目的并不相符,容易使雇主承担过低或过高的不合理的赔偿责任"①。从理论上讲,由于雇主承担的不当解雇经济赔偿额与被解雇劳动者遭受的经济损失不符,赔偿额可能远远大于损失额,也可能远远小于损失额。但由于解雇是雇主主动解除或者终止劳动合同的行为,一般雇主在做出解雇决定前已经就可能承担的赔偿额做了利益衡量,当可能承担的赔偿金额超过劳动者的损失额时,一般会通过与雇员协商达成解除协议。因此,在实践中,雇员提出继续履行劳动合同救济请求的案件主要表现为雇主可能承担的赔偿额小于雇员实际遭受损失的不当解雇中。举例说明之,假设一名劳动者与用人单位签了一份五年期限的固定期限合同,劳动者工作一年后,如用人单位违法解除合同,劳动者如果选择赔偿救济方式,则获得的用人单位赔偿金额仅为二个月的工资(一个月工资的二倍),而劳动者可能损失的四年的工资和其他损失都无法得到赔偿。不难理解,劳动者在经过利益衡量后,选择继续履行劳动合同的救济方式。我国不当解雇经济赔偿的计算方法也恰恰给用人单位提供了拒绝履行"继续劳动合同"判决规定义务所承担的违法成本远远低于劳动者损失的预期。假设用人单位在判决生效后,既不安排劳动者工作岗位,也不支付劳动者工资,一直将这种状态拖延至劳动合同期限届满以满足劳动合同已经无法履行的条件,则用人单位承担不当解雇的赔偿额相当于劳动者十二个月的工资(六个月的二倍)②,而不是劳动者四年的工资损失和其他损失。更何况在这"拖"的过程中,还会产生可能减轻用人单位赔偿责任的变数。因为用人单位拒不履行使员工复职判决规定的义务,劳动者既无法提供劳务,又不能获得预期的劳动收入,劳动者的生活会因此陷入困境;同时与工作岗位长时间的脱离,也会造成劳动者就业竞争能力下降。相当部分劳动者因为"拖不起"而另行寻找工作。而按照我国现行劳动法规定,全日制劳动者未经原用人单位同意与其他用人单位建立劳动关系的,原用人单位可以据此解雇劳动者,这样用人单位无须再承担自第二次解雇之日起至劳动合同期限届满日止期间二倍经济补偿金的赔偿金。即使劳动者在用人单位"拖"的过程中,没有另寻工作,将时间和精力消耗在争取用人单位履行判决规定的义务上,那么不仅

---

① 谢增毅.雇主不当解雇雇员的赔偿责任[J].法律科学,2010(3).

② 在司法实务中,有人认为因为劳动者没有提供劳务,应要求用人单位按照当地最低工资标准按月承担劳动者的经济损失。即便如此,用人单位承担的赔偿金额也远远低于劳动者实际遭受的损失。

劳动者蒙受损失,也造成了社会资源的巨大浪费,这正如本文开头提及的案例中所反映的情形。

(六)完善我国不当解雇救济措施的建议

法律对不当解雇救济方式的规定,其背后蕴含着立法者对劳动关系中涉及的相互冲突和相互重叠的劳资利益与社会公共利益的评价以及对利益相关方的行为安排。建立以最小限度的阻碍和浪费调整各种相互竞争与冲突的利益,使其在最少的阻碍和浪费的情况下给予整个利益方案以最大的效果,是现代法经济学追求的立法价值目标。我国司法实践中继续履行劳动合同判决无法执行造成的大量社会资源浪费的现实,暴露出现行不当解雇救济制度设计存在着的缺陷和不足。综合上文分析,借鉴发达国家司法实践的经验和教训,结合我国劳动力市场运作的具体情况,笔者认为,可以考虑做如下几方面的修正和补充。

1. 在解雇保护劳工政策层面,宽严并举

宽,是指放宽规制。随着我国工业化进程的加快,就业关系的市场化与劳动关系的契约化已占据主导地位,劳动关系所覆盖的人口已经成为我国人口结构中的主体,作为创造社会就业岗位的资本相对于劳动力而言已经成为稀缺资源。全球经济一体化,一方面加剧了各国吸引资本的竞争,同时也使得不同国家劳工对于有限工作机会的角逐更加激烈。在全球经济一体化背景下,解除或者放松对劳动力市场的规制是许多国家劳工政策的选择。"建立社会主义市场经济体制,这既是一个制度变迁的过程,也是一个转轨的过程,是一个规制的演进过程——从高度规制(heavy-handed regulation)到轻度规制(right-handed regulation)过程。"①根据我国现行的社会主义市场经济体制是从规制严格的计划经济体制转轨而来的现实,结合上文的分析,我国的解雇保护规制在如下两个方面尚有适当放松规制的空间。

(1)在用人单位合法解雇事由上,可由单一的列举式规定向列举式与概括式相结合规定转变。

我国对用人单位可以解雇的正当事由采用单一的列举式规定,不利于平衡劳资双方在劳动中的正当利益。可以借鉴日本的相关规定,结合我国的实

---

① 杨建文.政府规制:21世纪理论研究潮流[M].上海:学林出版社,2007:4.

际情况,在对用人单位可以解雇的事由进行列举的同时,增加"其他合理的、客观的和正当的解雇事由"这种概括式兜底条款的规定。这可以弥补列举式立法存在的无法穷尽的缺陷,为用人单位在法律列举情形以外的其他正当理由的解雇提供法律依据。从表面看,这种概括式规定容易使雇主滥用解雇权,实际上这样的担心是不必要的。因为某一解雇事由是否符合"合理的""客观的""正当的"的标准,其判定主体不是雇主而是法官。而"合理的""客观的""正当的"的具体内涵可以通过司法解释或者司法判例予以明确和补充,这就为我国不当解雇理论的发展留下了空间。

(2)在"继续履行"和"赔偿"救济方式的适用上,明确将仅违反解雇程序的不当解雇固定为赔偿救济方式。

我国对解雇程序的规定主要有预告、事先将解雇理由通知工会、向劳动行政部门备案等。笔者认为,对于有明确预告期限的,可以视雇主履行法律规定的程序所需要的时间确定劳动者的损失和雇主应承担的赔偿金额。例如,用人单位依据《劳动合同法》第四十条规定解雇劳动者,既没有履行我国劳动法规定的提前一个月书面通知劳动者,又没有向劳动者支付一个月工资的"代通金",对这样的不当解雇,可以要求用人单位赔偿劳动者一个月工资损失,同时确认解雇有效。而对法律没有明确期限或者无法确定履行程序所需要的期限的,则可以要求雇主按照我国《劳动合同法》规定的经济补偿金的二倍承担赔偿责任。

严,是指严格规制。针对我国对歧视性、报复性等具有反社会性不当解雇法律救济规定缺位的现实,我们可以考虑在司法解释中明确歧视性和报复性等反社会性不当解雇处理的规定,以弥补相关立法的缺位。在解雇保护政策上体现为法律禁止雇主的解雇涉及侵害宪法赋予基本公民权利或者社会公共利益。这包含三个方面的含义:一是雇主不得以法律禁止的涉及侵害公民基本权利或者社会公共利益的事由解雇雇员;二是对涉及侵犯公民基本权利或者社会公共利益的违法解雇行为,继续履行劳动合同(复职)是首选的救济手段;三是当出现可以解雇和禁止解雇事由竞合时,保护雇员基本人权和社会公共利益优先,即应优先适用禁止解雇。

2. 将影响劳动合同双方协作基础的因素纳入"劳动合同已经不能履行"的考量范围

劳动合同身份性的特质,决定了劳动合同的履行要求与我国《劳动合同法》调整的合同履行要求不完全相同。正如我国学者指出的那样,"对于劳动合同而言,其履行不可能搬用民事合同履行的相关理论,更不能将《劳动合同法》之合同履行的实在法规定适用于劳动合同实践,关键点在于'劳动合同履行'从劳动者视角为'人之劳动过程',有其自身特点"[①]。同样,对"劳动合同已经不能履行"的考量因素也不能完全照搬《劳动合同法》的规定,而应将影响劳动合同双方协作基础的因素纳入"劳动合同已经不能履行"的考量范围。

"信赖关系"和"岗位空缺"是司法实践中最常见的影响劳动合同继续存在的两大因素。借鉴世界主要工业化国家对"信赖关系"与复职适用关系的处理方式,可以综合考虑劳动关系双方在不当解雇中的过错大小、双方对复职的意愿以及劳动者的劳动技能是否过时等因素做出判断。"岗位空缺"是影响劳动合同继续存在的另一大因素。在司法实践中,经常出现这样的现象:用人单位以没有空缺岗位使劳动者复职为理由,拒绝接受劳动者复职,进而要求通过经济赔偿承担不当解雇责任。确实,使劳动者复职首先需要有相应的岗位,但如果只要没有岗位空缺就不能适用复职的救济方式,这无疑给用人单位肆意解雇打开方便大门。如何解决用人单位没有岗位空缺与劳动者继续履行劳动合同请求之间的冲突,我们可以借鉴德国的"雇主正常的商业需求"判断标准,区分形成空缺岗位缺失的原因而做不同处理。造成用人单位没有空缺岗位的原因主要有两种:一种是因为雇主在违法解雇劳动者后已经安排新的员工替代被解雇劳动者占据了岗位;另一种是用人单位对被解雇劳动者的岗位不再有需求,因精减人员而造成的没有空缺岗位。前者,用人单位对被解雇职位依然有需求,只是认为不应当再由该被解雇雇员担任此职位,显然不能作为拒绝劳动者复职的正当事由。后者,用人单位认为对被解雇职位不再有需要,所以必须精减人员。后者正是出于市场经济运作的需要,是一种正常的商业需求,应该纳入"劳动合同已经不能继续履行"的考量范畴,对因此而形成的不当解雇可考虑解雇有效,劳动者在获得经济赔偿后结束劳动关系。总之,法院在做出是否支持劳动者继续履行劳动合同请求判决时将影响劳动合同继续存在的因素纳入考量范围,尽可能避免因不适当的考量而导致雇主拒绝履行复职判决义务的发生。

---

① 郑尚元.劳动合同法的制度与理念[M].北京:中国政法大学出版社,2008:210.

3. 建立劳动合同继续履行判决替代执行机制

对于复职判决陷入执行困境的难题,国外法院发展的对复职判决执行的经验为我们提供了有价值的参考思路,值得我们借鉴。

(1)借鉴德国的经验,赋予劳动者享有以赔偿请求替代已经生效的继续履行劳动合同判决执行的权利,建立劳动者请求替代实际履行规则。

我国现行劳动争议处理实行"一裁二审"制,某个请求继续履行劳动合同的不当解雇救济从提起劳动争议仲裁至法院终审判决的下达是一个漫长的过程。事实上,劳动者在这漫长的诉讼中会因多种原因(例如,寻找到新的工作、产生复职后不能得到用人单位善待的顾虑等)产生变继续履行劳动合同请求为经济赔偿请求的主观愿望。但是按照我国现行劳动争议处理程序的设计,劳动争议仲裁是法院审理的前置程序,一旦劳动者继续履行劳动合同的请求在劳动仲裁中得到支持,在法院审理阶段就无法改变为赔偿请求,法院只能就继续履行劳动合同请求是否应该得到支持进行审理。因此,我们不难理解本文开头所举案例中终审法院在原告被解雇五年后仍然做出维持一审继续履行劳动合同的判决。假设我国法律赋予劳动者享有以赔偿请求替代已经生效的继续履行劳动合同判决执行的权利,那么,本文开头所举案件中的权利人就可以据此规定在获得赔偿后了结纠纷,无须就赔偿救济再向广州市南沙区法院起诉,更不会产生后续长达五年多的诉讼纠缠,造成社会资源的浪费和社会关系的不稳定,真正实现"案结事了"。

生活常识告诉我们,在有多种方案可供选择时,权利人通常会在对多种方案利益比较后选择对自己来说利益最大的方案。在继续履行判决生效后,权利人自然会比较继续保持劳动关系与请求赔偿替代继续履行合同对自己利益的影响。由于我国现行的不当解雇赔偿金额的计算是法定的,以劳动者经济补偿金的二倍计算,与劳动者的实际损失无关。如上文分析,法定不当解雇赔偿金与劳动者实际损失之间的落差也会成为阻碍劳动者在复职判决生效后尽快选择赔偿替代继续履行的因素。因此,无论是从权利救济的法理角度,还是从有利于纠纷的快速解决角度,我们都需要重新审视不当解雇赔偿金与经济补偿金简单挂钩的规定。在此,笔者赞成我国有学者提出的借鉴英国法相关规定的观点①,使劳动者获得的不当解雇赔偿与其所遭受的损失

---

① 谢增毅.雇主不当解雇雇员的赔偿责任[J].法律科学,2010(3).

基本相符合。

(2) 建立以雇主向雇员支付工资替代继续履行劳动合同判决的执行规则。

在司法实践中，用人单位不履行法院做出的继续履行劳动合同的判决通常表现为两种方式：一是拒绝劳动者进入用人单位，也不支付劳动者工资及其他福利待遇；二是虽然同意劳动者进入工作场所，但不给劳动者分配工作，然后以劳动者业绩考核不良为由扣发劳动者的工资或者其他福利待遇。对于前一种情形，可以借鉴国外要求雇主向雇员支付工资替代复职履行的执行规则，同时为了防止雇员因此懈怠使雇主的负担过重，可以要求雇员承担减轻损失的责任，直到雇主同意雇员复职，或者雇员找到新工作要求解除与原单位劳动关系放弃复职判决执行请求，或者我国《劳动合同法》规定的合同终止的条件出现为止。对于后一种情形可以考虑赋予雇员有工资请求权，除非用人单位能证明自身已经提供了必要的协作行为或者劳动者业绩不良是因其个人造成的。

(本文原载于《中国法学》2012年第6期)

第六编　全球化与中国的城市化

一、全球化与中国的城市化

新加坡国立大学东亚研究所　郑永年

国家间的竞争在很大程度上是城市之间的竞争。城市既是全球化的载体,也是全球化最强有力的推动者。作为世界第二大经济体,中国的发展既是全球化的产物,也再难以不受全球化的影响。实际上,如果中国能够把城市体制改革置于全球化的背景下,更应当领会到城市体制改革的意义,也可以从全球化的进程中寻找城市体制改革的动力。

提升城市国际竞争力是国际竞争战略

第一,在国家层面,没有一个国家不想拥有具有强大国际竞争力的城市。提升城市的国际竞争力几乎是所有国家的国际竞争战略。其次,在城市层面,城市执政者也有巨大的动力来提升自己的城市。现在的城市居民对城市具有高度的认同,对城市外在的发展极为敏感,对城市的发展具有超前的视角,这些都必然转化成他们对城市执政者的压力。再次,较之主权国家,城市具有很大的优势来进行自我改革。

第二,一般而言,城市都具有一定的自治权。民主国家不用说,即使在中国这样的单一制国家,很多城市,例如地区级以上的政府就拥有了立法权。城市体制的改革还有其文化优势,主要表现在城市居民的城市认同和城市文化认同。较之整体主权国家,城市更有条件来创造一种结合地方认同和国际认同的城市文化,从而成为城市国际竞争力的软实力。城市化成功不成功,主要看居住在城市里的居民对这一城市的认同。

第三,在今天的全球化时代,城市认同又有了新的维度,那就是外来人口或者移民尤其是国际移民的城市认同度。与农业社会不同,在工业化社会和后工业化社会里,知识经济最为重要。知识经济需要大量的人才,是人才经济。经济的竞争在很多方面表现为知识的竞争。知识的载体是人才,而人才的主要载体是城市。

第四,城市本身的管理也需要人才。一个城市如何才能成为一个国际化城市,主要是把国际化的发展和管理经验统合起来,形成自己系统的城市。因此,在很大程度上说,一个城市的人才素质决定了这个城市其他所有方面。

强化城市认同对吸引国际人才极为重要

在吸引人才方面,城市的认同非常重要。人们一直在讲全球化时代的民族主义问题,也就是国家认同问题。国际人才也有国家认同问题。全球化不仅没有降低国家认同,反而在增加和强化国家认同。那么,国际化人才如何处理国家认同问题呢?国家认同越强,民族主义情绪就越高,就越具有排外性,就越对国际化人才不利。

城市也一样。一个城市如果民族主义过于强烈,那么其排他性就越强,对国际人才的吸引力就越低。尽管在主权国家时代,政治人物避免不了强调民粹主义式的民族主义,但对城市执政者来说,更应当强调的是城市认同而非民族主义。

因为城市认同往往强调的是城市文化、生活宜居等方面,城市认同的强化也有利于国家认同的增强,并且这种认同往往比民族主义式的政治认同更和城市居民的生活密切相关,从而也更具有生命力。

在吸引国际人才方面,城市认同就变得非常重要。对国际人才来说,发展出一种强烈的城市认同比国家认同来得容易,因为国家认同强调的往往是政治性和意识形态性,而城市认同强调的是文化传统和现代性。城市可以代表一个国家的文化和传统,但城市的政治性较少,更能适合人的需要。城市是国际人才的主要聚居地。任何国家,如果没有几个非常包容开放的城市,就会吸引不了国际人才。

正因为城市的重点在城市文化和生活宜居等方面,城市也一直是和文明相关联的。文明可以说是城市的文明,因为城市是经济交易活动和人与人之间互动的中心。文明就是从各种不同交易和互动中成长起来的。所以,一个国家的文明发展程度可以用城市发展程度来衡量。在世界历史上,没有一个城市可以完全通过政治方法而生存和发展。高品质的城市永远是商业、文化、思想的集聚地。

从国际化的角度来说,城市在一个国家国际化过程中起着最为重要的作用。很多学者的研究发现,国家间的经济、金融、知识、社会等关系都是通过城市来维系的。例如,脱离了纽约、东京和伦敦三大城市之间的关系,就很难理解美国、日本和英国的经济和金融关系。城市间的这种关系正在大力促进着城市文化的一体化。这种一体化是城市认同的发展趋势。

国际人才的流动是这种一体化进程的动力,同时一体化也在推动着国际人才的流动。从这方面说,如果一个城市不能造就具有全球化性质的认同,就很难具有竞争力。但应当强调的是,城市的全球化性质并不是说城市文化的全球同质性。恰恰相反,如果一个城市失去了与其他城市不同的地方,这个城市也就失去了生命力。

(本文原载于《全球化》2013年第4期)

二、中国城市化要避免怎样的陷阱

新加坡国立大学东亚研究所 郑永年

城市化或者城镇化,已经被提到中国经济和社会发展的最高议程之一。如果在今后相当长的一段时间里,能够维持一个中速增长水平,就可以比较顺利地从中等收入社会,转型成为高收入社会。

这种转型的意义不仅仅在经济层面,更是在社会层面和政治层面。如果中国能够转型成为高收入社会,今天所面临的很多问题就会得到控制,甚至消失。

在实现长期的中速增长过程中,城市化是经济可持续发展的一个关键领域和重要资源。经济可持续增长要求中国经济实现多方面的转型,其中一个转型就是从出口导向型转向内需型,也就是要建设消费社会。中国消费社会的建设主要取决于城市化,消费社会主要是一个城市现象。同时,城市化也是中国社会建设的重要方面,这里不仅涉及城乡整合、减小城乡差别,而且更为重要的是要消灭中国所特有的"三元"社会现象。这"第三元"也就是农民工,是中国制度的特有产物,是社会非正义和不稳定的根源。

在实际层面,城市化却处处充满陷阱。人们所理解的城市化,和各级政府官员实际上追求的城市化之间,有巨大的差异,甚至是相反的。对各级政府尤其是地方政府来说,城市化意味着什么?这个问题最为重要,因为各级政府官员是行动者,他们对城市化的认知和这种认知之下的行为,决定了中国城市化的实际进程和前途。具体可以从以下三个方面来分析。

第一,对各级政府官员来说,城市化意味着什么呢?他们首先要考虑的是城市化所能带来的GDP效应和对地方经济发展的贡献。这里既有中央层面的税制因素,也有地方层面甚至官员个体层面的因素。

第一,从国家的税制来说,自从1994年实行分税制以来,财政收入大规模地向中央倾斜,但中央政府在其所拥有的财权和其所承担的责任,两者之间没有一致起来,财权远远大于其责任,这使得地方财政负担一直在加重。无论是执行中央政策还是谋取地方发展,地方政府需要财政的支持。这要求地方政府到处去找钱。土地财政就是这样造成的。

第二,GDP主义仍然横行。上级政府在衡量地方官员业绩的时候,仍然看重GDP增长。GDP增长仍然是地方官员升迁的必要条件。从地方官员个体层面来看,搞GDP导向的经济发展工程,能够带来无穷的正面效应。

第三,在这种GDP主义逻辑主导下,围绕着城市化这一议题,政府官员会如何行动?在实践层面,地方官员所关心的是几件事情。一是土地的城市化,而非人的城市化。他们想利用城市化的合法话语,获取土地资源,主要是农村的土地资源。二是到处筹钱,向中央要钱,向地方筹钱,当然也可以自己搞债务。但无论钱从哪里来,如果城市化演变成为大规模的筹钱运动,一场深刻的地方财政危机,乃至国家财政危机不可避免。

第四,根据以往的经验来看,城市化有可能造成中国城市的纵向行政升级运动和横向行政权扩张运动。在一些地方,城市化简单地把原来的县改成区。"县"是农村的象征,改掉了"县"这个概念,似乎就实现了城市化。"县"可以说是中国历史上最稳定的行政单位,现在却在权力面前悄悄地消失,其恶果远远超出人们的想象。实际上,改"县"为"区",更多的是地方领导行政权扩展要求的结果。更为严峻的是,现在也出现了行政级别升级的呼声,说是要把多少县级市升格为地级市,要把多少县转化成为市。

在这样的情况下,城市化会走向何方就变得相当清楚了。在经济层面,资本和权力一旦结合,再加上地方官员的个人动机,没有人可以阻挡得住城市化的冲动。如果没有城市体制的改革,资本和权力主导的城市化,很快就会演变成为一场新的大规模的掠夺农民土地的运动。在行政层面,如果没有实质性的城市体制改革,在地方官员的权力冲动主导下的城市化,很快会导致城市的再一次官僚化,城市变成官僚的城市,而不是市民的城市。

如果城市化陷入如此陷阱,最终很有可能导致深刻的政治危机和社会危机。

很显然,中国一方面要推进城市化,另一方面必须尽最大的努力来避免陷入城市化的这些陷阱。

(本文原载于《理论学习》2013年第9期)

三、自由贸易试验区的特点和立法问题

苏州大学王健法学院 陈立虎

2013年8月,全国人民代表大会常务委员会做出了《关于授权国务院在中国(上海)自由贸易试验区暂时调整有关法律规定的行政审批的决定》(以下简称《授权决定》)。国务院于2013年9月18日发布了《中国(上海)自由贸易试验区总体方案》,后又于12月21日颁布了《关于在中国(上海)自由贸易试验区暂时调整有关行政法规和国务院文件规定的行政审批或者准入特别管理措施的决定》。一年来,国务院十多个部委先后发布了相关的服务于中国(上海)自由贸易试验区建设的部委规章。关于中国(上海)自贸区的地方立法和地方行政规定亦在顺应形势发展而同步跟进。上海市人民代表大会常务委员会于2013年9月26日通过了《关于在中国(上海)自由贸易试验区暂时调整实施本市有关地方性法规规定的决定》。2014年7月25日,上海市十四届人民代表大会常务委员会正式通过了《中国(上海)自由贸易试验区条例》。可以说,中国(上海)自由贸易试验区不仅已在稳定而有效地运行,而且也已具有比较全面的法律依据和保障。但是,对于自由贸易试验区

的建设目的、自由贸易试验区的特点、自由贸易试验区的建设对中国经济立法(包括地方性经济立法)的影响等,似乎还存在某些表述和认识上的不足。在此本人拟从世界经济、国际经济法和中国立法体制等角度对这些问题谈谈自己的理解,以期有助于自由贸易试验区的进一步发展和科学而有效的管理。

(一) 中国(上海)自由贸易试验区的特点

从世界上一些国家自由贸易区(FTZS)的发展来看,FTZS 是指一个产业区域(不是一级行政区划,基本上没有成为一级行政区划的可能),多数基于增加外汇收入、增加就业和吸引外商投资而设。FTZS 的特征是:①商业设施的层次和质量高于全国平均水平;②较之一个国家的其他区域,商业管制(主要指行政审批)较少;③地理位置便利商贸,多设于海港城市;④以出口为导向;⑤都推出有吸引力的投资贸易激励举措(包括税收减免等)。自由贸易区与国家和地方所设的高新技术产业开发区(经济技术开发区)有别,后者是国家和地方设立的实施特殊管理体制与特殊优惠政策,兴办高新技术企业,从事高新技术研究、开发、产品生产和销售以推动高新技术产业发展的特定区域。两者的性质虽有某些类似之处,但它们的宗旨和功能还是有所不同。1993 年国家制定了《科学技术进步法》,其中专门对高新技术产业开发区的设立和优惠政策做了原则规定,但国家尚未制定全国统一的经济技术开发区的基本法律。

根据设立自由贸易区的立法源头的不同,我们可以把自由贸易区分为两大类。一类是国家之间通过签订国际经贸条约而设立的自由贸易区(RTA)。按照条约的一般规定,缔约方承诺取消和减少相互间的关税和非关税措施,实行区域贸易自由化,但缔约方对非缔约方的进口仍保持原有的关税和非关税措施。这类自由贸易区的设立也是《1994 年关税与贸易总协定》(GATT1994)第 24 条所允许的,该条款同时也规定了国家之间设立 RTA 应遵行的条件。另一类是主权国家为发展对外贸易、出口加工和增加外汇收入按照相关立法在港口或邻近港口地区设立的特别区域,上海自由贸易区即属于此类。这两类自由贸易区不仅立法依据不同,而且在设立原因、地理范围和监督安排等方面都不尽一致。国际自由贸易区的设立有政治、经济和军事等方面原因,远比国内复杂。这种自由贸易区可能设于邻国之间,也可能存在于跨洋的不同国家之间。显然,这种自由贸易区的监督机制无疑也是国际性的。

根据自由贸易区经济内容的不同,我们可将其分为早版的自由贸易区和新版的自由贸易区。自由贸易区的原型是13世纪末一些欧洲国家出现的自由港。在设立自由港的基础上,许多国家设立了自由贸易区。早期的自由贸易区的主要作用是吸引外国船只、商品的进入,增加收入。20世纪60年代以来,自由贸易区的功能则以吸收外资和国外先进技术、发展国内产业和扩大商品出口为主要目的。此次设立的中国(上海)自由贸易试验区的任务则是:加快政府职能转变、扩大投资领域的开放、推进贸易发展方式的转变、深化金融领域的开放创新和完善法制领域的制度保障。可以说,中国(上海)自由贸易试验区的建设内容既具有新时代的特点,也有中国特色。顺便要指出的是,在数量急剧增加的同时,国家之间签订的区域贸易协定的调整范围日趋广泛,内容也变得日益复杂,从关税措施到非关税措施,从边境措施到境内措施,从货物贸易到服务贸易,从贸易到"贸易加其他",调整规范全面放大,涉及反腐败、竞争政策、环保法规、知识产权、投资、劳动市场管制、资本流动、消费者保护、数据保护、农业、近似立法、视听、文化保护、创新政策、文化合作、经济政策对话、教育与培训、能源、财政支持、健康、人权、非法移民、毒品、工业合作、信息社会、采矿业、反洗钱、核安全、政治对话、公共行政、区域合作、技术与科研、中小企业、社会事务、统计数据、税收、恐怖主义、签证与政治庇护等,立法内容显然已突破WTO的界线。可以说,国家自由贸易区的运作范围很难也没有必要涵盖国际自由贸易区所涉全部内容。

(二)中国(上海)自由贸易试验区的建设宗旨和核心任务

建立中国(上海)自由贸易试验区是党中央、国务院做出的重大决策,充分反映了党中央、国务院对进一步深化改革、扩大开放的决心。这次改革的宗旨和核心不是给予土地和税收优惠等,而是要进行制度创新。那么,我们如何科学准确地理解中国(上海)自由贸易试验区的制度创新呢?这是一个涉及自由贸易试验区制度建设的大问题,也是关涉如何做大自由贸易试验区的建设成就的重要方面。现在,人们对于中国(上海)自由贸易试验区的制度创新提出了很多见解,内容很广。笔者个人认为,中国(上海)自由贸易试验区的制度创新的重点似乎是在自由贸易试验区内改革外资进入的行政审批制度。关于这一点,全国人大的授权决定规定得很清楚,"为加快政府职能转变,创新对外开放模式,进一步探索深化改革开放的经验,授权国务院在中国(上海)自由贸易试验区内,对国家规定实施准入特别管理措施之外的外商投资,暂时调整《中华人民共和国外资企业法》《中华人民共和国中外合资经营企业法》和《中华人民共和国中外合作经营企业法》规定的有关行政审批"。根据国务院批准并印发的《中国(上海)自由贸易试验区总体方案》,改革外商投资制度是其重要内容,《中国(上海)自由贸易试验区总体方案》规定的自由贸易试验区有五大任务,在投资、贸易和金融三大经济领域中,投资被列为首位;而无论是"贸易发展方式的转变"还是"金融领域的开放创新"无一不与投资有关;而"转变政府职能"与"完善法制"也必将涉及投资管理体制的转变和投资法制的完善。从经济法制角度说,商事金融属于服务贸易,以实体存在形式进行的商事金融服务又属于投资。根据目前的新政策和相关规定,改革外资进入的行政审批制度包含四个层次的新制度设计,即外资准入前国民待遇、负面清单、外资进入登记制和事中事后监管。这样一来,自由贸易试验区内的外资进入与全国范围内(自由贸易试验区以外)的国内市场主体进入规则和外贸经营资格要求也基本一致了。当然,在自由贸易试验区内对其他经济行政制度进行创新,并无不可,但也得于法有据,且改革有序,有利于促进经济社会的平稳发展。所以,笔者认为,我们不宜将自由贸易试验区的功能和改革事项搞得太复杂,而应认清重点,分清主次,科学布局,把自由贸易试验区办出实效。

那么,为什么要通过设立自由贸易试验区来改革外资进入的行政审批制度呢?

第一,在中国行政体制改革方面,市场进入的审批制改革是重要的亟待改革的内容,因为这种审批制(至少是一部分)违背市场主体意思自治地参与市场经济的市场发展规律,不符合市场经济由市场起决定作用的原则。自由贸易试验区要探索和处理好政府与市场的关系,转变政府职能,最大限度地减少公权力对私权利的干预,减少经济行政审批,使传统的政府事前审批的思维向过程服务和事后监管转变,提高政府提供公共产品和公共服务的能力。事后监管主要是指政府要加强企业和市场运行中的产品质量、公平竞争、知识产权、环境保护和劳工生产安全的有效而精细的监管。笔者在这里也要特别指出,审批制在自由贸易试验区并非绝对失效。对于在负面清单所涉范围内的限制外商投资进入的领域,仍实行审批制。在国家三资企业法(包括《中华人民共和国中外合资经营企业法》《中华人民共和国中外合作经营企业法》《中华人民共和国外资企业法》)未实行全面统一修改的条件下,在自由贸易试验区之外的中国其他区域(除港澳地区),外资不论是在限制进入的领域还是在非限制进入的领域投资,都要履行审批手续,只是程序有所不同。

第二,这是为了应对国际投资政策和法律发展的趋向。众所周知,中国既是世界上利用外资的大国,也正在实施走出去(包括投资欧美,办厂经营)的战略。在这种背景下,中国有必要与许多国家签订双边投资协定,既保护在中国投资的外商的合法利益,也为中国企业走出去保驾护航。我们正在和不少国家商签国际投资协定,包括中美双边投资协定。美国是全球吸引外商投资和对外直接投资最多的国家,一直提倡投资自由化,实行外资准入前国民待遇加负面清单的管理模式。1982年,美国专门制定了双边投资协定范本(BIT范本),作为与他国商签双边投资协定的基础。该范本后经1994年、2004年和2012年几度修订。目前,美国签署的BIT或FTA基本都包含了以其BIT范本为基础的准入前国民待遇和负面清单制度。2013年7月,我国同意以准入前国民待遇和负面清单为基础与美国开展中美双边投资协定的实质性谈判。但是,我国三资企业法并未赋予外商准入前国民待遇,更无相应的制度设计,这显然不适应对外开放形势的发展。可以说,如果我们整齐划一地在全国进行外商投资管理的革新,条件尚不具备,而设立中国(上海)自由贸易试验区这一特别平台,先行就外资进入制度进行改革试验,也符合我们的国情。

(三) 中国(上海)自由贸易试验区的法制建设

中国(上海)自由贸易试验区的建设是推进改革和开放的重大举措,理论界和实务界对自由贸易试验区的建设必然所涉及的法治问题已经并继续在进行热烈讨论,提出了不少富有启发的有理有据的见解。但是,也有人提出,自贸区应当有自己独立的立法权,应当在自贸区实行独立的行政法治。还有的观点主张在自贸区建立独立的司法审判机关。笔者认为,这些观点缺乏理性和科学依据,对中国(上海)自由贸易试验区的法制建设和成功运行是不利的。这里仅就关于自贸区建设和管理的立法问题进行分析。

全国人大常务委员会做出的《授权决定》，明确规定要在自由贸易试验区"暂时调整有关法律规定的行政审批"，改用"备案管理"，但未规定具体适用于备案管理的范围、内容和程序以及配套要求。国家《立法法》规定，除本法第8条规定的事项外，其他事项国家尚未制定法律或者行政法规的，省、自治区、直辖市和较大的市根据本地方的具体情况和实际需要，可以先制定地方性法规。国务院发布的《中国（上海）自由贸易试验区总体方案》指出，要按国际化和法治化理念建设自由贸易试验区，要通过地方立法建立试验区管理制度。在上海市人民政府制定《中国（上海）自由贸易试验区管理办法》之后，上海市人大常委会也于2014年7月25日通过了《中国（上海）自由贸易试验区条例》。

关于自由贸易试验区的地方立法，笔者认为，要注意以下几点：

第一，关于自贸区的地方立法的性质。根据一般地方立法（不包括特别行政区和少数民族区域立法）目的和功能的不同，通常将一般地方立法分为实施性地方立法、自主性地方立法和先行性地方立法。实施性地方立法是国家立法的延伸和完善。自主性地方立法是针对中央一般不可能立法的地方性事务（如江苏昆曲保护），制定特色法规解决应由地方自己解决的问题。先行性地方立法的生成依据是，对于改革开放和现代化建设中的许多新问题和新情况，一下子都由国家在中央层面立法来规范，可能条件尚不具备。对此类问题，由地方人大结合本地实际，制定先行性法规，发挥先行一步的作用，从而不仅为本地的改革开放和现代化建设提供法制保障，也为国家的立法积累可复制可推广的经验。因此，自由贸易试验区的地方立法应为先行性地方立法，应顺应这一思路布局。不过，就"调整行政审批"，改用"备案管理"的人大《授权决定》而言，相应地做出具体规定的地方立法似乎又属于实施性地方立法了。

第二，关于自贸区的地方立法的主体。从法治意义上讲，立法主体是依法有权进行法的制定、认可和修改活动的国家机关的总称。立法主体必须是国家机关，是有权进行立法的国家机关，是依法行使立法权的国家机关。关于"自贸区应当有自己独立的立法权，要求人大授权自贸区制定法律"的观点至少有三点值得讨论。其一，这里的"人大"可能指全国人大。但是，且不谈自由贸易区，包括中国（上海）自贸区与经济特区可能还是有所不同，从授权立法上看，全国人大对海南、深圳、厦门、珠海和汕头等经济特区的管理过去虽作过立法授权,可都是授予经济特区所在省、市人大和政府在特区经济社会发展方面以立法权。全国人大并未专门授予经济特区本身以立法权。其二,至少现在的情况可以说明,自贸区,包括中国(上海)自贸区基本上没有可能成为一级行政区划的可能。由于自贸区不是一级行政区划,它就不可能设立立法机关,也就不能享有独立的立法权。其三,《中国(上海)自由贸易试验区总体方案》明确指出,上海市要通过地方立法,建立与试点要求相适应的试验区管理制度。这就表明,中国(上海)自贸区建设和运行的相关立法是由上海市(市人大和市政府)而不是自贸区或自贸区管委会来承担的。《中国(上海)自贸区条例》的出台,也充分说明,上海市立法机关对自贸区建设的立法及时地、尽责地、科学地挑起了制定这部地方立法的重担。

　　第三,关于自贸区的地方立法的调整范围。中国(上海)自贸区建设涉及的贸易、投资税收、海关和金融改革开放等一般都属于法律层面规定的国家事权,全国人大及其常委会也没有专门授权上海立法,应该说,中国(上海)自贸区建设的地方立法是有难度的。如何确定自贸区地方立法的调整范围呢?前文提到,全国人大授权决定的关键内容是,"暂时调整《中华人民共和国外资企业法》《中华人民共和国中外合资经营企业法》和《中华人民共和国中外合作经营企业法》规定的有关行政审批"。这种行政审批的调整在3年内试行。国务院《总体方案》实际上也以改革外商投资制度为其重点和中心内容。再结合国家《立法法》关于人民政府、检察院和法院的产生、组织和职权以及诉讼与仲裁应有中央层面的国家法律规定,笔者认为关于自贸区的地方立法的调整范围不宜过宽。现已通过并开始实施的《中国(上海)自由贸易试验区条例》包括总则、管理体制、投资开放、贸易便利、金融服务、税收管理、综合监管、法治环境和附则等九章57个条文。在笔者看来,这部地方立法对于自贸区的建设考虑得很全面,体现了中央、国务院和全国人大的要求,反映了国内国际政治经济改革的趋向。从立法本身来说,该法的引领性原则性条款和政策性表述较多。在调整范围上,不仅涉及诉讼和仲裁等纠纷解决机制,还设置大部分条款(27个条文)调整贸易便利、金融服务、税收管理和综合监管问题。关于投资开放,只有6个条文。这样的结构和范围安排是否很得当,是可以讨论的。投资开放应是自贸区设立的抓手,是自贸区建设的主要看点。如果将自贸区地方立法的调整范围稍做一定的调整和限制,并不意味着会妨碍立法的作为。实际上,自贸区地方立法的重点是解决体现改革内涵的细化和完备事中与事后监管的手段,聚焦制度创新的重点领域、关键环节和程序。这方面内容很复杂,需要立法者认真考虑、梳理和归纳,制定必要的合法的科学的行得通的条文规则。这也是中央和国务院期盼能在全国复制的做法。如果立法的结构是由总则、自贸区管理原则和体制、投资进入(备案制、出资认缴制和先照后证制等)、便利投资和投资权益保护的社会机制(如满足实体经济投资贸易便利化需求的贸易便利化举措、税收举措、自由贸易账户、人民币资本项目可兑换、金融市场利率市场化、人民币跨境使用等制度设计)以及附则五大部分组成,多设置明确的有约束力的条款,立法重点似乎更明了,权威也更强。至于往后不同地方以不同特点而发展建立的自贸区,相关的地方立法更要有自己的重点和特色。

最后,我们还应当注意自贸区的地方立法与国际经济条约的关系。设立自由贸易试验区来改革外资进入的行政审批制度,动机之一就是为了应对经济全球化发展和国际投资金融贸易政策与法律发展的新趋向。因此,制定自贸区的地方立法应有国际视野和国际经济条约的常识。不过,中国自贸区的地方立法没有必要将所有的规则都与国际经济条约(如中美双边投资协定)对接起来。自贸区立法中的概念也不宜完全与国际条约一致,关于自贸区的立法毕竟是国内法,且体现的是自主创新和自主开放。上海自贸区的立法并非基于承担相应的国际条约的义务(但有助于国际经济条约的履行和效力发挥)。如果中国国内自贸区有所增加(这种可能性是存在的),那也就会有更多的自贸区地方立法。各省市对国际经济条约的认知水平不同,一味要求所有的中国自贸区的地方立法规则都与国际经济条约对接,有可能造成有关立法不统一,而这是WTO所不允许的。

(本文原载于《法治研究》2014年第10期)